종의 복음

종의 복음

지은이 | 김진우
초판 발행 | 2024. 3. 6
등록번호 | 제 1988-000080 호
등록된 곳 | 서울특별시 용산구 서빙고로 65길 38
발행처 | 사단법인 두란노서원
영업부 | 2078-3352   FAX | 080-749-3705
출판부 | 2078-3331

책값은 뒤표지에 있습니다.
ISBN 978-89-531-4810-9 03230

독자의 의견을 기다립니다.
tpress@duranno.com   www.duranno.com

두란노서원은 바울 사도가 3차 전도여행 때 에베소에서 성령 받은 제자들을 따로 세워 하나님의 말씀으로 양육하던 장소입니다. 사도행전 19장 8-20절의 정신에 따라 첫째 목회자를 돕는 사역과 평신도를 훈련시키는 사역, 둘째 세계선교(TIM)와 문서선교(단행본·잡지) 사역, 셋째 예수문화 및 경배와 찬양 사역, 그리고 가정·상담 사역 등을 감당하고 있습니다. 1980년 12월 22일에 창립된 두란노서원은 주님 오실 때까지 이 사역들을 계속할 것입니다.

주인 되신 하나님께 붙들린 실천적 제자도

종의 복음

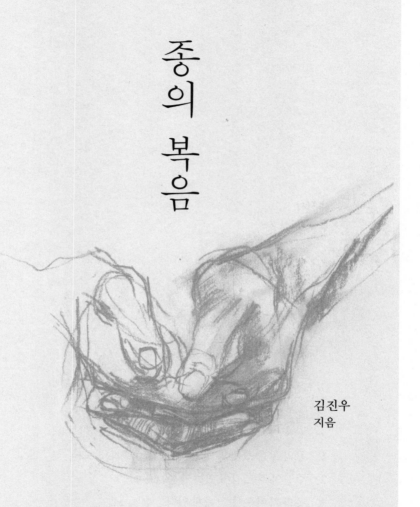

김진우
지음

두란노

차례

청라은혜교회를 방문하며 김진우 목사님과 성도들이 복음의 본질에 대한 이해, 선교의 비전, 전도의 생활화에 있어서 몸과 마음이 하나가 된, 열정적 교회임을 확인하였습니다. 도대체 그 이유가 무엇일까 매우 궁금하였는데, 이번에 《종의 복음》을 읽으면서 그 답을 찾을 수 있었습니다. 김 목사님은 복음을 강조한 설교와 예배로 복음의 본질에 순종하는 선교적 전도, 복음의 본질로 녹여 내는 희생과 헌신, 복음의 본질을 보여 주는 순교적 사랑을 강조했습니다. 복음만이 청라은혜교회가 회복을 넘어 부흥을 경험하고, 성도들이 하나님의 은혜를 직접 경험하게 된 이유임을 알게 되었습니다. 이 책은 마가복음을 복음의 본질이라는 관점으로 예배와 목회 현장에 녹여낸 김 목사님의 목회 현장 보고서인 동시에 감동적인 설교 모음집입니다. 신학적이면서도 실천적인 목사님의 강해 설교를 읽게 된다면 선교적 전도의 열정을 회복하고 부흥으로 나아가려는 간절한 소원을 다시 회복하게 될 것입니다.

김지찬 前 총신대학교 신학대학원 교수

이 책은 마가복음의 본질인 제자도를 말해 줍니다. 하나님의 아들이신 예수 그리스도의 시작부터 십자가의 죽음까지, 종으로 순종하신 예수님의 사역을 모두 감싸고 있습니다. 가장 복된 종은 주인이 누구이며 어떤 분인지를 알고 온전한 믿음으로 주인의 말씀에 순종하는 사람입니다. 예수님의 부르심에 응답한 사람은 하나님 나라의 백성답게 삶을 치열하게 살아 내야 합니다. 그런 의미에서 이 책은 주인 되시는 예수님의 말씀에 우리가 어떻게 반응하고 살아야 하는지 도전하게 만듭니다. 마가복음을 따라 친절하고 명확하게 짚어가는 해석은 책을 읽는 독자들에게 예수님을 따르는 종의 믿음을 선물할 것입니다. 예수님을 따르는 일차원적인 방법이 아닌 예수님의 이야기로 충실한 이 책을 통해 삶을 주님께 드리는 기쁨이 넘쳐 나기를 소망합니다.

김현미 GIM(소그룹 중보기도사역단체) 대표

벼는 농부의 발자국 소리를 듣고 자란다고 했습니다. 《종의 복음》은 독특합니다. 사역 현장을 끊임없이 밟았던 종의 발자국이 담겨 있습니다. 책상에서 이루어진 고민이 아니라, 복음의 기치를 들고 예수님만 전하기를 바랐던 간절함이 녹아 있습니다. 선교적 제자도를 바탕으로 교회가 교회답게, 성도가 성도답게 살아 내길 바라는 목회자의 마음이 응축되어 있습니다. 특히 책 안에서 종에서 아들로 전환되는 개념은 사용되고 버려지는 종의 삶이 아니라, 깊어진 관계 안에서 피어나는 동행을 담아냅니다. 어려운 시기를 지나고 있습니다. 그러나 본질은 늘 극심한 고통 속에서 찬란한 꽃을 피웠습니다. 복음의 능력을 보기를 바라는 마음으로 이 책을 적극 추천합니다.

도원욱 한성교회 담임목사

프롤로그

코로나19와 같은 전 지구적 어려움이 있을지 아무도 예측하지 못했습니다. 경제적 여건, 사회적 관계뿐만 아니라 성도들의 신앙도 속수무책으로 무너져 내렸습니다. 지역교회의 목회자로 제가 섬기는 교회도 예외는 아니었습니다. 성도들은 모일 수 없었고, 저는 그들의 삶을 제대로 돌볼 수 없다는 안타까움으로 매일 밤 뜬눈으로 보냈습니다. 각자의 영역에서 씨름하는 성도들을 보며 돌파구를 고민했습니다.

그럼에도 성도들은 감당해 냈습니다. 일상의 힘겨움 속에서 다시 회복케 하시는 하나님의 은혜를 누리는 모습을 보며 어떻게 이런 일이 있을 수 있을까 되돌아보았습니다. 단 한 가지 제 마음에 와닿은 것이 있었습니다. 그것은 '본질'입니다. 교회의 본질을 한마디로 정의한다면 '복음'이라고 생각합니다. 복음을 복음 되게 하고자 애썼던 우리의 모습을 하나님이 불쌍히 여기시고 일하신 것입니다.

선교와 전도를 멈추지 않았습니다. 어려움도 많았지만, 복음이라는 본질을 놓치지 않아야겠다는 마음이 포기하지 않게 했습니다. 주일마다 마가복음을 나누면서 예수님의 모습을 매주 성도들에게 강조했습니다. 성도들이 예수님처럼 죽도록 예배하고 전도하며 선교하도록 독려했습니다. 2천여 년 전 예수님과 제자들, 그리고 마가복음의 1차 청중이었던 초대교회 성도들의 마음이 다시 우리에게 임해야 함을 깨달았기 때문입니다.

마가복음은 '종의 복음'이란 별명을 가지고 있습니다. 주인 되신 하나님의 음성만을 따르며 종의 모습처럼 섬기고 선교하신 예수님의 모습을 강조한 본문이기 때문입니다. 저는 성도란 자기 십자가를 짊어지고 예수님을 따르는 자라고 믿습니다. 그분의 제자이자 종으로서 섬김, 선교, 전도 안에서 복음을 실천하는 실천적 신앙을 살아야 한다고 믿습니다. 예수님은 마가복음 안에서 성도가 행해야 할 바를 실례처럼 보여 주셨습니다. 하나님의 종은 자유를 뺏긴, 묶인 몸이 아닙니다. 종에게는 차고 넘치는 은혜가, 아버지 하나님의 영원한 동행이 있습니다.

청라은혜교회는 선교적 제자도를 실천하는 교회입니다. 어려운 상황에서 교회가 성장할 수 있었던 것도 복음의 가치를 지역과 열방 가운데 실현하고자 하는 열망 덕분이었습니다. 마가복음 본문은 저와 같은 목회자와 성도에게, 그리고 앞으로 신앙생활을 하게 될 분들에게도 깊은 회복과 감동을 주리라 믿습니다. 우리의 가치는 주인에게 있습니다. 충성된 종으로 예수님의 음성에 반응하며 복음의 가치를 실현하는 성도가 되기를 축복합니다.

청라은혜교회
김진우 목사

1부

종으로
살아가는
인생

1

종의 삶은
광야의 삶이다 _ 막 1:1-13

신앙은 누구와 함께 있고 누구에게 배우느냐에 따라 달라집니다. 예수님을 모신 우리에게는 예수님의 형상이 나타나야 하고 예수님의 영향력이 삶에 드러나야 합니다. 그런 의미에서 마가복음은 아주 중요한 말씀입니다. 마태복음, 마가복음, 누가복음, 요한복음 중 가장 먼저 기록된 마가복음은 '종의 복음'이라는 별명이 붙어 있습니다. 예수님의 종 된 모습을 가장 많이 강조하기 때문입니다. 마가복음이 지금의 우리에게 주는 메시지는 무엇일까요?

마가복음이 기록된 시기는 주후 65년경으로 로마가 이스라엘을 지배하던 때였습니다. 당시 황제는 네로였습니다. 그는 로마 황제 중에서도 기독교를 가장 많이 핍박했던 황제입니다. 그는 로마 대화재에 대한 모든 책임을 그리스도인들에게 뒤집어씌웠습니다. 그리스도인들은 희생양이 되어 원형 경기장에서 굶주린 짐승의 밥이 되기도 하고, 산 채로 매달려 불에 태워지는 등 참혹한 핍박을 당했습니다. 성도들의 마음속에는 더 이상 희망이 없고 절망과 탄식만 가득 차 있었습니다. 바로 이러한 때에 마가복음이 쓰인 것입니다. 마가복음은 환난과 고통 속에서 신음하던 그리스도인들에게 희망의 길을 제시하는 소망의 책이었습니다.

요즘 뉴스를 보는 것이 겁이 납니다. 이제 더 이상 남의 이야기가 아니기 때문입니다. 하루가 멀다 하고 각종 사건과 사고가 일어납니다. 어디서 소망을 찾아야 할지, 어디서 희망의 메시지를 들어야 할지 혼란스럽습니다. 네로 황제 때의 성도들에게나 오늘 우리에게나 환난의 모습은 다르지만 체감하는 절망감은 같습니다. 절망과 혼란의 시대에 마가복음은 한 줄기 빛이 되었고 읽는 이들에게 다시 소망을 주었습니다. 마가복음은 당시의 성도들뿐만 아니라 오늘을 사는 우리에게도 소망의 책이 됩니다.

||| 복음의 시작 예수 그리스도

설교든 책이든 가장 중요한 부분은 서론입니다. 마가복음의 서론은 분명합니다. "하나님의 아들 예수 그리스도의 복음의 시작이라"(막 1:1). 하나님의 아들 예수 그리스도가 복음의 시작이시라는 것입니다. 마가복음의 기록 목적이면서 가장 중대한 메시지를 여기에 담아 놓았습니다. 첫 구절만 읽어도 저자의 흥분을 감지할 수 있습니다. 핍박과 혼란, 절망의 시대를 살고 있는 당시의 성도들에게 저자가 말하고 싶은 것은 그럼에도 예수 그리스도가 복음의 시작이시라는 것입니다. 핍박이 사라지고 더 이상 숨어서 신앙생활을 할 필요가 없는 날이 온다는 기쁜 소식보다 더한 복음은 바로 여전히 예수 그리스도가 하나님의 아들이시라는 것입니다.

마가복음의 저자인 마가 요한은 예수님의 제자 그룹에 속한 사람이 아닙니다. 그는 베드로를 통해 예수님의 행적을 적었습니다. 그가 스승인 베드로를 통해 제일 많이 들었던 내용이 무엇이겠습니까? 베드로가 예수님께 드린 고백, 즉 "주는 그리스도시요 살아 계신 하나님의 아들이시니이다"(마 16:16)입니다. 예수님은 베드로의 이 고백을 들으신 후 "내가 이 반석 위에 내 교회를 세우리니 음부의 권세가 이기지 못하리라"(마 16:18)라고 말씀하셨습니다. 그냥 교회가 아니라 예수 그리스도를 주로 시인하는 교회를 사탄의 권세는 결코 이길 수 없습니다.

사탄은 교회를 핍박하면 쓰러질 것이라 생각합니다. 하지만 그러한 일이 역사적으로 제대로 증명된 적은 없습니다. 초대교회로부터 지금까지 교회는 더욱 순교자의 피 위에 견고히 세워져 왔습니다. 전라도 신안군 증도라는 작은 섬을 보십시오. 문준경 전도사의 순교의 피로 세워진 교회들이 곳곳에 있습니다. 작은 밀알이 땅에 떨어져 죽음으로 많은 열매를 맺는 것이 하나님 나라의 원리입니다. 실패하고 넘어져도 다시 시작할 용기를 낼 수 있는 이유는 바로 하나님의 아들 예수님이 나의 주님이시기 때문입니다.

지나온 삶을 돌아보면 아쉽고 힘든 일들이 많았을 것입니다. 어쩌면 다시는 반복하고 싶지 않은 일들도 있었을 것입니다. 그런 분들에게 도전하고 싶습니다. 예수님의 삶을 보고 닮아 가십시오. 우리가 복음을 붙들고 누린다면 내게 일어난 모든 일이 합력하게 될 것입니다. 그리고 마침내 하나님의 선을 이룰 것입니다. 다시 일어섭시다.

||| 광야, 연단과 순종의 시간

예수님은 세례 요한에게 세례를 받으신 후 본격적인 공생애를 시작하십니다. 하지만 예수님은 중심부로 가지 않으시고 광야로 가십니다. 성경의 주요 무대인 광야는 사람이 살 수 없는 곳을 말합니다. 예루살렘을 조금만 벗어나면 유대 광야가 펼쳐집니다. 광야는 낮에 살인적인 햇볕이 내리쬐고, 밤에는 살을 에는 듯한 추위가 몰아치는 곳입니다. 밤낮의 온도 차이가 50도 이상 벌어지는 곳으로 사람이 살 수 있는 곳이 아닙니다. 그런 광야에 예수님이 가신 것입니다. 광야에서 예수님은 사탄에게 시험을 받으십니다.

마가복음의 기록 목적은 예수님이 하나님의 아들이심을 알리는 것입니다. 마가복음 1장 1절이 분명하게 선언하고 있습니다. "하나님의 아들 예수 그리스도의 복음의 시작이라"(막 1:1). 광야에서 예수님이 사탄에게 시험을 받으실 때 그 내용이 자세하게 묘사되고 있지는 않지만, 우리가 알 수 있는 것은 사탄이 하나님의 아들의 정체성을 희석시키기 위해 예수님을 공격했다는 것입니다.

광야에 가기 전 예수님이 세례를 받으시는 장면을 보십시오. "그때에 예수께서 갈릴리 나사렛으로부터 와서 요단강에서 요한에게 세례를 받으시고 곧 물에서 올라오실새 하늘이 갈라짐과 성령이 비둘기같이 자기에게 내려오심을 보시더니 하늘로부터 소리가 나기를 너는 내 사랑하는 아들이라 내가 너를 기뻐하노라 하시니라"(막 1:9-11). 예수님이 세례 요한에게 세례를 받으실 때 그 자리에 성삼위 하나님이 계셨습니다. 성령이 임하셨고, 하나님은 예수님에게 "너는 내 사랑하는 아들이라"라고 말씀하셨습니다. 마가복음의 기록 목적인 '예수님은 하나님의 아들이심'을 그대로 증언하는 대목입니다.

사실 예수님은 세례 요한에게 세례를 받으실 필요가 없었습니다. 그럼에도 세례를 받으신 이유는 예수님이 이 땅에서 하실 사역을 보여 주시기 위함입니다. 물속에 들어가는 것은 죽음을 상징합니다. 그리고 다시 올라오는 것은 부활을 의미합니다. 예수님은 우리의 죄 때문에, 우리 대신 죄의 형벌을 감당하기 위해 세례를 받으신 것입니다. 이 일은 후에 예수님이 십자가 위에서 처절한 죽음을 당하시는 것을 보여 주는 상징입니다. 광야에서 사탄의 시험 사건은 이 일 후에 있었습니다. 그러니 사탄은 무엇보다 예수님은 하나님의 아들이시라는 그분의 정체성을 흔들려고 했던 것입니다.

그런데 성경을 보면 예수님을 광야로 가게 하신 주체가 있습니다. 그분이 누구십니까? "성령이 곧 예수를 광야로 몰아내신지라"(막 1:12). 예수님을 광야로 내모신 분은 다름 아닌 성령이십니다. 예수님이 세례를 받으신 후 성령이 임하셨고, 성령은 예수님을 광야로 내모셨습니다.

성도들이 가장 힘들어하는 부분이 이것입니다. 이제 말씀으로, 신앙으로 살아 보겠다고 결단하면 바로 시험거리가 찾아오는 것입니다. 예전에는 그러지 않았는데 목자가 되고, 교사가 되고, 예배자가 되니 힘든 일이 더 많아지는 것입니다. 왜일까요? 예수 믿고 신앙생활 하면 우리의 길이 쫙 뻗은 고속도로가 되어야 하지 않습니까? 그렇다면 성경에 기록된 예수님의 광야 사건도 뭔가 문제가 되지 않나요? 성령을 받으시고 이제 하나님의 아들 되심을 공언해야 하는데 광야로 가셨으니 말입니다. 예수님은 궁전도 아니고, 유대교의 핵심 본부인 예루살렘 성전도 아닌, 사람이 없는 광야로 가셨습니다. 그것도 성령이 이끄셨습니다.

광야는 하나님의 말씀만이 들리는 곳입니다. '광야'는 히브리어로 '미드바르'(מדבר)입니다. 이 단어에서 파생한 단어가 '다바르'라는 동사입니다. 이 말은 '하나님의 말씀을 듣고 순종한다'라는 뜻입니다. 성령이 예수님을 광야로 내모신 이유가 여기에 있습니다. 예수님의 사역이 바로 광야의 사역이기 때문입니다. 저도 유대 광야를 여러 번 가 보았는데 서 있기조차 힘듭니다. 강한 햇빛과 탈수 현상으로 30분도 견딜 수 없어 빨리 그늘진 곳으로 가야 합니다. 듬성듬성 보이는 바위틈에는 전갈과 독사가 있어서 조심해야 합니다. 광야는 어둠의 상징이요 연단의 장소입니다. 이런 곳에 예수님이 40일 동안 계신 것입니다.

성경에서 40은 연단의 숫자입니다. 모세는 애굽 왕자의 자리에서 쫓겨나 미디안 광야에서 목동 생활을 40년 동안 했습니다. 이스라엘 백성은 광야에서 40년 동안 혹독한 훈련을 받았습니다. 40은 고난과 시련의 과정을 통해 성숙해지는 시간을 상징합니다. 광야에서 우리는 하나님의 말씀을 듣고 순종하는 훈련을 갖습니다.

성령 충만한 자들의 삶이 이와 같습니다. 성령 충만한 사람은 성령의 이끄심에 순복합니다. 성령이 인도하시는 대로, 말씀이 인도하는 대로 살아갑니다. 그곳이 광야라 할지라도 가는 것입니다. 성령은 우리를 하나님의 말씀으로 인도하십니다. 성령은 우리를 순종의 자리로 인도하십니다. 거기서 성령의 사람들을 만나는 것입니다. 선교의 자리에서, 전도의 자리에서, 기도의 자리에서 만나는 것입니다. 그곳이 광야입니다.

사탄은 광야의 길을 가는 우리에게 예수님께 했던 시험거리를 그대로 줍니다. 그중에 첫 번째이며 가장 대표적인 것이 돌이 떡이 되게 하는 유혹입니다. 사탄은 교묘하게 40일 동안 금식하신 예수님께 떡의 유혹을 던집니다. 유대 광야의 돌덩어리들은 둥그스레하고 넓적한 모양이 많아 떡과 비슷해 보입니다. 그 돌들을 가지고 예수님을 유혹한 것입니다. 여기서 유혹의 특징을 알 수 있습니다. 사탄은 멀리 있는 것으로 유혹하지 않습니다. 지금 가까이 있는 것으로 유혹합니다. 그리고 연약한 틈을 타 공격합니다.

사탄이 교묘하게 속이는 일은 이렇습니다. 교회를 세우고 부흥을 시킨 후 목회자의 가정을 파괴합니다. 교회만 부흥시키면 되었지 가정은 돌보지 않아도 된다는 마음을 목회자에게 심습니다. 그러다 보니 목회자와 배우자가 병들고 자녀들이 탈선하게 됩니다. 성도들에게는 교회에서만 열심을 보이면 되었지 '집에 가서는 네가 대장'이란 마음을 심어 줍니다. 그래서 배우자가 병들고 자녀들이 고통당합니다. 큰돈을 떼먹으라는 말을 처음부터 하지는 않습니다. 작은 것부터, 지금 내가 다룰 수 있는 금액부터 손을 대라고, 아무도 모를 것이라고 말합니다. 헌금에 대한 부정적인 생각을 집어넣습니다. 이처럼 사탄의 유혹은 눈에 보이고 사소한 것에서 시작합니다. 하지만 구멍이 크든 작든 그 안으로 무엇이 들어오느냐가 중요합니다. 독가스가 들어온다면 다 죽습니다. 죄의 영향력이 바로 그러합니다.

||| 하나님의 모든 말씀으로 살라

사탄이 돌을 떡덩이가 되게 하라고 유혹할 때 예수님은 그 유혹을 어떻게 이기셨습니까? 병행 본문인 마태복음에는 이렇게 기록되어 있습니다. "시험하는 자가 예수께 나아와서 이르되 네가 만일 하나님의 아들이어든 명하여 이 돌들로 떡덩이가 되게 하라 예수께서 대답하여 이르시되 기록되었으되 사람이 떡으로만 살 것이 아니요 하나님의 입으로부터 나오는 모든 말씀으로 살 것이라 하였느니라 하시니"(마 4:3-4). 예수님은 사람에게는 떡도 필요하지만 떡이 본질이 아니라 "하나님의 입으로부터 나오는 모든 말씀으로 살 것이라"라고 말씀하시며 사탄의 유혹을 물리치셨습니다.

떡과 말씀의 싸움입니다. 가장 치열하게 치러야 할 싸움이 바로 이것입니다. '어디에 믿음을 둘 것인가'입니다. 눈에 보이는 떡에 믿음을 둘 것인가, 아니면 변하지 않는 하나님의 말씀에 믿음을 둘 것인가입니다.

앞서 언급했듯이 성령이 예수님을 광야로 내모신 이유는 광야가 곧 예수님의 사명이기 때문입니다. 우리도 마찬가지입니다. 주님이 사랑하시는 자라면 우리가 처한 자리가 곧 광야입니다. 굶주리고 고난이 있다고 해서 다 광야가 아닙니다. 광야는 하나님의 말씀이 들리는 곳입니다. 성전에 살고 있는 제사장이라 할지라도 하나님의 음성을 듣지 못할 수 있습니다. 엘리 대제사장을 보십시오. 그는 하나님의 음성을 듣지 못한 영적으로 죽은 자였습니다. 교회를 오래 다니고 나름 직분도 받았지만 하나님 말씀의 감동이 떠난 지 오래된 분들이 많습니다. 하나님은 이런 이들을 광야로 내모십니다. 성령은 그들을 말씀의 자리로 인도하십니다.

그동안 떡으로 사는 인생인 줄 알았습니다. 그동안 돈으로 사는 인생인 줄 알았습니다. 돈도 필요하지만 그것이 전부가 아닙니다. 돈은 본질이 아닙니다. 예수님이 사탄을 이기신 이김의 방식을 보십시오. 예수님은 말씀으로 산다고 말씀하셨습니다. 예수님도 배고프셨지만, 예수님이 가셔야 하는 길은 육신의 배를 채우는 길이 아니라 영의 양식을 채워야 하는 길이었습니다. 예수님은 그 말씀을 하신 것입니다.

아마 우리 각자에게는 매일 혹은 어떤 시기에 반드시 이 같은 유혹이 찾아올 것입니다. 저에게도 하나님이 떡과 말씀의 전쟁에 완전히 도장을 찍게 하신 사건이 있었습니다. 신학대학원 1학년 시절, 갓 교육전도사가 되어 수련회를 준비하는데 급한 전화가 왔습니다. 집에 불이 났다는 것입니다. 헐레벌떡 가 보니 동네 입구부터 물이 철철 흘렀습니다. 소방차가 쏟아 놓은 물이었습니다. 집에 가 보니 집 앞에 어머니가 털썩 주저앉아 계셨고, 2층 집이 전소되었습니다. 화재는 진압되었지만 앙상한 뼈대만 남았습니다. 추운 겨울에 갈 곳이 없으니 허락을 받고 교회 기도실에서 어머니를 모시고 살았습니다.

그때 제가 하나님께 기도하다가 받은 말씀입니다. "너를 낮추시며 너를 주리게 하시며 또 너도 알지 못하며 네 조상들도 알지 못하던 만나를 네게 먹이신 것은 사람이 떡으로만 사는 것이 아니요 여호와의 입에서 나오는 모든 말씀으로 사는 줄을 네가 알게 하려 하심이니라"(신 8:3). 예수님도 이 말씀으로 사탄을 이기셨습니다. 하나님의 언약, 약속의 말씀입니다. 이 말씀을 기도 중에 받고 난 후 화재 사건은 더 이상 저를 어렵게 하지 않았습니다. 이제 제 삶을 인도하는 것은 하나님의 말씀입니다. '하나님의 말씀이 나를 살릴 것이다'라는 믿음이 생긴 것입니다.

　성도라면 누구나 이런 경험을 해야 합니다. 다 집에 불이 나야 한다는 말이 아닙니다. 화재가 나도 깨닫지 못하면 소용이 없습니다. 평상시에 하나님의 말씀을 듣고 돌이키는 인생이 되어야 합니다.

　앞으로는 떡과 말씀의 전쟁이 더욱 치열할 것입니다. 하지만 기억하십시오. 하나님은 살아 계십니다. 하나님은 우리의 노후 설계뿐만 아니라 사후 설계까지 준비해 놓으셨습니다. 불에 타 없어질 것들을 붙잡고 있는 연약한 인생을 사는 것이 아니라 영원한 말씀을 신뢰하십시오. 언약 신앙으로 돌아서십시오. 거기에 믿음을 걸고 거기에 인생을 거는 성도가 되기를 기도합니다.

2 | 주인의 부르심이 있는가 _ 막 1:14-34

광야에서 사탄의 시험을 말씀으로 물리치신 예수님은 본격적으로 하나님 나라의 복음을 전하셨습니다. 하나님 나라의 복음은 회개와 믿음을 동반합니다. "이르시되 때가 찼고 하나님의 나라가 가까이 왔으니 회개하고 복음을 믿으라 하시더라"(막 1:15). 예수님이 본격적으로 선포하신 하나님 나라의 복음은 회개와 믿음을 동반하며, 회개가 선행됩니다. 회개가 무엇입니까? 회개란 하나님의 말씀 앞에서 자신의 죄를 인식하고 고백하는 것입니다. 이때 입술의 고백만 아니라 삶도 고백되어야 합니다. 그래서 온전한 회개에는 삶이 동반됩니다.

||| 택하시고 부르시다

예수님은 하나님 나라의 복음을 전하실 때 제자들이 동참하게 하십니다. 복음의 사명을 제자들과 함께하기를 원하셨습니다. 하지만 제자들의 모습을 보면 의아합니다. 뛰어난 스승일수록 뛰어난 제자를 원하는 법입니다. 그런데 예수님이 부르신 제자들은 갈릴리 어부들입니다. "갈릴리 해변으로 지나가시다가 시몬과 그 형제 안드레가 바다에 그물 던지는 것을 보시니 그들은 어부라"(막 1:16).

모든 직업이 소중하고 가치 있지만 당시 시대 배경을 보면 어부는 하류층이 하는 천한 일로 여겨졌습니다. 또한 배우지 못하고 가진 것 없는 사람이 하는 직업이라는 인식이 강했습니다. 평생 어부질만 한 사람들이 예수님의 제자가 되어 하나님 나라의 복음을 전파하고 이제 본격적인 회개의 사명을 수행하기에 이 그림은 맞지 않아 보입니다. 우리가 생각하기에는 뛰어난 율법사나 당시 사람들에게 인정받는 종교 지도자들을 제자로 삼는 것이 훨씬 좋아 보입니다. 하지만 예수님은 평생 고기만 낚았던 시몬, 안드레, 야고보와 요한을 택하시고 부르셨습니다. 더군다나 그들은 예수님에 대해 아는 바가 없었습니다. 어쩌면 그들에게는 유대인들이 그토록 바라던 메시아 갈망도 없었을 것입니다. 하루하루 자기 밥벌이만 신경 쓰기에도 모자란 인생이었습니다.

저는 여기에 큰 은혜를 받습니다. 아무 자격과 공로가 없지만 예수님은 그들을 택하셨습니다. 예수님은 그들의 어떠함에 주목하지 않으셨습니다. 예수님의 부르심은 세상의 이치와 다릅니다. 지극히 평범한 자라 할지라도 예수님의 부르심 앞에 설 수 있습니다. 예수님은 가진 자, 배운 자, 잘난 자를 택하시는 대신 오히려 없는 자, 무식한 자, 못난 자를 불러 하나님 나라의 일꾼으로 세우셨습니다. "형제들아 너희를 부르심을 보라 … 하나님께서 세상의 미련한 것들을 택하사 지혜 있는 자들을 부끄럽게 하려 하시고 … 세상의 천한 것들과 멸시받는 것들과 없는 것들을 택하사 있는 것들을 폐하려 하시나니 이는 아무 육체도 하나님 앞에서 자랑하지 못하게 하려 하심이라"(고전 1:26-29). 예수님을 따라가는 제자로서 우리는 얼마나 자격을 갖추고 있습니까?

||| 버리고 따르다

'제자'라는 말은 신약성경에서 269회나 언급됩니다. '그리스도인'은 3회 밖에 나오지 않는데, 이 단어 역시 원래는 제자의 의미로 쓰였습니다. 그러므로 신약성경은 예수 그리스도의 제자들에 관한, 제자들을 위한, 제자들의 책입니다.

제자란 말 그대로 예수 그리스도를 따르는 사람입니다. 시몬, 안드레, 야고보와 요한을 보십시오. 그들은 예수님의 부르심에 어떻게 반응했나요? "곧 그물을 버려두고 따르니라 … 곧 부르시니 그 아버지 세베대를 품꾼들과 함께 배에 버려두고 예수를 따라가니라"(막 1:18, 20). 여기에 반복적으로 등장하는 중요한 단어가 있습니다. '버려두고'라는 단어입니다. 제자들은 예수님의 부르심에 추호의 망설임 없이 생업을 버려두고 따라나섰습니다. 예수님을 따라간다는 것은 곧 버리는 것을 의미합니다.

선교사들은 늘 자신에게 세 가지 질문을 한다고 합니다. 첫째는 "복음을 전할 준비가 되었는가?"이고, 둘째는 "이사 갈 준비가 되었는가?"이며, 셋째는 "죽을 준비가 되었는가?"입니다. 예수님을 따르는 성도라면 이와 같은 질문을 늘 자신에게 던져야 합니다. 언제 어디서든, 때를 얻든지 못 얻든지 복음을 전할 준비를 해야 합니다. 그리고 이사 갈 준비를 해야 합니다. 우리도 언젠가 천국으로 이사를 가기 때문입니다. 이사할 때는 불필요한 쓰레기가 상당히 나옵니다. 필요해서 구입했지만 한두 번 쓰고 창고에 보관해 놓은 물건들이 많습니다. 이처럼 삶의 무거운 것들에 얽매여 제자로서의 삶을 살지 못하는 성도들이 많습니다. 버려야 합니다. 내려놓아야 합니다. 이사 갈 준비가 되어 있는 사람이라면 죽을 준비도 되어 있습니다. 언제 어디서 어떤 죽음을 맞이하든 신앙에 후회가 없어야 합니다.

우리가 예수님을 따를 때 '이렇게 살다가 내가 망하지는 않을까?'라는 생각이 들 수 있습니다. 성경대로 살고 믿음으로 사는 삶이 어려워 보일 수 있습니다. 하지만 우리가 기억해야 할 것이 있습니다. 예수님을 따라가는 것이 중요하지 그다음에 어떻게 되는지는 주님이 하실 일이라는 것입니다. 예수님이 제자들을 부르실 때 하신 말씀을 보십시오. "나를 따라오라 내가 너희로 사람을 낚는 어부가 되게 하리라"(막 1:17). 고기를 낚는 어부에서 사람을 낚는 어부로 인생이 바뀔 것이라고 말씀하셨습니다. 하지만 예수님은 사람 낚는 어부가 되기 전에 먼저 예수님을 따라오라고 하셨습니다. 즉 무엇이 되고 무엇을 하기 전에, 제자가 먼저 해야 할 일은 예수님을 따르는 것입니다. 예수님을 따르다 보면 그 길이 곧 사람을 낚는 어부의 길이 될 것입니다.

당시 스승과 제자의 관계 성립은 제자가 되기를 원하는 사람이 먼저 스승에게 찾아가서 간청하는 것이 보통이었습니다. 하지만 예수님은 이와 달리 먼저 제자들을 부르셨습니다. 이것은 주도권이 제자들에게 있는 것이 아니라 예수님께 있음을 보여 줍니다. 내 인생의 주도권은 나에게 있지 않고 예수님께 있습니다. 그 예수님이 나를 따라오라고 하신 것은 내 인생을 책임져 주신다는 뜻입니다.

||| 전심으로 따르라

'따르라'라는 말은 뒤를 바짝 붙어 따라가는 것을 의미합니다. 어디로 가는지 정확한 목적지는 모릅니다. 그 길이 쉬운 길인지 어려운 길인지, 평탄한지 험난한지는 모릅니다. 하지만 분명한 것은 예수님의 말씀대로 예수님의 뒤를 따라가다 보면 그 결과로 사람을 낚는 어부가 되는 것입니다. 예수님이 나를 어떻게 사용하실지, 어떤 인생으로 만들어 가실지는 자신도 알 수 없습니다. 하지만 예수님의 말씀을 따라 살고, 순종하고, 예수님의 흔적을 따라 십자가의 길을 걷다 보면 주님이 나를 당신이 원하시는 모양으로 만들어 놓으십니다.

우리 하나님은 결코 실수하지 않으십니다. 하나님이 우리를 부르셨습니다. 그 부르심에는 결코 후회하심이 없습니다. 성도로 부르셨고 하나님의 자녀로 부르셨다면 반드시 내일을 책임져 주십니다. 그 하나님을 전심으로 따라가는 것이 성도의 삶입니다.

과거의 어떤 부르심과 헌신을 지금 이야기해서는 안 됩니다. 혹은 미래에 여건이 되면 헌신하고 섬기겠다고 말해서도 안 됩니다. 왜냐하면 신앙은 현재이기 때문입니다. 예수님이 제자들을 부르신 장소를 보십시오. 그들의 삶의 현장에서 부르셨습니다. 즉 예수님은 제자들이 현재의 자리에서 일상생활을 성실히 하고 있을 때 부르신 것입니다. 모세도, 다윗도, 느헤미야도, 성경에 나오는 하나님께 쓰임 받은 사람들은 다 자신의 일에 최선을 다하는 자리에서 부르심을 받았습니다.

주님은 그들을 그냥 보지 않으셨습니다. 본문 16절과 19절에 동일하게 사용된 '보시니'라는 단어는 원어로 '유심히 관찰하시니'라는 뜻입니다. 주님은 그들이 바다에 그물 던지는 것도, 배에서 그물을 손질하는 것도 유심히 살피셨습니다. 그들의 모습 속에서 주님은 사람 낚는 어부의 모습을 발견하셨을 것입니다.

이 말씀을 묵상하면서 예수님을 전적으로 따른 제자들과 다른 부류의 한 사람이 생각났습니다. 바로 부자 청년입니다. 부자 청년에 관한 이야기는 마태복음, 마가복음, 누가복음에 다 기록되어 있을 정도로 중요한 메시지를 줍니다.

그는 청년이지만 부자였습니다. 그는 예수님 앞에 나아가 "나는 율법도 잘 알고 지켰는데 무엇을 해야 영생을 얻겠습니까?"라고 질문을 드렸습니다. 하지만 그는 예수님의 정곡을 찌르는 한 말씀에 무너졌습니다. 바로 그가 가진 재산을 다 나눠 주고 예수님을 따르라는 말씀이었습니다. 그는 율법에는 정통했지만 돈이 많았습니다. 돈 때문에 예수님을 따라가기 힘들었던 것입니다.

가진 것 없고 비천한 자리에 있는 제자들이 부자 청년보다 훨씬 낫다고 생각합니다. 왜냐하면 제자들은 예수님이라는 진짜 보화를 놓치지 않았기 때문입니다. 한 성경학자가 "사랑이 진짜라면 그 안에는 항상 일종의 낭비라고 여겨지는 것이 있기 마련이다"라는 참 멋진 말을 했습니다. 주님을 사랑한다면 내가 버려야 할 것들이 무엇인지 생각해 보기 바랍니다.

||| 예수님의 권위

우리는 흔히 권위 하면 별로 탐탁지 않게 생각합니다. 이 말에 과거 자신의 부정적인 경험이 녹아 있기 때문입니다. 나를 힘들게 했던 부모님, 그리고 과거의 목회자와 선생님들이 생각납니다. 그래서인지 오늘 우리는 권위 해체의 시대를 살고 있습니다. 어떤 지위에 있다는 것은 그 지위에 맞는 권위가 부여된 것입니다. 하지만 그 권위에 맞는 도덕과 인격이 사라졌을 때 권위는 상실됩니다.

우리는 예수님이 이 땅에서 가지신 놀라운 권위, 권세를 보게 됩니다. 예수님이 오시기 전까지 이 땅에서 주인 노릇을 했던 귀신들은 사람들에게서 쫓겨 나갔고 병에 걸린 자들은 치유를 받았습니다. 마가복음 1장 앞부분은 예수님의 권위와 그 부르심에 대한 제자들의 응답을 보여 준다면, 뒷부분은 주님의 권위가 어떻게 악한 영의 세계에까지 확대되었는지를 보여 줍니다.

예수님은 하나님 나라의 복음을 전하기 위해 가버나움 유대인 회당으로 들어가셨습니다. 그 당시에는 백성들을 가르칠 자격이 있는 자들을 회당에 초대하는 관습이 있었습니다. 그때 회당에서 많은 사람이 예수님의 가르침에 놀랐습니다. 그 이유는 예수님이 하나님의 아들로서의 권위를 가지고 가르치셨기 때문입니다. 예수님의 가르침은 사람들이 말하는 것들과 달랐습니다. "뭇사람이 그의 교훈에 놀라니 이는 그가 가르치시는 것이 권위 있는 자와 같고 서기관들과 같지 아니함일러라"(막 1:22).

예수님의 가르침이 서기관들과 다른 이유가 무엇입니까? 예수님의 가르침에는 하나님 나라의 복음이 있었기 때문입니다. 뿐만 아니라 예수님의 가르침에는 실질적인 섬김과 사랑이 있었습니다. 예수님의 주된 사역은 가르치시는 것만이 아니었습니다. 주님은 복음을 전파하시고, 귀신을 내쫓으시며, 병에 걸린 자들을 치유하셨습니다. 말씀이 실제가 되는 삶을 보여 주신 것입니다. 하나님 나라가 이런 것임을 삶으로 나타내신 것입니다. 우리는 여기서 진정한 권위의 모습을 봅니다. 권위는 삶에서 나오는 것이며, 권위는 순종에서 비롯됩니다. 주님은 하나님 나라의 권위, 성부 하나님께 순복하시는 성자 예수님의 권위를 가지신 것입니다.

||| 예수님의 치유

저는 목회 현장에서 귀신을 쫓아내는 것을 여러 번 경험했습니다. 어릴 적부터 어머니가 기도원에 자주 데리고 가서서 그런 현장에 익숙합니다. 그런데 그때 나름 기도한다는 은사자들이 사람을 때리면서 기도하는 광경을 많이 봤습니다. 육체를 때리면 귀신이 그 사람에게서 나오는 것인 줄 알았습니다. 그래서 친구 집에서 실제로 동생들을 때리면서 귀신 나오라고 흉내를 내기도 했습니다. 귀신이 나오기는커녕 제 정신이 나갈 뻔했습니다. 얼마나 맞았는지 모릅니다.

하나님을 인격적으로 만난 후에 깨달은 것이 있습니다. 주님을 깊이 사랑하고 말씀의 권위가 있는 사역자들은 신체적 접촉을 대단히 조심스러워합니다. 곁에서 하나님의 말씀을 선포하고 대언하며 기도만 했는데도 귀신이 떠나가고 병이 치유되는 광경을 보게 되었습니다. 성령의 부드럽고도 인격적인 손길에 저는 깜짝 놀랐습니다.

무당들은 굿을 할 때 북을 두드리고 징을 치면서 동네방네가 다 알도록 합니다. 귀신은 혼잡하고 시끄럽습니다. 하지만 주님은 다르십니다. 주님은 단호하게 명령하십니다. 그 명령만으로도 귀신이 그 사람에게서 떠났습니다. "예수께서 꾸짖어 이르시되 잠잠하고 그 사람에게서 나오라 하시니 더러운 귀신이 그 사람에게 경련을 일으키고 큰 소리를 지르며 나오는지라"(막 1:25-26). 여기서 주님이 귀신을 꾸짖으실 때 뭐라고 말씀하셨습니까? "잠잠하라" 하셨습니다. 귀신이 하는 일은 시끄럽게 하고 혼잡하게 하는 것입니다. 주님은 그것을 아시고 처음부터 잠잠하라고 말씀하셨습니다.

사탄이라는 단어는 헬라어로 '디아볼로스'(διάβολος)입니다. '디아'는 '사이', '볼로스'는 '던지다'를 의미합니다. 사이에 끼어들어 훼방을 놓는다는 말입니다. 사탄이 하는 짓은 더러운 짓입니다. 그래서 성경을 보면 귀신을 그냥 귀신이라 말하지 않고 '더러운 귀신'이라고 말합니다(막 1:23, 26). 성령은 거룩한 영이시지만, 귀신은 더러운 영입니다.

예수님은 귀신 들리고 병에 걸려 신음하는 자들을 외면하지 않고 고쳐 주십니다. "예수께서 각종 병이 든 많은 사람을 고치시며 많은 귀신을 내쫓으시되 귀신이 자기를 알므로 그 말하는 것을 허락하지 아니하시니라"(막 1:34). 예수님이 귀신의 말함을 허락하지 않으신 이유는 그들이 비록 예수님의 정체성을 알지만 그 정체성을 고백하는 그들의 방법이 하나님의 방법이 아니기 때문입니다. 오히려 사람들에게 혼란을 가져다줄 것이기 때문에 주님은 그들의 입을 막으셨습니다.

한 가지 알아야 할 것은 성경의 핵심 내용이 귀신이 아니라 하나님과 그분의 백성에 대한 이야기라는 것입니다. 간혹 귀신을 경험한 분들이 이런 부분을 지나치게 많이 강조하는 경우가 있습니다. 그러다가 이단이 되는 것입니다. 바른 신앙은 무언가를 보고 신비한 체험을 한 것을 말하지 않습니다. 하나님과 하나님이 주신 말씀을 고백하는 것이 신앙입니다.

한국 교회 초기 시절, 많은 이적과 기적들이 나타났습니다. 그때는 손만 대면 병이 낫고 걷지 못하던 자가 일어나기도 했습니다. 그런데 초창기의 많은 은사자나 목회자가 지금은 흔적조차 찾기 힘들 정도로 우리의 기억에 없습니다. 그 이유는 받은 은사의 목적을 제대로 알지 못하고 사용했기 때문입니다. 성경에서 기적을 행하신 주체가 누구십니까? 바로 예수님이십니다. 그래서 예수님의 소문이 난 것입니다. "예수의 소문이 곧 온 갈릴리 사방에 퍼지더라"(막 1:28). 예수님의 소문이 나야 하는데 기적을 행한 사람이 소문이 나서 문제가 된 것입니다.

지금 우리가 기억하는 목회자들이 누구입니까? 자신을 부인하고 예수님 닮기를 간절히 원했던 목회자들이 아닙니까. 손양원 목사님은 늘 자기 자신보다 예수님이 더 드러나시기를 원했습니다. 손 목사님은 전도사 시절부터 나병에 걸린 분들을 섬길 때면 눈물을 펑펑 쏟으면서 기도했습니다. '목사님도 우리와 똑같이 나병에 걸려서 우시나 보다' 싶은 마음에 애달파하는 성도들에게 목사님은 이렇게 말씀하셨다고 합니다. "날만 새면 죽은 내가 시퍼렇게 살아나기에 나를 죽이느라고 이렇게 금식하고 울고 있습니다. 저를 위해 기도해 주세요." 이처럼 우리의 기억에는 예수의 향기, 예수의 소문을 내는 분들만 남습니다.

예수님이 귀신을 대하신 방법을 보십시오. 예수님은 사람은 사랑하시되 귀신은 내쫓으셨습니다. 귀신은 교제의 대상이 아닙니다. 그래서 굿을 하거나 제사를 드리는 것, 점을 치는 것은 잘못된 것입니다. 내 인생의 주인은 하나님이십니다. 온전히 하나님만 예배해야 합니다.

복음서에서 예수님이 꾸짖고 내쫓으시는 대상이 세 가지 있습니다. 바로 귀신, 병, 자연입니다. 하지만 주님은 사람은 사랑하셨습니다. 품으시고 고치시고 부족함을 채워 주셨습니다. 우리가 얼마나 연약한 인생인지를 깨달아야 합니다. 나 자신의 힘만으로는 이 세상을 살아갈 수 없습니다. 나 자신을 구원할 수도 없고, 행복하게 만들 수도 없으며, 내가 그토록 사랑하는 자녀의 앞길을 보호해 줄 능력도 없습니다. 예수님은 이 사실을 아셨기에 이 땅에 오셨습니다. 우리의 힘만으로는 해결할 수 없는 우리의 문제를 해결하심으로 우리를 섬기기 위해 이 땅에 오신 것입니다.

각종 병과 많은 귀신을 내쫓으신 예수님은 지금도 우리를 사랑하시며 자유케 하시는 분입니다. 각종 병에서 자유를 얻으십시오. 악한 습관으로부터, 잘못된 과거의 실패감으로부터, 악한 생각으로부터 새롭게 되십시오. 예수님의 이름으로 명합니다. 자유케 되십시오!

||| 치유 받은 자의 사명

치유를 받은 사람, 자유케 된 사람이 감당해야 하는 사명이 있습니다. 우리는 여기에 주목해야 합니다. 단순히 치유가 목적이 아닙니다. 주님은 치유 이후를 보십니다. 예수님을 믿고 천국에 가는 것이 다가 아닙니다. 그런 이기적인 신앙은 신앙이라고 말할 수 없습니다. 진짜 신앙은 이 땅에서의 사명을 감당해야 하는 것입니다. 예수님을 믿은 후, 교회에 등록한 후 아무 일도 없다면 잘못된 믿음과 신앙입니다. 십자가의 흔적을 남겨야 합니다.

예수님은 열병으로 앓아 누운 베드로의 장모를 고쳐 주셨습니다. 학자마다 열병이 무엇인가에 대하여 의견이 분분하지만 대체적으로 화병으로 봅니다. 즉 베드로의 장모는 화병으로 인해 고열이 나고 몸이 무너져 드러누웠습니다. 예수님이 불쌍히 여기사 그 손을 잡아 일으키시자 그녀는 열병이 떠나는 치유를 받았습니다. "나아가사 그 손을 잡아 일으키시니 열병이 떠나고"(막 1:31상). 그런데 그다음 말씀이 무엇입니까? 바로 "여자가 그들에게 수종드니라"(막 1:31하)라고 기록되어 있습니다. 다른 번역본을 보면 '시중을 들었다'라고 표현하고 있습니다. 킹제임스성경은 'minister'(섬기고 봉사하다)라는 단어를 사용했습니다. '수종들다'라는 동사에서 파생된 단어가 '집사'입니다. 즉 집사는 '섬기는 자, 수종드는 자'라는 뜻입니다.

베드로의 장모는 자신을 괴롭히던 병에서 고침 받자 즉시 예수님을 섬겼습니다. 치유의 목적이 무엇입니까? 그것은 예수님을 예배하고 더 연약한 자를 섬기라는 것입니다. 아니, 만약 주님이 고치지 않으신다 해도 우리 삶의 목적은 섬기는 것이 되어야 합니다.

사람들은 예수님의 치유와 기적의 장면을 대하면서 '나도 고침을 받아야겠다', '나도 치유를 받아야겠다'라고 생각합니다. 물론 그 믿음도 아주 중요합니다. 예수님은 그렇게 하실 수 있습니다. 하지만 주님이 원하시는 것은 "그다음에는 어떻게 할래?"입니다. 그다음이 중요합니다.

저는 암을 치유 받아도 예전처럼 돌아가는 분들을 많이 봤습니다. 이문제, 저 문제 때문에 간절했던 사람이 문제가 해결되자 다시 세상으로 돌아가는 경우도 많이 보았습니다. 이런 경우에는 차라리 문제가 그대로 였다면 더욱 좋았겠다고 생각하곤 합니다. 왜냐하면 그 부족함이 간절함으로 나타나기 때문입니다. 부족함은 더 큰 것을 보는 눈을 열어 주기 때문입니다. 누군가의 말처럼 부족함은 사명을 잉태하는 인큐베이터입니다. 우리에게 필요한 것은 '힘이 아니라 힘(Him, 하나님)'이기 때문입니다.

우리는 예수님이 하신 일들을 살펴보았습니다. 예수님은 이 땅에 하나님 나라의 복음을 실현하기 위해 오셨습니다. 눌린 자, 갇힌 자, 포로 된 자를 자유케 하기 위해 오신 예수님은 삶에 눌리고, 얽매이며, 병든 우리를 자유케 해 주십니다. 우리의 작은 신음에도 응답하시는 하나님을 바라보십시오.

3

종의 가치는 주인에게 있다 _ 막 1:35-2:12

우리는 하지 말아야 할 것을 하는 것이 죄라는 것을 알고 있습니다. 그러나 해야 할 일을 하지 않는 것이 죄라고는 잘 여기지 않는 것 같습니다. 사실 죄를 엄밀히 따진다면 기준은 달라질 수 있습니다. 하지 말아야 할 것을 하는 것도 죄이지만, 꼭 해야 할 일을 하지 않는 것도 죄가 됩니다. 성도가 꼭 해야 할 일이 무엇일까요? 저는 그것을 '거룩한 가치'로 표현하고 싶습니다.

신앙인은 진정한 가치를 어디에 두어야 할까요? 신앙인의 가치 있는 삶은 예수님이 이 땅에 계시는 동안 무엇에 집중하셨는지를 보면 알 수 있습니다. 왜냐하면 이 땅에서 예수님은 육체의 몸으로 계실 수 있는 시간과 장소가 한정되어 있었기 때문입니다. 예수님의 목적은 분명했고, 예수님의 핵심 가치는 그분의 발걸음과 삶을 움직였습니다.

||| 하나님을 구하는 삶

예수님은 안식일 다음 날 많은 사역 후 몸이 피곤했음에도 불구하고 아직 날이 새기도 전에 한적한 곳으로 가서 기도하셨습니다. 예수님이 가신 곳은 당시 가버나움의 광야 지대였을 것입니다. 사람이 없는 곳, 그곳에서 주님은 하나님을 찾고 구하셨습니다. "새벽 아직도 밝기 전에 예수께서 일어나 나가 한적한 곳으로 가사 거기서 기도하시더니"(막 1:35). 여기서 '새벽'은 헬라어로 '프로이'(πρωι)인데 새벽 3시부터 6시까지를 말합니다. 예수님은 남들이 편히 자는 시간에 기도에 힘쓰셨습니다. 예수님이 이처럼 기도에 힘쓰신 이유가 무엇일까요? 사실 예수님은 하나님의 아들로서 기도가 필요 없는 분이십니다. 예수님은 하나님과 연합된 삶 그 자체이시기 때문입니다. 그럼에도 예수님이 새벽 아직도 밝기 전에 기도에 힘쓰신 이유는 하나님을 구하는 것이 이 땅에 오신 목적이기 때문입니다.

마가복음에 언급된 주님의 기도는 중요한 사건과 연관되어 있습니다. 본문뿐만 아니라 5천 명을 먹이신 기적의 사건 후 산에 올라 기도하실 때, 그리고 십자가를 지시기 전 겟세마네에서 기도하실 때 등 세 번 모두 결정적 순간이라는 성격을 지니고 있습니다. 모두 무리가 예수님을 정치적 왕으로 세우려고 할 때였습니다. 주님은 무리의 행동을 보며 영적인 위기를 느끼셨고, 이를 극복하기 위해 한적한 곳을 찾아 기도하셨던 것입니다. 사탄은 예수님을 군중에게 인기 있는 자리로 인도하며 하나님 나라의 관심사에서 멀어지게 하려 했지만, 예수님은 그때마다 한적한 곳으로 가서 기도하시며 하나님을 구하셨습니다. 예수님의 삶은 하나님의 뜻을 구하고 그 뜻을 이루는 데 있었습니다. 하나님과 연합되신 그 모습이 바로 기도의 삶에 나타난 것입니다.

우리는 보통 기도라고 하면 소원 성취를 떠올립니다. 물론 기도는 어떤 의미에서 소원 성취입니다. 하지만 나의 소원이 아닌 하나님의 소원이 이루어지기를 바라는 것이 기도입니다. 예수님이 가르치신 주기도문을 보십시오. 주님은 먼저 하나님의 나라와 하나님의 뜻을 구하라고 가르치십니다. 즉 하나님의 뜻이 이 땅에, 내 삶에 이루어지는 통로가 기도인 것입니다. 기도는 철저하게 하나님을 구하는 것입니다.

대부분의 사람들은 피곤해서 새벽에 기도할 수 없다고 말합니다. 하지만 이는 정확한 말이 아닙니다. 만일 새벽에 일을 하는 분이 있다면 틀림없이 새벽 3시, 4시라도 일어날 것입니다. 돈을 버는 즐거움과 꼭 가야 한다는 절실함 때문에 피곤해도 아랑곳하지 않고 움직이는 것입니다. 결국 기도하지 못하는 것은 가치관의 문제입니다. 하나님과 교제하는 즐거움, 그 중요성에 대한 인식 부족 때문입니다. 예수님의 하루는 하나님이 첫 번째가 되셨습니다.

기도하지 않고 일하면 말도 많고 탈도 많습니다. 그래서 시험에 더 잘 듭니다. 분주히 설치는데 그만한 능력이나 힘이 없기 때문입니다. 예수님의 기도는 한 번의 반짝이는 기도가 아니었습니다. 여기 사용된 '기도하시더니'라는 동사는 헬라어로 '프로세우게토'(προσηύχετο)입니다. 미완료 시제로서 '그가 계속해서 기도하고 계셨다'라는 뜻입니다. 예수님의 기도는 지속적이고 연속적이었습니다. 건강한 신앙생활이 바로 이런 것입니다. 즉 기도가 생활이 되고 습관이 되는 것입니다. 신앙은 인격이 되어야 하고 생활이 되어야 합니다.

기도를 잘하는 방법 한 가지만 소개하겠습니다. '기도가 안될 때에도 기도를 하는 것'이 기도를 잘하는 방법입니다. 기도가 잘될 때는 줄줄줄 잘 나옵니다. 본인이 압니다. '오늘 기도 줄 잘 잡았다!' 그런데 이런 날이 매일 있는 것이 아닙니다. 기도가 안될 때는 이 방법을 추천합니다. 기도가 잘되는 분 뒤에 앉으십시오. 그리고 그분이 기도할 때마다 속으로 '주님, 저도요. 저도요. 저도요'라고 기도하십시오. 우스갯소리가 아니라 실제로 이렇게 기도하다가 성령의 불을 받은 사람이 있습니다. 바로 저입니다. 누님을 따라다니며 열심히 기도하는 모습을 보면서 "주님, 저도요. 저도요. 방언 기도 은사 주세요"라고 기도하다가 방언을 하게 되었습니다. 자리를 떠나지 않는 것이 중요합니다. 기도의 자리를 떠나지 마십시오. 그 자리에 기도하는 사람들이 있습니다. 그러면 기도의 불이 나에게도 임할 것입니다.

||| 전도의 사명을 감당하는 삶

예수님은 병과 귀신을 내쫓는 기적을 행하심으로 사람들의 주목을 받으셨습니다. 예수님의 인기가 하늘을 치솟았습니다. 제자들은 기도하시는 예수님께 모든 사람이 주를 찾고 있다고 말씀드렸습니다(막 1:37). 제자들은 마음속으로 예수님이 사람들의 열렬한 호응에 응해 주시리라 기대했을 것입니다. 하지만 예수님의 대답은 단호했습니다. "이르시되 우리가 다른 가까운 마을들로 가자 거기서도 전도하리니 내가 이를 위하여 왔노라 하시고"(막 1:38).

예수님의 목적은 사람들의 인기에 편승하는 것이 아니었습니다. 여러 마을을 다니면서 하나님 나라를 전하시는 것이었습니다. 여기서 '가까운 마을'이란 도시 단위가 아닌 작은 규모의 촌락 단위입니다. 유대 역사가 요세푸스(Flavius Josephus)에 의하면, 당시 갈릴리 지방에 수천 명이 사는 촌락만 하더라도 200여 개에 이르렀습니다. 예수님은 당신이 이 땅에 오신 이유를 분명히 밝히셨습니다. 잃어버린 자들, 곧 죄인들을 찾아 구원하시기 위함입니다. 예수님의 이런 모습은 우리에게 많은 도전을 줍니다. 성도인 우리가 무엇을 위해 살아야 하는가를 잘 보여 줍니다.

한 할머니가 오래전 거리 전도대의 전도로 예수님을 소개받았습니다. 하지만 그다음에 어떻게 해야 하는지를 몰라 영접 기도문을 수첩에 적어서 매일 읽으셨습니다. 그러다 청라은혜교회 전도대를 거리에서 만나 교회에 등록을 하셨습니다. 놀랍지 않습니까? 만남의 축복입니다. 전도는 만남입니다. 우리는 거룩한 중매쟁이입니다. 가치 있는 일을 같이 한다는 것은 복된 일입니다. 예수님도 제자들에게 전도의 사명을 감당하는 길을 함께 가기를 요청하셨습니다. 주님이 우리를 부르시는 것입니다. 우리와 함께하자고 하시는 것입니다.

예수님은 하나님의 때와 방법대로 움직이셨습니다. 하나님의 때가 가장 정확하기 때문입니다. 선택과 집중이 분명해야겠습니다. 우리가 하나님 앞에 나온 것은 은혜를 선택한 것이고 하나님께 집중하겠다는 표현입니다. 예수님의 핵심 가치는 하나님 나라의 복음과 그 복음을 들어야 사는 우리입니다. 한 성도, 한 성도가 참으로 소중합니다. 천국 복음을 모른 채 하루하루를 보내는 교회 밖의 영혼들에게 관심을 가지고 주님의 가치에 함께하는 우리가 되기를 기도합니다.

||| 믿음으로 사는 삶

성도에게 있어서 믿음은 중요합니다. 믿음으로 구원받고 믿음으로 하나님을 기쁘시게 할 수 있습니다. 기적도, 질병의 고침도, 문제의 해결도 다 믿음에서 비롯됩니다. 교회를 다니면서 열심을 다하시는 분들을 볼 때 우리는 흔히 "저분은 참 믿음이 좋구나"라고 말합니다. 사실 우리의 문제는 결국 믿음의 문제이기 때문입니다. 지금까지 살아온 삶을 돌아보면 크고 작은 문제와 어려움이 많았습니다. 예전에는 그 고난이 참 힘들고 어려웠지만 어느새 그 고난의 암초를 잘 헤쳐 나가는 모습들을 보곤 합니다. 그 이유는 고난의 암초는 여전하지만 고난을 이길 믿음의 수위가 높아졌기 때문입니다.

목회자이지만 저도 믿음이 참 연약할 때가 있었습니다. 몽골 동계 선교 당시의 일입니다. 몽골의 여름은 아름답지만 겨울은 혹독합니다. 수도 울란바토르는 영하 40도까지 내려가는 혹한에 자욱한 석탄 냄새로 숨을 쉬는 것조차 어렵습니다. 그런 곳에 선교팀이 들어갔습니다. 울란바토르에서 가장 큰 홀을 빌려서 전도 축제를 준비한 것입니다. 저는 3,900석이나 되는 좌석을, 이 겨울에 몽골 현지인들이 채우기란 불가능하다고 생각했습니다. 저의 믿음은 홀의 빈 좌석만큼 비어 있었습니다. 팀원들도 믿음이 떨어지기는 매한가지였습니다. 그런데 유독 한 분, 강사 목사님의 믿음만은 달랐습니다. 목사님은 처음부터 이 홀에서 전도 축제를 하자고 제안하셨고, 또 할 수 있다는 말씀을 계속 하셨습니다. 그리고 전도 축제 당일 3,900석이 모두 찼습니다. 밖에서 줄을 서서 기다리는 사람들도 있었습니다. 몽골 선교 역사상 전무한 일이 일어난 것입니다. 후에 강사 목사님도 쉽지 않았다고 하신 말씀을 들었습니다. 집회 전날 저녁, 함께 기도하면서 하나님을 구할 때 하나님이 강사 목사님을 비롯한 모두에게 이 믿음을 더욱 부어 주신 것입니다.

전도 축제를 할 때 저는 섬기시는 분들에게 꿈을 꾸라고 말합니다. 본당 앞 강단에 나와서 기도를 할 때 이 자리가 태신자들과 영혼들로 가득 차고 넘치는 그림을 그리며 기도하라고 합니다. 직접 경험하지 않았어도 머릿속에 그림을 그리며 기도하는 것입니다. 저는 믿음의 기도가 이런 것이라고 생각합니다. 지금 당장 내게 없는 것이라 할지라도 이루어질 것을 상상하며 하나님을 구할 때 기도가 실제가 되는 것, 그것이 바로 믿음의 기도입니다. 저는 이 믿음이 실제가 되는 훈련을 여러 번 경험하면서 믿음이 더 자라게 되었습니다. 예수님은 우리의 믿음을 보십니다. 예수님은 상황과 환경을 언급하지 않으십니다. 왜 그런 일들이 일어났느냐고 다그치지 않습니다. 예수님이 보시는 것은 '지금 나에게 그 믿음이 있는가'입니다.

본문에 예수님이 중풍병자를 고쳐 주시는 기적이 나옵니다. 중풍병은 뇌의 혈관이 막히거나 터져서 뇌의 일부가 손상된 병입니다. 신체의 일부 혹은 전체가 마비되는 증세를 보입니다. 그 중풍병자는 몸의 마비 증세로 주위의 도움 없이는 혼자 거동할 수 없는 중증 환자였습니다. 본문을 통해 믿음의 중요한 원리들을 살펴보겠습니다.

들음에서 믿음이 시작된다

가버나움의 한 집에 예수님이 계신다는 소문이 들렸습니다. "수일 후에 예수께서 다시 가버나움에 들어가시니 집에 계시다는 소문이 들린지라"(막 2:1). 병을 고치시고, 귀신을 내쫓으시며, 하나님 나라의 복음을 전하시는 예수님의 소문은 삽시간에 온 동네로 퍼졌습니다. 예수님의 소문을 들은 사람들은 예수님 앞으로 모여들었습니다.

여기서 첫 번째 믿음의 중요한 원리를 알 수 있습니다. 사람들이 모이게 된 이유는 바로 예수님의 소문 때문이었습니다. 중풍병자의 친구들도 마찬가지였습니다. 예수님이 하신 일들에 대한 이야기를 먼저 들은 것입니다. 항상 믿음의 시작은 들음입니다. 종교개혁의 주제 말씀인 로마서 10장 17절을 보십시오. "그러므로 믿음은 들음에서 나며 들음은 그리스도의 말씀으로 말미암았느니라"(롬 10:17). '믿음', '들음', '말씀'이 한 구절에 다 들어 있습니다. 영적 성장의 가장 중요한 키워드는 바로 '청종'(듣고 순종하는 것)입니다. 순종도 들음에서 시작하는 것입니다. 제대로 듣지 않고 일하면 엉뚱한 힘만 소비할 수 있습니다. 들어야 합니다. 듣고 또 들어야 사는 것입니다.

성경이 왜 안 믿어집니까? 지금까지 들어 온 것 중에 성경보다 다른 것이 더 많기 때문입니다. 성경에 반대되는 내용의 학문을 자라면서 들었고, 믿음보다 과학을 따르는 것을 배워 왔기 때문입니다. 가장 안타까운 들음은 가정의 상처와 아픔 때문에 건강하지 못한 자아상이 형성되어 내 자아의 음성을 계속 듣는 것입니다. 사탄이 속삭이는 음성인 줄도 모르고 부정적이고 비판적이고 불안하고 염려되는 소리를 듣고 사는 것입니다. 내가 가장 많이 들은 음성이 내 삶을 결정합니다. 목회를 하며 깨닫는 것이 있습니다. 말씀 앞에 깨어지지 못할 영혼은 없다는 것입니다. 집을 나간 남편도, 우울증을 앓는 아내도, 속 썩이는 자녀들도 하나님의 말씀 앞에 반드시 깨어질 때가 있습니다. 고통스럽더라도 예배의 자리, 말씀의 자리에 나와서 듣고 또 들으면 주님이 역사하십니다.

행하는 믿음이 필요하다

네 명의 친구들은 중풍병자를 데리고 왔지만 막상 사람들이 너무 많아 예수님 앞으로 갈 수 없게 되었습니다. 그래서 그들이 선택한 것은 지붕을 뚫자는 것이었습니다. 당시 팔레스타인 가옥의 지붕은 견고하지 못했습니다. 짚, 나뭇가지, 막대 기둥을 얹어서 다져 만든 흙기와였습니다. 그 지붕은 집 옆에 놓인 계단으로 쉽게 올라갈 수 있었으며 사람의 손으로 뜯어 낼 수도 있었습니다. "무리들 때문에 예수께 데려갈 수 없으므로 그 계신 곳의 지붕을 뜯어 구멍을 내고 중풍병자가 누운 상을 달아 내리니"(막 2:4).

네 친구들의 모습을 보십시오. 특별히 동사를 주목해서 보십시오. '뜯어', '구멍을 내고', '달아 내리니.' 그들의 믿음은 관념화, 철학화된 믿음이 아니라 움직이는 믿음, 행동하는 믿음이었습니다. 예수님이 친구를 고치실 수 있다는 믿음을 가진 이상 그들에게는 많은 사람도 문제가 되지 않았습니다. 어떻게 해서든지 예수님 앞으로 데려가야 친구가 산다는 절실한 믿음이 행동으로 옮겨진 것입니다.

사실 이런 행동은 그 자리에서 설교하고 계시는 예수님과 듣고 있는 청중에게 큰 결례나 방해가 되었을 것입니다. 그렇지만 네 친구들은 중풍병자가 고침 받을 수 있다는 희망을 내려놓지 않았습니다. 예수님이 친구를 만져 주시기만 한다면 친구가 회복될 것을 알고 있었습니다. 동전의 앞면이 믿음이라면 뒷면은 행함입니다. 행함은 믿음의 열매입니다.

예수님은 지붕을 뚫고 중풍병자가 누운 상을 달아 내린 네 친구들의 믿음을 보셨습니다. 그리고 그 병자를 고쳐 주셨습니다. "예수께서 그들의 믿음을 보시고"(막 2:5상). 여기서 '보시고'라는 말은 원어적으로 '관찰하다, 파악하다'라는 뜻을 가집니다. 즉 예수님은 그들의 단순한 행동만이 아니라 그 마음의 중심, 믿음을 보셨다는 것입니다.

진짜 믿음은 환경 앞에 침묵하는 것이 아닙니다. 문제의 산을 만났을 때 넘어가는 것이 살아 있는 신앙입니다. 일본의 선각자 우치무라 간조는 "성도가 예수님을 믿는 이유는 산을 피해 가기 위해서가 아니라 산을 오르기 위해서다"라고 말했습니다. 참된 믿음을 가진 성도는 현존하는 문제에 눈감아 버리지 않습니다. 될 대로 되라고 말하지도 않습니다. 문제를 직시하고, 기도하며, 말씀을 묵상하면서 믿음으로 돌파합니다. 예수님은 지금도 이런 믿음을 찾으시며 보고 계십니다.

||| 날마다 예수님께 나아가는 삶

중풍병자를 마주하신 예수님이 하신 말씀은 "네 죄 사함을 받았느니라"였습니다. "중풍병자에게 이르시되 작은 자야 네 죄 사함을 받았느니라 하시니"(막 2:5하). 예수님을 책잡기 위해 그곳에 있었던 서기관들은 이 말씀 때문에 예수님을 공격하기 시작합니다.

예수님이 육신의 병에 대해 먼저 말씀하시지 않고 죄 사함을 언급하신 이유가 무엇일까요? 중풍병이라는 질병이 마치 우리의 모습과 같기 때문입니다. 중풍병은 마비 증세를 가지고 옵니다. 그리고 혼자 움직일 수 없는 병입니다. 친구들의 도움 없이는 예수님께로 갈 수 없듯이, 인간은 스스로의 힘으로는 하나님께 갈 수 없습니다. 인간의 어떤 선행이나 업적도 하나님의 선에 다다를 수 없습니다. 그리고 인간은 전적으로 악하기 때문에 자신의 죄 문제를 스스로 풀 능력 또한 없습니다. 그래서 죄의 문제를 해결하기 위해 예수님이 이 땅에 오신 것입니다. 나의 문제를 해결해 주실 수 있는 분은 예수님뿐이십니다. 우리는 날마다 예수님 앞으로 나아가야 합니다. 굳어지고 마비된 내 인생을 풀어 주실 분은 오직 예수님뿐이십니다.

우리는 예수님을 전해야 합니다. 우리는 예수님을 알고 있고 믿고 있지 않습니까? 하지만 아직 예수님을 알지 못한 채 중풍병자처럼 영적으로 마비된 사람들이 얼마나 많습니까. 관심을 가지고 그들을 생명의 자리로 데려와야 합니다. 우리는 이 땅에 파송된 선교사입니다. 국적은 천국이지만 잠시 이 땅에 파견 나와 있는 것입니다. 언젠가 다시 본향으로, 본국으로 송환될 때가 있습니다. 그때까지 우리는 하나님의 대사로 사명을 감당해야 합니다.

나의 믿음을 점검합시다. 믿음은 들음에서 옵니다. 말씀을 잘 들읍시다. 예배에 빠지지 맙시다. 큐티를 합시다. 성경을 읽읍시다. 그리고 순종합시다. 막혀 있는 것도 뚫을 수 있는 이유는 예수님이 계시기 때문입니다. 영적으로 마비된 영혼들이 가족, 친지 중에 보인다면 중풍병자를 예수님께로 데려온 네 친구들과 같은 산 믿음을 달라고 기도합시다.

4 모든 것을 주인처럼 보다 _ 막 2:13-3:6

우리가 알고 있는 많은 지식 중에는 편견과 고정관념이 곳곳에 있습니다. 이러한 편견과 고정관념은 예수님 시대에도 나타났습니다. 당시 바리새인들과 서기관들은 누구보다 율법에 정통했으며 열심인 자들이었습니다. 그래서 그들은 예수님의 행보와 늘 충돌했습니다. 예수님의 일거수일투족이 율법에 거스르는 듯이 보였기에 가는 곳마다 시비를 걸었습니다.

당시 유대인들은 사람, 시간, 그리고 공간을 거룩한 것에서부터 천한 것에 이르기까지 세부적으로 구분했습니다. 이 평가 기준에 따라 사람들은 종교 지도자, 귀족, 평민, 종, 고아, 과부, 병자 순으로 사회적 지위가 정해졌습니다. 또한 시간의 경우 안식일을 다른 날과 구분하여 거룩하게 지켰고, 공간도 마찬가지로 예루살렘, 성전, 회당, 집, 무덤 순으로 수준을 정했습니다. 그러나 예수님은 세리, 병자, 창녀, 죄인들과 친구가 되어 그들과 함께하시면서 관습화된 사회적 인간 피라미드 구조를 깨뜨리셨습니다. 그렇기 때문에 율법에 나름 열심인 바리새인들과 계속적인 충돌이 생긴 것입니다.

||| 하나님의 시각으로 바라보라

본문에서 예수님은 세리인 레위와 함께 식사를 하셨습니다. 이 모습을 본 바리새인들이 예수님을 비판했습니다. 로마의 지배 아래 있던 유대인들은 특별히 세리를 매우 혐오했습니다. 세리는 로마에 세금을 징수하여 바치는 자로 이방인들과 어울려 장로들의 규례를 무시하고 살았습니다. 그래서 유대인 중에서 세리가 되면 그는 가정과 사회에서 추방되어 재판정에서 증인도 될 수 없었고 회당에 나가 가르침을 받을 수도 없었습니다. 당연히 세리와 함께 있는 것도 불경건한 일이었습니다. 그런데 예수님은 아예 세리의 집에 들어가 식사를 하셨습니다. "바리새인의 서기관들이 예수께서 죄인 및 세리들과 함께 잡수시는 것을 보고 그의 제자들에게 이르되 어찌하여 세리 및 죄인들과 함께 먹는가"(막 2:16).

성경의 표현을 보면 '세리'와 함께 쓰이는 단어가 '죄인'이라는 말입니다. 당시 사람들의 의식 구조 속에서 세리는 곧 죄인입니다. 하지만 예수님은 죄인들을 위해 이 땅에 왔다고 말씀하셨습니다. "예수께서 들으시고 그들에게 이르시되 건강한 자에게는 의사가 쓸데없고 병든 자에게라야 쓸데 있느니라 나는 의인을 부르러 온 것이 아니요 죄인을 부르러 왔노라 하시니라"(막 2:17).

예수님이 이 땅에 오신 목적은 죄인을 위해서입니다. '예수'라는 이름의 뜻이 '우리를 죄에서 구원할 자'입니다. 하지만 바리새인들은 자신들이 가진 편견 때문에 예수님을 바로 보지 못했습니다. 예수님을 알아야 하고 영접해야 하는 이들이 오히려 예수님을 배척했고, 결국에는 십자가에 내몰았습니다.

예수님은 당시 사회적으로 무시받고 경멸의 대상이었던 세리 레위를 품으시고 제자 삼으셨습니다. 본문에는 세리 레위의 이름만 소개되지만, 후에 그는 '마태'라는 사도명을 가지게 됩니다. '마태'라는 이름은 '하나님의 선물'이라는 뜻입니다. 그는 예수님의 행적을 적은 마태복음의 저자이기도 합니다. 예수님은 사람들이 손가락질하는 레위를 보며 그 안에 있는 마태를 보셨습니다. 성서학자 윌리엄 바클레이(William Barclay)는 이렇게 말했습니다. "예수님은 세리였던 레위 안에서 위대한 전도자 마태를 보셨다."

예수님은 지금보다 더 강한 편견이 작용하고 배타적이었던 당시에 누구나 품에 안으셨습니다. '절대 저 사람은 안 돼'라고 생각되는 사람을 품으시고, 그 영혼 안에 있는 하나님의 가능성을 발견하고 제자 삼으셨습니다. 믿음의 사람들은 이 같은 주님의 시각으로 사람을 바라보아야 합니다. 자녀를 보면 무엇이 보입니까? 자녀를 하나님의 시각으로 보면 세리 레위라 할지라도 마태가 보이는 법입니다. 하나님의 시각과 인간의 시각은 다릅니다. 레위를 보시며 마태를 보신 주님의 시각이 우리에게 필요합니다.

||| 새 포도주는 새 부대에

그렇다면 어떻게 하면 이러한 주님의 시각을 소유할 수 있을까요? 무엇보다 편견과 고정관념을 버려야 합니다. "새 포도주를 낡은 가죽 부대에 넣는 자가 없나니 만일 그렇게 하면 새 포도주가 부대를 터뜨려 포도주와 부대를 버리게 되리라 오직 새 포도주는 새 부대에 넣느니라 하시니라"(막 2:22).

바리새인들은 예수님을 공격하기 위해 금식 문제로 시비를 걸었습니다. 당시 사람들은 일주일에 두 번, 월요일과 목요일에 정기적으로 금식을 했습니다. 금식의 횟수는 이스라엘 백성 사이에서 종교심의 정도를 가늠하는 척도로 여겨졌습니다. 그러나 금식이 빈번해지면서 점차 강제적이고 형식적이며 자기를 과시하기 위한 수단으로 전락했습니다. 그렇기에 바리새인들은 금식을 정기적으로 행하는 자는 종교심이 강한 자로 인정하고, 그렇지 못한 자는 종교성이 떨어지는 자로 규정했습니다.

예수님도 금식을 하셨지만 본질을 정확히 아셨습니다. 예수님의 금식은 하나님과의 관계 형성을 위한 자발적인 것이었습니다. 하지만 바리새인들은 정기적인 금식에 참여하지 않는 예수님과 제자들에게 문제를 제기했습니다. 본질을 벗어난 종교적 형식과 틀에 매여 있는 그들에게 예수님은 "새 포도주는 새 부대에 넣어야 한다"라고 말씀하셨습니다.

당시 팔레스타인 지역에서는 염소 가죽으로 부대를 만들어서 물이나 술을 담는 도구로 사용했습니다. 그런데 이 부대는 낡으면 얇아지고 신축성을 잃어 쉽게 터졌습니다. 이런 낡은 부대에 새 포도주를 담을 경우 술이 발효되면서 발생하는 가스의 압력에 부대가 터져 포도주와 부대 모두 사용할 수 없게 되었습니다. 그러므로 낡은 부대에 새 포도주를 담는 것은 참으로 어리석은 행위였습니다.

'새 부대'는 우리의 마음을 의미합니다. '새 포도주'는 복음이신 예수님을 의미합니다. 바리새인들은 자신들의 틀에 예수님의 가르침과 천국의 복음을 맞추려고 했지만 실패했습니다. 그들이 가지고 있는 잘못된 생각과 습관이 하나님 나라의 복음을 담을 수 없게 한 것입니다. 그렇기 때문에 마음 자체를 바꾸어야 합니다. 복음을 받아들이는 마음, 예수님을 어떤 편견이나 고정관념 없이 받아들이는 부드러운 마음을 가져야 합니다. 예수님은 지금 그 말씀을 하신 것입니다. 우리는 신앙생활에 있어서 편견과 고정관념에서 자유합니까? 예수님이 원하시는 새 부대를 지니고 있습니까?

어느 금요성령집회 때 강단으로 올라가려고 하는 저에게 한 어린아이가 편지를 쥐여 주었습니다. 강대상 앞에 서서 잠시 읽어 보았는데 아빠의 구원을 위해 기도해 달라는 부탁이 편지 마지막에 있었습니다. 가슴이 뭉클했습니다. 그런데 제목이 참 좋았습니다. "신앙생활 잘하는 목사님에게." 설교 잘하는 목사님이라든지 잘생긴 목사님과 같은 표현보다는 '신앙생활 잘하는 목사님'이란 말이 훨씬 더 좋았습니다.

목사라도 천국 문 앞에서는 개인의 신앙 고백이 나와야 합니다. 목회자에게도 신앙생활이 있습니다. 어쩌면 목사이기 때문에 더 편견과 고정관념을 가지고 신앙생활을 할 수 있습니다. 예수님을 대적한 바리새인들과 서기관들처럼, 가장 율법에 가깝고 정통한 이들이 예수님을 배척한 것처럼 목회자인 제가 그럴 수 있습니다. 그러기에 누구보다도 새 부대가 되어야 할 사람은 교회에 오랜 다닌 사람이고, 직분을 받은 자이며, 모태 신앙인입니다.

한국 교회는 새 부대가 되어야 합니다. 교회를 오래 다니고 성경 지식을 많이 아는 것이 천국 가는 신앙이 아닙니다. 자신이 죄인임을 깨닫고 죄인을 부르러 오신 예수님을 영접하는 자가 바른 믿음을 가진 자입니다. 교회에서 실시하는 양육 훈련 신청자들을 보면 대다수가 새가족들입니다. 사실 이 훈련을 받아야 할 성도들은 교회를 오랫동안 다닌 분들입니다. 과거에 이미 다 했으니 됐다고 생각하는 분들입니다. 중직을 맡으신 분들이 더욱더 성경 훈련, 기도 훈련, 말씀 훈련을 받아야 합니다.

가르치는 자는 배우는 자가 되어야 합니다. 하나님은 실패한 사람이 아니라 가만히 있는 사람을 싫어하십니다. 《야베스의 기도》(디모데, 2001)를 쓴 브루스 윌킨슨(Bruce Wilkinson)은 다음과 같은 유명한 말을 했습니다. "우리는 하나님의 역할을 대신할 수 없고 하나님은 우리의 역할을 대신하지 않으신다." 게으르고 방관만 하는 자들에게 하나님은 대신 일하지 않으십니다. 우리가 엎드리고 순종하는 만큼 문은 열립니다. 하나님의 일하심을 느끼기 원합니까? 그렇다면 성경을 가까이하며 배우십시오. 그러면 알게 될 것입니다.

우리의 믿음을 제한하거나 믿지 못하게 하는 편견을 깨고 바른 믿음을 가져야 합니다. 예수님 당시에 예수님을 가장 믿지 않았던 사람들은 종교인들이었습니다. 우리는 종종 "내 눈앞에 예수님을 보여 주면 믿겠다"라고 말하는 사람들을 보곤 합니다. 하지만 예수님 당시 사람들은 예수님을 직접 눈으로 보고도 그분을 구원자로 믿지 않았습니다. 성경이 있고 변화된 증인들이 있어도 내가 새 부대가 되는 마음의 변화가 없이는 참 믿음을 소유할 수 없습니다. 말씀을 있는 그대로, 어린아이 같은 순수한 심령으로 받아들이십시오. 그런 자들은 말씀 안에서 성령의 세미한 음성을 듣게 될 것입니다.

본문을 읽다 보면 우리는 "누가 죄인인가?"를 묻게 됩니다. 예수님은 죄인을 위해 오셨는데, 그렇다면 누가 죄인입니까? 바리새인과 세리 레위 둘 다 죄인입니다. 하지만 성경은 바리새인은 언급하지 않고 단지 세리 레위의 이름만 이야기합니다. 그 이유가 무엇일까요? 당시 죄인 중의 죄인 취급을 받았던 세리 레위는 예수님의 부르심에 응답하고 따랐기 때문입니다. 세리 레위는 주님의 부르심에 세관의 자리를 떠나 제자의 자리로 옮겼던 것입니다.

지금 어떤 자리에 있든 중요하지 않습니다. 돈이 있든 없든, 좋은 지위에 있든 아니든, 목회자이든 평신도이든 그것은 그렇게 중요하지 않습니다. '지금 나는 예수님의 음성에 잘 순종하며 따르고 있는가? 나는 제자의 삶을 살고 있는가?' 이것이 중요합니다. 예수님은 세리 레위를 보시며 전도자 마태를 보신 것처럼, 지금의 우리를 보시면서 무한한 가능성을 보고 계십니다.

||| 안식일 논쟁

저는 보수적인 교단에서 신앙생활을 했습니다. 제가 제일 힘들었던 것은 주일성수입니다. 당시 목사님은 주일성수의 개념을 엄격하게 지키기를 원하셨습니다. 그래서 주일에 일은 당연히 하면 안 되고, 돈도 쓰지 말아야 한다고 말씀하셨습니다. 당연히 토요일에 미리 장을 보고 간식도 사 두어야 했습니다. 다른 것은 모르겠지만 학생이었던 제게 가장 어려웠던 일은 월요일에 시험이 있을 때였습니다. 주일에 공부를 해야 하는지, 말아야 하는지 참 고통스러웠습니다.

우리는 주일성수를 강조할 때 '무엇을 하지 말아야 할' 의무(돈 쓰지 말라, 일하지 말라, 공부하지 말라, 놀러 가지 말라 등)만 강조해 왔습니다. 하지만 정말 중요하게 강조해야 할 것은 '무엇을 누릴 수 있는지'와 관계된 특권과 축복입니다. 주일에 예배함으로 부어지는 하나님의 신령한 복과 영혼이 회복되는 기쁨을 기대하고, 또 그것을 성도들과 나눌 수 있는 행복을 강조해야 합니다.

예수님은 바리새인들의 공격에도 불구하고 당시 사람들이 보기에 파격적인 행보를 계속 이어 가셨습니다. 유대인들이 가장 중요시한 율법인 안식일 계명에 대한 예수님의 새로운 해석이 본문에 나옵니다. 바리새인들은 그전까지만 해도 예수님을 경계의 대상으로 삼았지만, 안식일 계명에 대한 예수님의 태도를 보자 돌변하여 이제는 예수님을 죽이고자 합니다. 바리새인들과 유대인들에게 안식일은 어떤 의미를 가지고 있을까요?

출애굽기에 나오는 모세의 율법 중 십계명을 보면 하나님은 안식일을 거룩하게 지킬 것을 명령하십니다. 바리새인들은 이 율법에 기초하여 자신들의 항목을 더하여 안식일 준수 조항을 무려 39가지나 만들었습니다. 자료를 찾아보니 그 내용이 기가 막힙니다. 곡식 단을 묶지 말 것, 매듭을 짓지 말 것, 바늘로 두 번 깁지 말 것, 소금 치지 말 것, 두 글자를 쓰지 말 것, 두 글자를 쓰기 위해 지우지 말 것, 불을 끄지 말 것, 불을 켜지 말 것,

한 집에서 다른 집으로 물건을 옮기지 말 것 등입니다. 더군다나 각 조항마다 세칙까지 더해져서 안식일 준수에만 200가지가 넘는 항목이 있습니다. 이런 항목들을 보면 예수님의 제자들이 안식일에 밀 이삭을 자르는 행동이나 예수님이 안식일에 회당에서 손 마른 자를 고쳐 주시는 행동은 중범죄를 짓는 모습으로 비쳤을 것입니다.

'바리새인'에서 '바리새'라는 말은 '구별된 자'라는 뜻입니다. 바리새파는 구약 시대 말기쯤 형성된 분파로 당시 유대 종교의 주도권을 잡고 있었습니다. 그들은 '종교가 이래서 되겠는가' 하며 말 그대로 근본적으로 율법을 해석하고 지키려고 했습니다. 하지만 그들은 처음 의도, 동기와는 다르게 율법을 문자적으로 해석했습니다. 가령 안식일에 사람이 다쳐서 도움이 필요해도 구해 주지 않았습니다. 세밀한 규칙을 정하고 그에 맞게 살아가는 형식과 틀에 매인 종교인이 되어 갔습니다. 유대인의 역사를 보면, 전쟁이 터져 안식일에 적들이 쳐들어와도 전투를 치를 수 없다 하여 몰살당한 일도 있었습니다.

하지만 예수님은 안식일에 한쪽 손 마른 자를 고쳐 주셨습니다. '한쪽 손이 말랐다'라는 동사가 원어적으로 수동태로 쓰인 것을 보면, 그는 태어날 때부터 손에 장애가 있었던 것이 아니라 후천적으로 사고를 당해서 손을 쓰지 못하게 된 사람입니다. 누가복음에서는 이 사람의 손이 구체적으로 오른손이라고 기록된 것으로 보아(눅 6:6) 장애로 인해 생계에 큰 어려움이 있었던 것으로 보입니다. 예수님은 그를 불쌍히 여기사 그를 고쳐 주기를 원하셨지만 예수님을 고발하기 위해 예수님이 어떻게 하시는지 지켜보고 있는 사람들이 있었습니다. 주님은 이런 악한 자들의 마음을 아시고 이렇게 말씀하셨습니다. "안식일에 선을 행하는 것과 악을 행하는 것, 생명을 구하는 것과 죽이는 것, 어느 것이 옳으냐"(막 3:4).

예수님을 고발하기 위해 지켜보는 이들은 예수님이 안식일 율법에 대해 어떤 태도를 보이시는지를 유심히 보고 있었습니다. 한쪽 손 마른 자를 고치면 안식일에 일을 했으므로 안식일 율법을 어긴 것이고, 고치지 않으면 예수님의 능력에 대해 의문을 던졌을 것입니다. 어떤 것이든 그들은 예수님을 책잡으려고 했습니다. 하지만 예수님의 대답은 그들이 생각하는 기준과 달랐습니다. 바리새인들에게 있어서 안식일에 선을 행하는 것은 아무 일도 하지 않으면서 안식일을 지내는 것이며, 안식일에 악을 행하는 것은 안식일임에도 불구하고 무엇인가를 하는 것입니다. 반면에 예수님이 말씀하신 안식일에 선을 행하는 것은 생명을 구하는 것을 말하고, 안식일에 악을 행하는 것은 사람을 죽이는 것을 의미합니다.

예수님은 안식일에 선을 행하는 것과 악을 행하는 것, 생명을 구하는 것과 죽이는 것 중 어느 것이 옳으냐고 물으시면서 바리새인들의 사고를 근본적으로 뒤흔들어 놓으셨습니다. 하지만 바리새인들은 아무 말도 하지 않았습니다(막 3:4). 예수님은 완악하여 굳어질 대로 굳어진 그들의 마음을 보고 탄식하며 노하셨습니다. "그들의 마음이 완악함을 탄식하사 노하심으로 그들을 둘러보시고 그 사람에게 이르시되 네 손을 내밀라 하시니 내밀매 그 손이 회복되었더라"(막 3:5). 하나님의 참 율법은 긍휼과 사랑 속에서 해석이 되는 것입니다. 하지만 그들은 율법의 문자만 붙잡고 있었지 율법의 참 정신을 모르고 있었습니다.

||| 진정한 안식이란

유대교의 안식일은 토요일이지만, 기독교는 안식일 다음 날인 예수님이 부활하신 날을 기념하여 일요일을 주일로 정하여 지킵니다. 안식일 신앙을 지키는 것은 하나님이 원하시는 것입니다. 즉 주일을 성수하고 주일에는 하나님을 온전히 예배하는 것이 바른 신앙입니다. 하지만 직장 생활을 하다 보면 피치 못할 사정이 생길 수 있습니다. 모든 그리스도인이 주일 성수에 대해 주일에는 아무 일도 하지 말고 예배만 드려야 한다고 접근한다면 의사나 경찰, 운전사, 119 구조대원 등의 직종에는 그리스도인들은 종사해서는 안 될 것입니다.

주일성수는 하나님과의 만남이 있는 인격적인 예배를 사모하는 데서 시작됩니다. 주일에 교회에 있느냐보다는 예배 가운데 하나님을 만났느냐가 더 중요합니다. 물론 주일에 너무 자주 출근하는 회사나 직종이라면 자신의 영혼을 위해 고민할 필요가 있습니다. 하나님과의 만남이 있는 예배 생활을 누리지 못하고서는 신앙의 삶을 살아갈 수 없기 때문입니다.

예수님이 바리새인들과 종교 지도자들을 책망하신 것은 안식일을 지키지 말라는, 안식일 자체를 부정하신 것이 아닙니다. 그들의 안식일 신앙이 형식적으로 변질되었기 때문입니다. 하나님이 안식일을 우리에게 주신 이유는 안식일을 지키며 하나님을 예배하는 우리에게 복이 되기 때문입니다. 의학적으로도 사람은 6일간 노동하고 하루는 쉬는 것이 가장 적합하다고 밝혀졌습니다. 사람은 하나님이 창조하신 리듬대로 움직여야 합니다. 성경은 인간을 위한 행복 매뉴얼입니다.

안식일을 지키지 못하는 이유가 무엇입니까? 그것은 우리의 탐심과 연관이 있습니다. 탐심은 믿음을 무너뜨립니다. 그래서 주일성수는 믿음으로 하는 것입니다. 주일에 생업을 내려놓는 것은 그것 자체가 강력한 믿음의 고백입니다. "내 삶은 하나님이 책임져 주신다"는 고백이 주일성수입니다.

하나님은 광야를 걸었던 이스라엘 백성에게 굶지 않도록 매일 일용할 양식, 만나를 주셨습니다. 안식일 전날에는 이틀분을 내려 주셨습니다. 안식일에는 일하지 않고도 먹고살 수 있다는 것을 40년간 광야에서 가르치신 것입니다. 후에는 이스라엘 백성에게 희년을 가르치셨습니다. 그들은 50년마다 희년을 지켜야 했습니다. 49년간 누적된 경제적 불평등, 얽힌 채무 관계, 엉망이 된 경제 질서를 완전히 원위치시키는 제도가 희년입니다. 희년이 시작되기 전 2년 동안은 일을 할 수 없습니다. 즉 48년까지 일하고 49년과 50년째에는 쉬어야 합니다. 50년째 되는 해에 모든 빚이 탕감되고 새로 시작할 수 있습니다.

2년이나 일하지 못하는데 백성들이 굶어 죽지 않았을까요? 그런 일은 없었습니다. 신기하게도 하나님이 안식년 전인 6년째에는 2년 치 소득을 허락하셨고, 희년 전에는 3년 치 소득을 보장해 주셨기 때문입니다. 하나님의 놀라운 능력와 간섭을 보여 주신 것입니다. 지금도 하나님의 말씀을 지키는 자는 안식을 보장하시는 주님을 경험할 수 있습니다. 믿음으로 쉬면 주님이 그 믿음에 응답하십니다. 문제는 우리의 믿음입니다. '살아 계신 하나님이 나를 굶기시겠는가!'라는 배짱과 믿음으로 직면해야 합니다.

예수님은 자신을 위한 안식의 의미에서 한 걸음 더 나아가 다른 사람을 회복시키는 일을 친히 보여 주셨습니다. 예수님은 당신 자신만을 위해 일하지 않으셨습니다. 그렇다고 자신에게 유익이 되는 것도 아니었습니다. 오히려 바리새인들에게 공격을 당하셨습니다. 그런데도 고통당하는 사람들을 치유하셨습니다. 유대인들은 병 고치는 것을 일로 보았지만, 예수님은 진정한 안식으로 보셨습니다.

사람을 살리는 안식이 주님이 보여 주신 안식일의 참뜻입니다. 안식일의 본질은 회복입니다. 엿새간 자기중심으로 살던 삶에서 돌이켜 하나님 중심의 삶으로 회복할 것을 명령하신 것입니다. 어떻게 해야 중심이 회복됩니까? 자기 필요에서 벗어나 타인의 필요에 부응하는 것이 곧 회복입니다.

손 마른 자를 향한 예수님의 사랑과 관심은 오히려 안식일 율법을 완성해 주었습니다. 그는 육적으로는 손 마른 자였지만, 성경 저자는 영적으로 손이 마른 자가 누구인가를 우리에게 말하고 있습니다. 안식일을 완성하는 것은 실천입니다. 사랑의 실천보다 더 강한 율법은 없습니다. 자신의 몸을 내어 주신 예수님이 친히 사랑을 실천하심으로 율법의 완성을 보여 주신 것처럼 말입니다.

5 충성된 종은 주인의 음성에 반응한다

_ 막 3:7-35

"인사가 만사다"라는 말이 있습니다. 사람을 세우는 것이 그만큼 중요하다는 의미인데 세상을 향한 예수님의 전략 중 하나도 '사람'입니다.

||| 무리와 제자

성경에 많은 사람이 등장하고 예수님 주변을 많은 사람이 따랐지만, 그들은 두 부류로 나뉠 수 있습니다. 한 부류는 예수님의 제자들이고, 또 한 부류는 무리입니다. 예수님이 가시는 곳마다 큰 무리가 따라다녔습니다. 그들은 예수님이 행하신 기적과 이적을 보고 자신들에게도 그런 일들이 나타나기를 소망했을 것입니다. "예수께서 무리가 에워싸 미는 것을 피하기 위하여 작은 배를 대기하도록 제자들에게 명하셨으니 이는 많은 사람을 고치셨으므로 병으로 고생하는 자들이 예수를 만지고자 하여 몰려왔음이더라"(막 3:9-10).

손 마른 자, 중풍병자, 나병환자를 고치신 예수님을 보며 사람들은 예수님이 자신의 병도 고쳐 주시기를 바라고 따랐습니다. 그들에게는 예수님을 향한 요구와 필요가 있었습니다. 이처럼 무엇인가 자신의 어려움을 해결하기 위해 예수님께 나아온 사람들이 바로 무리입니다. 무리는 숱한 요구를 가지고 모여들었습니다. 병의 문제뿐만 아니라 온갖 문제를 다 가지고 왔습니다.

무리의 특징은 예수님의 일을 하기 위해 모여든 것이 아니라 예수님께 일을 부탁하기 위해 온 자들이라는 것입니다. 유진 피터슨(Eugene H. Peterson)은 《물총새에 불이 붙듯》(복있는사람, 2017)에서 이런 무리와 같은 사람들을 오늘날의 언어로 '소비형 성도'라고 풀었습니다. 점차 교회가 예수님을 따르는 것에서 예수님으로부터 무엇인가를 얻어 내는 문화로 바뀌어 가고 있습니다. 그래서 교회에 사람들이 나와서 듣기 원하는 말은 전부 소비의 언어입니다. 복음이 여러분에게 이런 것을 주고 성공하게 해 줄 것이라는 말입니다. 사람들은 무엇인가를 얻기 위해서 교회로 모여들고, 이런 성도들은 점차 소비형 성도가 되어 갑니다.

사실 예수님이 언제나 우리의 기대에 부응하시는 것은 아닙니다. 우리가 요구하고 필요하다고 해서 우리가 생각하는 것들을 언제나 주시는 것이 아닙니다. 예수님이 주시지 않으면 낙심하고 돌아서며 채널을 돌려 버리거나 우리가 요구하는 것을 줄 것 같은 다른 교회를 찾아갑니다. 이런 사람들은 마치 예수님을 파트 타임 직원으로 여기고, 주도권은 여전히 자신이 가지기를 원합니다.

무리에 속한 사람들에게는 예수님의 요구보다 자신의 요구가 더 중요합니다. 그래서 그들은 예수님이 어떤 마음을 가지시든, 어떤 것에 관심을 가지시든 상관없습니다. 예수님의 몸이 피곤해도 상관없습니다. 지금 자신의 문제가 해결되는 것이 더 급합니다.

저는 종종 하나님과 우리의 관계를 아버지와 아들의 관계로 설명하곤 합니다. 아들이 기뻐할 때 아버지인 저도 기쁩니다. 반면 아들이 화를 내거나 짜증을 낼 때는 저도 화가 나고 짜증이 납니다. 그래서 아들이 계속 기뻐하면 좋겠습니다. 하나님이 항상 기뻐하라고 하신 말씀이 이해가 됩니다. 제 아들은 선물을 받으면 너무 기뻐하고 좋아하기 때문에 가끔 아들에게 선물을 줍니다. 그런데 문제는 선물에 대한 관점의 차이입니다. 한번은 아들이 좋아하는 선물인 장난감이나 책이 아니라 제가 좋아하는 선물을 가방에 넣어서 가져갔습니다. 가격도 싸고 아빠와 함께 누릴 수 있는 꿀이 잔뜩 발라진 꽈배기 모양 과자입니다. 그 과자 한 봉지를 가방에 넣고 집에 들어가면서 "아빠 선물 사 왔다!"라고 말했습니다. 아들이 저기서 우사인 볼트 뺨치도록 달려서 왔습니다. "짜잔!" 하고 가방에서 과자를 꺼낸 순간, 아들은 소리를 지르며 방으로 가서 울기 시작했습니다.

제가 신앙이 어릴 때는 하나님께 구하는 것이 참 많았습니다. 이것도 필요하고 저것도 필요했습니다. 지금 되돌아보면 하나님이 제게 주신 것이 참 많았습니다. 그때마다 저는 하나님께 얼마나 기쁨과 감사를 표현했나 생각해 봅니다. 제 신앙이 아들과 같은 모습이었다는 생각이 듭니다. 때로는 이것 왜 안 들어주시냐고 나의 요구에만 몰입되어 있을 때 하나님의 관심과 요구를 무시하며 아버지의 마음을 서운하게 해 드렸던 제 모습을 깨닫게 됩니다.

예수님은 이런 무리를 떠나 산으로 가셨습니다. "또 산에 오르사 자기가 원하는 자들을 부르시니 나아온지라"(막 3:13). 마가복음에는 산에 올랐다고만 기록되어 있지만, 누가복음에는 "산으로 가사 밤이 새도록 하나님께 기도하시고"(눅 6:12)라고 쓰여 있습니다. 예수님은 밤이 새도록 무엇을 위해 기도하셨을까요? 아마도 제자들을 부르시는 선택을 위한 기도였을 것입니다. 예수님께는 무리보다 선택된 소수, 제자들을 부르시는 것이 더 중요했습니다. 왜냐하면 이제 예수님의 가르침과 삶을 살아 낼 복음팀, 예수팀이 필요하셨기 때문입니다. 그 해결책이 바로 사람, 제자였습니다.

그런데 이 제자들이 좀 심상치 않습니다. 16절부터 나오는 12명의 제자를 소개한 명단을 보십시오. 시몬 베드로, 야고보, 요한, 안드레, 빌립, 바돌로매, 마태, 도마, 야고보, 다대오, 가나안인 시몬, 가룟 유다입니다. 예수님이 부르신 제자들은 하나같이 다 결점이 있는 자들입니다. 베드로는 어부 출신이며 예수님이 잡히시던 밤에 예수님을 모른다고 세 번이나 부인했습니다. 야고보와 요한은 성질이 불같고 너무 급해서 17절을 보면 '우레의 아들'이라는 별명이 붙었습니다. 도마는 의심이 많았고, 마태는 세리 출신입니다. 바돌로매와 다대오는 엠마오로 가던 낙심한 두 제자였을 것입니다. 결정적으로 가룟 유다는 예수를 판 자였습니다.

제자들 모두가 약점투성이입니다. 세상을 구원할 거대한 하나님의 사명에는 어울리지 않는 초라한 자들입니다. 하지만 예수님의 대안은 제자들이었습니다. 다른 방법은 없습니다. 무리로는 세상을 변화시킬 수 없습니다. 충성스럽고 헌신된 소수, 따르는 제자들을 통해 하나님의 역사는 이루어집니다.

예수님의 제자 선택의 기준은 그들의 어떠함이 아닙니다. 그들의 뛰어남으로 선택받은 것이 아니라 오직 하나님의 은혜요 주권입니다(고전 1:26-29). 그래서 구원을 은혜라고 하는 것입니다. 구원은 나의 선행과 공로로 주어지는 것이 아니라 전적인 하나님의 은혜요 선물입니다. 그 은혜에 감사하는 것이 예배이고, 그 예배가 거룩으로 드러나는 것이 성도의 삶입니다.

주님이 베드로와 같이 결정적일 때 예수님을 수없이 부인한 나를 택하신 이유는 무엇일까요? 자녀들에게, 배우자에게 감정을 절제하지 못하고 화를 잘 내는 우레의 아들과 같은 우리를 택하신 이유가 무엇일까요? 예수님을 사랑한다 하면서도 돈의 신인 맘몬을 사랑하며 예수님을 팔아 버린 가룟 유다가 나의 모습이 아닌가요? 그런데도 주님이 이런 나를 택하신 이유는 무엇일까요? 그 까닭은 세상의 또 다른 베드로들과 소통하도록 하시기 위해서입니다. 그리고 세상의 또 다른 가룟 유다들, 세상의 또 다른 아픔과 상처를 가진 영혼들과 소통하도록 하기 위해 나를 택하신 것입니다.

||| 함께 가자는 부르심

예수님이 제자들을 택하신 이유는 세 가지입니다. 첫째, 함께 있기 위함입니다. 둘째, 파송과 전도를 위함입니다. 셋째, 섬김과 치유를 위함입니다. "이에 열둘을 세우셨으니 이는 자기와 함께 있게 하시고 또 보내사 전도도 하며 귀신을 내쫓는 권능도 가지게 하려 하심이러라"(막 3:14-15).

전도나 사역보다 먼저 선행되어야 하는 것이 예수님과 함께 있는 것임을 주목해야 합니다. 참된 제자는 주님과 동행, 동거하는 자여야 합니다.

예수님과 함께 기거하며 수종드는 가운데 예수님의 인격, 삶의 방식, 고난이나 각종 인생 문제에 대한 대처 방식을 배우는 것입니다. 예수님을 전파하기 전에 먼저 예수님에 대해 알고 배워야 합니다. 이름도 없고 빛도 없는 무명한 제자들이 복음의 역사를 이끈 위대한 사도들이 된 이유가 여기에 있습니다. 그들은 예수님의 부르심에 응답했고 예수님과 동행했습니다. 예수님의 말씀을 다 이해할 수 없었지만 후에 성령을 받아 깨닫게 되어 복음의 역사를 이끈 초대교회의 수장들이 된 것입니다. 동행이야말로 가장 중요한 훈련의 방법입니다.

성경에 하나님과 동행함으로 죽음을 겪지 않고 들림 받은 사람이 있습니다. "에녹은 육십오 세에 므두셀라를 낳았고 므두셀라를 낳은 후 삼백 년을 하나님과 동행하며 자녀들을 낳았으며 그는 삼백육십오 세를 살았더라 에녹이 하나님과 동행하더니 하나님이 그를 데려가시므로 세상에 있지 아니하였더라"(창 5:21-24). 창세기 5장에 나오는 족보에 다른 인물들은 그냥 자녀를 '낳았다'라는 표현만 있지만, 에녹은 하나님과 '동행했다'라는 구절이 먼저 나옵니다. 수많은 사람이 자녀를 낳고 가정을 돌보며 살다가 평범하게 죽었지만 에녹만은 그 무엇보다 먼저 하나님과 동행하는 생활을 했습니다.

'동행한다'라는 말은 원래 '산책한다'라는 뜻을 갖고 있습니다. 둘이 교제하며 숲속을 거닌다는 의미입니다. 에녹은 하나님과 함께하는 것이 너무 좋아서 즐기면서 산책했다는 뜻입니다. 그의 인생은 하나님과 함께하는 산책의 여정이었습니다. 하나님을 좋아한 에녹은 하나님을 만나면 시간 가는 줄 모르고 산책하며 매일매일을 살았습니다. 바로 이것이 에녹이 평범한 날을 승리로 이끈 비결입니다. 어떤 구약의 사본은 '하나님과 동행했다'

라는 말을 '하나님을 기쁘시게 했다'라는 표현으로 대치하고 있습니다. 즉 동행했다는 말은 하나님을 기쁘시게 하는 생활을 했다는 말입니다.

주님과 동행하는 방법에 대해 이야기할 때 흔히 훈련이나 양육을 받아야 한다고 말하기도 합니다. 물론 제자훈련이나 양육의 목적은 예수님을 알아 가고 닮아 가는 것입니다. 하지만 이것은 일부분일 뿐입니다. 예수님과 동행한다는 것은 일상의 삶에서 예수님을 바라보고 경험하는 것입니다. 그래서 저는 동행을 '일상의 행동과 생각 속에 하나님을 인식하고 누리는 것'이라고 정의하고 싶습니다.

성도로서 자신이 속한 곳에 하나님과 동행함으로 선한 영향력을 끼쳤는지 되돌아보아야 합니다. 가장 격렬한 영적 전쟁터이고 선교지인 곳은 일터입니다. 하나님과의 동행이 그대로 투영되는 곳이 일터라야 합니다. 로렌스 형제(Brother Lawrence)가 쓴 《하나님의 임재 연습》은 오늘날까지도 이런 고민을 하는 우리에게 귀한 도전이 되는 책입니다. 그는 프랑스 파리의 수도원에서 80세가 되기까지 섬김과 사랑의 실천을 보여 주었습니다.

처음 수도원에 들어갔을 때 로렌스 형제는 하루 종일 기도하고 묵상하는 고상한 삶을 기대했습니다. 그런데 그는 요리하고, 먹은 그릇을 깨끗이 치우고, 설거지하는 일을 맡게 되었습니다. 그것은 아무도 하고 싶지 않은 일이었습니다. 그러나 일단 로렌스 형제는 이 일을 기도하면서 하기 시작했고 모든 일을 은혜로 최선을 다하겠다고 결심했습니다. 그때부터 그에게 부엌의 섬김이 기쁨이 되었고 하나님께 더 가까이 나아가는 통로가 되었습니다. 그는 이렇게 말합니다. "나에게 일을 하는 시간은 기도하는 시간과 크게 다르지 않다. 물론 어떤 사람들은 다른 일들을 섬기도록 부르심을 받지만 나는 부엌에서의 시끄러운 소리들과 그릇들이 달그락 거리는 소리들 속에서도 마치 성전에서 무릎을 꿇을 때처럼 놀라운 평정을 누리며 하나님을 소유한다."

로렌스 형제의 삶과 영성을 보면서 깊이 생각해야 할 것은 우리가 일상생활 속에서 어떻게 하나님의 임재와 동행을 누리며 살 것인가입니다. 예배드릴 때뿐만 아니라 노동하는 현장에서, 복잡한 인간관계 속에서, 일상생활 속에서 하나님과의 동행을 누리는 삶이 얼마나 중요한 일인가를 알아야 합니다. 나는 주님과 동행하는 제자입니까, 아니면 자신의 요구와 필요를 위해 모인 무리입니까?

예수님은 제자들이 예수님과 함께 있는 것만으로 그치지 않으셨습니다. 예수님은 그들을 세상으로 보내기 원하셨습니다. 14절에 사용된 '보내사'라는 단어는 헬라어로 '아포스텔레'(ἀπόστολη)입니다. '사도'에 해당하는 헬라어 '아포스톨로스'(ἀπόστολος)의 동사형입니다. 예수님으로 충만한 제자들은 곧 세상에 작은 예수가 되어 살도록 파송되어야 합니다. 예수님의 파송을 받은 제자들은 숫자는 적을지 모르지만 세상을 변화시키는 권능을 지녔습니다. 그들은 자신의 요구보다 주님의 명령에 순종하는 자들입니다.

기억해야 할 것은 예수님은 무리를 파송하지 않으시고 제자들을 파송하셨다는 사실입니다. 평범한 사람이라도 주님 손에 붙들리면 쓰임 받을 수 있습니다. 약점투성이의 제자들이 주님의 손과 발이 된 것을 기억하십시오. 허드슨 테일러(Hudson Taylor)의 말처럼 하나님의 방법은 사람이기 때문입니다. 누군가를 위한 예수님의 손과 발이 되기 위해 주님은 우리를 부르셨습니다. 이 목적으로 우리를 제자 삼으셨습니다. 우리는 무리가 아니라 제자가 되어야 합니다. 예수님과 동행하는 제자만이 세상에 파송 받을 자격이 있습니다.

||| 복음에 미쳐 보자는 부르심

옥한흠 목사님의 제자훈련에 관심을 가지고 제자훈련 지도자 세미나에 참석한 적이 있습니다. 제자훈련을 포함한 교회의 어떤 프로그램이든 누가 인도하느냐에 따라 달라집니다. 그래서 제자훈련 지도자 세미나 첫 번째 수업 시간의 제목이 "광인(狂人)론"입니다. 미쳐야 미칠 수 있다는 것입니다.

'광인'은 '미친 사람'이란 뜻입니다. 살면서 무엇에든 '미쳤다'는 말을 한 번도 들어 보지 못했다면 아쉬움이 큽니다. 무언가를 위해 목숨을 걸고 도전한 적이 없다면 정말 슬픈 일입니다. 열정은 탁월한 업적을 이루어 나가는 데 필수적인 요소입니다. 자고로 열정 없는 사람이 크게 쓰임 받은 적은 없습니다. 이 점은 성경의 인물에게서도 마찬가지입니다. 하나님의 일에 크게 쓰임 받은 사람들의 공통적인 특징은 바로 열정을 지녔다는 점입니다. 지금 한국 사회는 열정의 사람을 찾고 있습니다. 열정을 품은 사람들이 침체된 현재 상황을 극복해 나가기 때문입니다. 신앙 또한 열정입니다. 철학자 쇠렌 키르케고르(Søren Kierkegaard)는 "이 세대는 종교가 부족해서 망하는 게 아니다. 하나님을 향한 열정이 부족해서 망할 것이다"라고 말했습니다. 우리의 마음에 불이 있습니까?

본문을 보면 예수님 또한 광인이란 소리를 들으셨습니다. "예수의 친족들이 듣고 그를 붙들러 나오니 이는 그가 미쳤다 함일러라"(막 3:21). 예수님의 계속되는 사역을 보면서 예수님의 친족들이 예수님을 붙들러 왔습니다. 여기서 '붙들러 왔다'는 말은 원어적으로 강한 의미로 '통제하고 제어하다'라는 뜻이 있습니다. 누구보다 예수님을 지지해야 하는 가족들이 예수님을 잡으러 온 이유는 예수님이 미쳤다고 생각했기 때문입니다.

그들이 이런 생각을 하게 된 것은 예수님의 행보에 강한 불만을 지녔던 당시 종교 지도자들 때문입니다. "예루살렘에서 내려온 서기관들은 그가 바알세불이 지폈다 하며 또 귀신의 왕을 힘입어 귀신을 쫓아낸다 하니"(막 3:22). 예수님의 소문이 자자하자 예루살렘에서 조사위원회가 온 것입니다. 자신들이 하지 못한 일들, 즉 하나님만 하실 수 있는 귀신을 내쫓는 일이나 병이 치유 받는 일들을 보면서 서기관들은 예수님을 부정하기 위해 귀신의 왕을 힘입어 이런 일들을 한다고 뒤집어씌웠습니다. 한마디로 '예수님은 귀신 들렸다'는 것입니다. 종교 지도자들이나 당시 존경받는 서기관들이 이런 말을 하니 예수님의 친족들도 예수님을 더 이상 놔두면 안 되겠다 싶어서 말리러 온 것입니다. 예수님은 가족에게조차 미쳤다는 소리를 들을 정도로 사역에 임하셨습니다.

사역에 있어서 가족들이 공감해 주면 얼마나 좋겠습니까. 그렇다면 예수님이 하시는 일에 날개가 달린 듯했을 것입니다. 가족과 친족의 지지가 없음에도 불구하고 주님의 사역은 멈추지 않았습니다. 왜냐하면 예수님이 하시는 역사는 성령의 역사이기 때문입니다. "누구든지 성령을 모독하는 자는 영원히 사하심을 얻지 못하고 영원한 죄가 되느니라 하시니"(막 3:29). '성령을 모독한다'는 말은 지금 예수님이 하시는 복음의 역사를 부정하는 것을 말합니다. 성령은 복음을 드러내시고 예수님이 그리스도이심을 증거하십니다. 이 일을 부정하고 귀신의 일이라고 비난하는 것은 곧 성령 모독죄와 같다고 주님은 말씀하신 것입니다.

이런 배경 속에서 예수님은 누가 나의 어머니이며 동생들이냐고 물으십니다. "대답하시되 누가 내 어머니이며 동생들이냐 하시고"(막 3:33). 이 질문의 뜻을 가만히 묵상해 보십시오. 예수님은 어머니 마리아나 동생들을 부정하기 위해 이렇게 물으신 것이 아닙니다. 믿음으로 형성된 새로운 가족에 대한 개념을 설명하기 위해 모인 자들에게 하신 말씀입니다. 예수님은 혈연으로 맺어진 가족도 귀히 여기셨습니다. 십자가에 달리셨을 때 남겨진 어머니를 제자에게 부탁하신 장면도 성경에 있습니다(요 19:27). 여기서 예수님이 강조하고 싶으신 것은 하나님의 뜻입니다. "누구든지 하나님의 뜻대로 행하는 자가 내 형제요 자매요 어머니이니라"(막 3:35). 예수님은 가까운 가족이라 할지라도 하나님의 온전한 뜻을 이해하지 못할 수 있음을 아셨습니다. 그리고 누구든지, 즉 예수님의 혈연 된 가족이든 아니든, 유대인이든 이방인이든 하나님의 뜻대로 행하는 자가 예수님의 가족이라고 말씀하셨습니다.

그렇다면 하나님의 뜻은 무엇입니까? "내 아버지의 뜻은 아들을 보고 믿는 자마다 영생을 얻는 이것이니 마지막 날에 내가 이를 다시 살리리라 하시니라"(요 6:40). 하나님의 뜻은 하나님이 보내신 예수 그리스도를 믿고, 영접하며, 그 말씀대로 순종하는 것입니다. 예수님을 믿는 것이 하나님의 뜻입니다. 여기서 성도의 열정과 세상의 열정이 차이가 납니다. 성도의 열정은 대상 자체가 다릅니다. 세상 사람들이 돈, 차, 집, 옷, 가방, 스포츠, 사람과 이성 등 인간의 욕망과 쾌락에 중심을 두고 있다면, 성도는 하나님과 그분의 뜻을 중심에 둡니다.

||| '미칠 광'(狂)에서 '빛날 광'(光)으로의 부르심

영어단어 '열정'(Enthusiasm)의 라틴어 어원 'Entheos: en(in) + theos(God)' 를 보면 그 뜻은 '내 안에 신을 둔다'입니다. 그래서 우리가 무언가에 흠 뻑 빠지게 되면 흔히 하는 말이 '신난다'라는 표현입니다. 성도의 열정은 하나님을 중심에 두고 하나님과 함께할 때 자연스럽게 생겨나는 결과물 입니다.

시대의 사도인 바울을 보십시오. 예수님처럼 그도 하나님을 향한 열정 으로 미친 사람이었습니다(고후 5:13). 미국의 세계적인 전도자 드와이트 무디(Dwight Moody)는 예수님을 처음 믿고 난 후 시키지도 않았는데 온 동 네를 깨끗이 쓸기 시작했다고 합니다. 복음을 전하기 위해서라면 어떻게 든 다른 사람에게 혜택을 주어야겠다고 생각해서 한 일이었습니다. 돈을 받지도 않고 공짜로 일을 하고 있으니, 사람들이 신문사에 제보를 해서 "미치광이 무디"라는 제목의 기사가 났습니다. 불광불급(不狂不及). 미쳐야 미칩니다.

그렇다면 어떻게 하면 이런 열정을 가질 수 있을까요? 무엇보다 태도 가 중요합니다. 우리는 보통 게임과 같이 자기가 좋아하는 일을 할 때는 밤을 새워도 지겹지 않습니다. 그런데 업무로 밤을 새우는 것은 몹시 힘 이 듭니다. 왜 그럴까요? 태도의 차이 때문입니다. 즉 게임을 대하는 태도 와 업무를 대하는 태도가 다르기 때문입니다. 결국 태도는 그 일을 하는 데 가지고 있는 마음가짐에 따라 결정됩니다. 예수님의 열정의 중심에는 하나님의 뜻이 있었습니다. 하나님의 뜻이 곧 성령의 역사이고, 성령의 역사는 곧 예수가 그리스도이심을 드러내는 것입니다. 그리스도인의 열정은 바로 복음에 대한 태도에서 시작됩니다. 복음을 어떻게 대하느냐에 따라 뜨거운 신앙인인지, 아니면 차가운 종교인인지를 알 수 있습니다.

어릴 적 방학 때만 되면 큰어머님 댁에 놀러 가곤 했습니다. 경남 의령 근처에 있는 마을입니다. 그곳에도 교회가 작게나마 있었습니다. 큰어머님은 신실한 신자였기 때문에 자연스레 자녀들이 교회를 다녔습니다. 그런데 도시에서 살던 제가 시골에서 처음 들은 단어가 있었습니다. 그것은 '예수쟁이'였습니다. 그곳 마을 아이들이 교회를 다니는 큰어머님의 자녀들에게 하는 말이었습니다. 나중에야 이 말이 예수 믿는 사람들을 비아냥거리는 표현이라는 것을 알게 되었습니다.

주일에는 일도 안 하고 교회를 다니는 예수쟁이, 밥을 먹을 때 감사 기도를 먼저 하는 예수쟁이, 자식들이 먹을 음식이 없어도 목사님이 집에 심방 오시면 정성껏 식사를 준비하는 예수쟁이, 힘들고 어려운 교우들 집에 가서 눈물로 찬송가를 부르고 목청껏 기도해 주는 예수쟁이, 똥물을 뒤집어써도 전도지 한 장 쥐여 주는 것을 생명처럼 생각하는 예수쟁이.

우리 모두는 이런 예수쟁이 공동체가 되어야겠습니다. 예수 외에는 설명이 불가능하고 예수를 통해 삶을 이야기할 수 있는 사람들 말입니다. 우리는 광인이 되어야겠습니다. 미친 사람이 되어야 합니다. 성경은 복음에 미친 사람은 하늘에 별과 같이 빛나리라고 말합니다. "많은 사람을 옳은 데로 돌아오게 한 자는 별과 같이 영원토록 빛나리라"(단 12:3). '미칠 광'(狂)이 '빛날 광'(光)이 되기까지, 마침내 주님이 우리를 변화시키실 때까지 광인으로 살아갑시다.

2부

종의 인생에 허락된 은혜

6

주와
한배 탄 인생 _ 막 4:1-9, 35-41

      예수님은 진리를 가르치실 때 비유를 즐겨 사용하셨습니다. 비유는 사물을 설명할 때 그와 비슷한 다른 사물을 빌려 표현하는 것을 말합니다. 주님은 주로 그 당시 팔레스타인의 생활과 문화 배경을 가지고 비유를 드셨습니다. 예수님이 비유를 통해 말씀하신 이유는 첫째, 내용의 중요성으로 인해 강조하기 위해서입니다. 둘째, 쉽게 설명하기 위해서입니다. 셋째, 비유를 통해 감추기 위해서입니다.

||| 주인의 뜻, 종의 반응

본문에서 예수님은 네 가지 밭에 떨어진 씨의 비유를 말씀하셨습니다. 이 비유는 중요한 비유입니다. 예수님은 이 비유를 알아야 다른 비유를 알 수 있다고 말씀하셨습니다. 이 비유를 이해하기 위해서는 성경 문맥에 따라 먼저 마가복음 3장을 알아야 합니다. 3장에서 예수님은 미친 사람이란 소리를 들어 가면서 하나님 나라의 복음 사역에 매진하셨습니다. 종교 지도자들과 서기관들은 예수님을 귀신 들린 자로 몰아붙였으며, 심지어 예수님의 가족조차 말리러 왔습니다. 이에 예수님은 하나님의 뜻에 순종하는 자가 예수님의 가족임을 피력하셨습니다. 하나님의 뜻은 복음이신 예수님을 믿는 것입니다. 그리고 이어지는 말씀이 바로 마음 밭의 비유입니다. 즉 하나님의 뜻에 대한 우리 마음 밭의 반응이 중요하다는 것입니다.

이 비유에는 네 가지 밭이 소개됩니다. '밭'은 '마음'을 의미합니다. '씨'는 '하나님의 말씀'이고, '농부'는 '하나님'입니다.

길가 밭

첫 번째 마음 밭은 길가 밭입니다. "뿌릴새 더러는 길가에 떨어지매 새들이 와서 먹어 버렸고"(막 4:4). '길가에'라는 말은 '길 위에'라고 번역할 수 있습니다. 길 위에 떨어진 씨를 새들이 먹은 것입니다. 15절에서 예수님은 비유를 다시 풀어서 가르쳐 주셨습니다. "말씀이 길가에 뿌려졌다는 것은 이들을 가리킴이니 곧 말씀을 들었을 때에 사탄이 즉시 와서 그들에게 뿌려진 말씀을 빼앗는 것이요"(막 4:15). 길가 밭은 말씀을 배우고 깨닫고자 하는 수용성이 없기 때문에 사탄이 떨어진 말씀을 즉시 가져갑니다.

여기서 중요한 단어가 '즉시'입니다. 하나님의 말씀을 자기 삶으로 옮기는 순종과 수용이 없다면 즉시 빼앗겨 버린다는 것입니다. 길가 밭의 특징은 새들에게 쉽게 노출되어 있고 새들이 보기에 가장 먹기 좋은 장소라는 것입니다. 씨를 덮을 만한 흙도 없을뿐더러 수용력도 없기 때문입니다. 그렇기 때문에 가장 먼저 새들에게 먹히는 것입니다. 네 가지 마음 밭에서 유일하게 사탄이 와서 말씀을 빼앗는 밭입니다.

"그렇다면 농부가 길가 밭에는 씨를 안 뿌리면 되지 않나요?"라고 질문할 수 있습니다. 당시 중동의 농경법은 씨를 하나씩 심는 방법이 아니라 뿌리는 방법입니다. 씨를 획획 뿌리다 보니 때로는 씨가 길가에 떨어지기도 하고, 좋은 밭에 떨어지기도 하는 것입니다. 씨앗이 어디에 떨어지는가에 따라 그 결과가 천차만별이었습니다.

길가 밭은 당시 예수님을 거부하는 종교 지도자들을 상징합니다. 사탄이 그들로 하여금 말씀을 깨닫지 못하게 막기 때문에 그들은 예수님의 말씀을 깨닫지 못합니다. 그들은 예수님의 말씀을 받지 않을 뿐만 아니라 예수님을 죽이고자 했습니다. 당시 최고 종교 지도자 모임인 산헤드린 공회가 결국 예수님을 십자가 죽음으로 내몰았습니다. 오늘날 복음에 대해 배척하고 예수가 그리스도이심을 부인하는 사람들의 마음 밭이 길가 밭입니다. 하나님의 말씀보다 세상의 가치와 이론에 사로잡힌 사람들입니다. 사탄은 이런 심령을 소유한 자들에게 말씀이 뿌리내리지 못하도록 만듭니다.

돌밭

두 번째 밭은 돌밭입니다. "더러는 흙이 얕은 돌밭에 떨어지매 흙이 깊지 아니하므로 곧 싹이 나오나 해가 돋은 후에 타서 뿌리가 없으므로 말랐고"(막 4:5-6). 돌밭은 말씀에 관심이 있고 기쁨으로 받았으나, 그 기쁨은 잠시일 뿐 환난이 오면 곧 넘어지는 자입니다. 뿌리가 깊지 않기 때문입니다. 예수님의 해설을 보십시오. "또 이와 같이 돌밭에 뿌려졌다는 것은 이들을 가리킴이니 곧 말씀을 들을 때에 즉시 기쁨으로 받으나 그 속에 뿌리가 없어 잠깐 견디다가 말씀으로 인하여 환난이나 박해가 일어나는 때에는 곧 넘어지는 자요"(막 4:16-17).

당시 청중 가운데 돌밭과 같은 심령은 제자들입니다. 제자들은 예수님이 부르실 때 즉시 응답하고 따랐지만, 생명의 위협을 받자 예수님을 부인하며 떠났습니다. 말씀을 받을 때 모든 문이 활짝 열리는 것은 아닙니다. 우리가 성경에서 예를 찾아볼 수 있듯이 말씀을 받으면 도리어 우리 앞에 환난과 핍박이 기다리고 있음을 발견하게 됩니다. 이런 원리를 모르고 말씀을 받아 "아멘" 하고 나가다가 훙해가 나오면 절망하고 원망할 때가 많습니다. 그 말씀이 내 것이 되기 위해서는 환난과 핍박을 지나가야 합니다. 땅에 심긴 씨앗은 깊은 어둠 가운데 껍질을 깨고 땅을 뚫고 나옵니다. '말씀대로 순종하고자 하는데 왜 상황이 더 안 좋지?'라고 생각할 수 있습니다. 우리는 오히려 그때 말씀의 씨앗이 깊은 어둠 가운데서 껍질을 깨고 있는 중인 줄 믿어야 합니다. 어린 새싹은 흙을 뚫고 나오기 위해 캄캄한 흙 속에서 박치기를 1만 번은 시도한다고 합니다. 오늘 실패했더라도 실망하지 말고 믿음으로 인내해야 합니다.

그러므로 환난과 핍박이 왔을 때에는 '올 것이 왔구나!'라고 생각해야 합니다. 눈물과 고통의 시간이 있어야 내 자아, 내 경험, 내 지식이 깨지고 그 틈으로 하나님의 말씀이 자랍니다. 좋은 칼을 담을 좋은 칼집이 필요한 것처럼, 고난을 통해 우리를 빚으시는 하나님을 믿기 바랍니다.

가시떨기 밭

세 번째 밭은 가시떨기 밭입니다. "더러는 가시떨기에 떨어지매 가시가 자라 기운을 막으므로 결실하지 못하였고"(막 4:7). 가시덩굴이 가득한 이 밭에서는 싹이 처음에 나서 어느 정도까지는 잘 자랍니다. 그러던 중에 적을 만납니다. 이것은 외부의 적이 아니라 내부의 적입니다. 우리의 마음에 세상의 염려와 욕심이 있으면 하나님의 말씀이 열매를 맺기가 어렵습니다. "또 어떤 이는 가시떨기에 뿌려진 자니 이들은 말씀을 듣기는 하되 세상의 염려와 재물의 유혹과 기타 욕심이 들어와 말씀을 막아 결실하지 못하게 되는 자요"(막 4:18-19).

가시떨기 밭은 처음에는 신앙생활을 잘하다가 중간 성공기에 넘어지는 사람들입니다. 씨가 열매를 맺기 위해서는 충분한 햇빛과 토양으로부터 나오는 영양분을 공급받아야 합니다. 가시덩굴이 자라는 이 밭에서는 토양의 영양분이 분산됩니다. 말씀에 대한 집중력을 잃어버리고 세상 걱정으로 하나님을 신뢰하지 못하는 사람들입니다. 염려는 하나님을 신뢰하지 않는다는 의미입니다. 약속의 말씀을 버리고 하나님을 버리는 것이 염려입니다. 그래서 하나님은 염려하는 신앙을 싫어하십니다.

염려와 돈의 유혹을 걷어 내야 합니다. 하나님이 하시면 됩니다. 반면에 하나님이 안 된다고 하시면 안 됩니다. 천 억을 가지고 있다 해도 뇌신경 하나만 잘못되면 평생 중환자실에서 온몸에 튜브를 꽂고 살아야 하는 것이 우리 연약한 인생입니다. 교만하지 마십시오. 하나님을 믿으십시오. 하나님은 우리의 인생을 붙들어 주시는 분입니다. 맡긴 만큼 맡아 주십니다.

좋은 밭

마지막 밭은 우리가 사모해야 할 좋은 밭입니다. "더러는 좋은 땅에 떨어지매 자라 무성하여 결실하였으니 삼십 배나 육십 배나 백 배가 되었느니라 하시고"(막 4:8). 좋은 밭에 떨어진 씨는 자라서 무성한 결실을 맺었습니다. 예수님이 우리에게 원하시는 밭은 바로 좋은 밭입니다. 어떻게 해야 좋은 마음 밭을 소유할 수 있을까요? "좋은 땅에 뿌려졌다는 것은 곧 말씀을 듣고 받아 삼십 배나 육십 배나 백 배의 결실을 하는 자니라"(막 4:20).

좋은 밭은 세 가지 특징이 있습니다. 말씀을 듣고, 받아, 결실을 맺는 것입니다. 여기서 '듣다'라는 동사는 앞의 밭에서 쓰인 '듣다'와 다른 시제의 동사를 쓰고 있습니다. 앞서의 '듣다'라는 동사는 헬라어 단순과거로 과거에 한 번, 일회성으로 일어났을 때 쓰는 단어입니다. 그러나 좋은 밭에서는 현재진행형으로 쓰였습니다. 즉 하나님의 말씀을 듣고, 또 듣고, 완전히 내 것이 될 때까지 듣는 것을 말합니다. 하나님의 말씀을 적극적으로 환영하며 받아들이는 것입니다.

또한 '받는다'는 것은 원어적으로 단순히 듣고 받는 정도가 아니라 빼앗기지 않으려고 기쁨으로 환영하며 받는 것입니다. 말씀을 사탄이 빼앗아 가지 못하도록, 세상의 염려와 유혹이 막지 못하도록 품에 꼭 안는 것입니다. 이처럼 좋은 밭은 시냇가에 심은 나무처럼 철을 따라 풍성한 열매를 맺으며 많은 생명이 와서 쉬는 생명의 통로가 됩니다.

듣는 것이 너무 중요합니다. 본문의 앞뒤를 보십시오. "들으라"(막 4:3). "들을 귀 있는 자는 들으라"(막 4:9). 듣는 것에 대한 중요성을 강조합니다. '들으라'는 헬라어로 '아쿠에테'(ἀκούετε)입니다. 단순히 소리를 듣는 것뿐만 아니라 적극적으로 반응하는 순종까지 포함합니다. 지금까지 자신이 가장 많이 듣고 보는 것이 나의 믿음을 결정합니다. 지금 내가 가장 민감하게 듣고 반응하는 것이 무엇인가를 보십시오. 하나님의 말씀을 민감하게 듣고 반응하고 있습니까?

사실 말씀 외에 대부분의 것들은 둔감하게 느껴도 됩니다. 하지만 오늘날 성도들은 하나님의 말씀보다 다른 것에 더 민감하게 반응하다 보니, 하나님의 말씀에는 둔감해지고 세상 소리에는 민감해지는 일이 일어나고 있습니다. 반대로 가야 합니다. 세상 소리에는 둔감하고 하나님의 말씀에는 민감해져야 합니다. 좋은 땅의 특징이 그렇습니다. 듣고 또 들어 말씀이 완전히 내 것이 되기까지 만드는 것입니다. 예수님이 계속적으로 반복하시는 마음 밭의 변화 방법을 주목하십시오. 그것은 듣는 것입니다. 그냥 듣는 것이 아니라 주의력과 집중력을 가지고 다른 것에 빼앗기지 않도록 최대한 민감하게 받아들이는 것입니다.

좋은 밭이 되려면

하나님이 주신 비전이나 꿈이 이루어지지 않고 고난이 끊임없이 지속됩니까? 하나님은 우리를 계속해서 만들어 가십니다. 좌절하지 말고 말씀을 끝까지 붙잡아야 합니다. 우리 마음이 좋은 밭이 되어 많은 열매를 맺도록 말씀을 듣고 또 들어 온전히 나의 것이 될 때까지 우리의 마음을 기경해야 합니다.

길가 밭, 돌밭, 가시떨기 밭과 같은 마음이라도 낙심하지 마십시오. 마음 밭을 성령의 쟁기질로 기경하면 됩니다. "맑은 물을 너희에게 뿌려서

80

너희로 정결하게 하되 곧 너희 모든 더러운 것에서와 모든 우상 숭배에서 너희를 정결하게 할 것이며 또 새 영을 너희 속에 두고 새 마음을 너희에게 주되 너희 육신에서 굳은 마음을 제거하고 부드러운 마음을 줄 것이며"(겔 36:25-26). 좋은 밭이 되기 위해서는 굳은 마음을 제거해야 합니다.

뱀은 살아남기 위해서 정기적으로 껍질을 벗습니다. 뱀의 껍질은 매우 단단합니다. 그 단단한 껍질을 정기적으로 벗고 새로운 껍질로 바꾸면서 뱀은 생존하고 자랍니다. 껍질을 벗지 못하면 뱀은 자기 껍질에 갇혀 죽게 됩니다. 뱀에게 껍질 벗기는 생존과 직결된 중요한 문제입니다. 굳은 마음을 제거하는 것은 마치 뱀이 껍질을 벗는 것과 같습니다. 나의 몸과 마음과 영혼에 깃들어 있던 그릇된 습관, 생각, 허물을 벗어 버려야 합니다. 마음의 껍질을 벗고 하나님의 말씀에 착념하기를 축복합니다. 말씀이 열매를 맺어 풍성한 소출을 거두게 되기를 바랍니다.

이제 우리는 또 다른 세상의 마음 밭들을 향해 나아가야 합니다. 길가 밭이든, 돌밭이든, 가시떨기 밭이든 하나님의 말씀과 복음이 들어가지 못하고 자라지 못하는 심령들을 향해 눈물로 씨를 뿌리는 자가 되어야 합니다. 마음 밭의 비유를 묵상하면서 좋은 밭처럼 반응함으로 내 삶에 30배, 60배, 100배의 영혼 결실의 추수가 일어나는 은혜가 넘치기를 기도합니다.

||| 예수님과 함께라도 풍랑은 온다

이 시대는 공포와 두려움으로 가득 차 있는 시대라 해도 과언이 아닙니다. 우리나라는 여전히 핵과의 전쟁이라는 공포 속에서 남북한이 대치하고 있습니다. 개인적으로도 사업 실패에 대한 두려움, 자녀 진로에 대한 걱정, 한순간에 암 선고를 받고 꿈꾸어 왔던 모든 것이 물거품이 되어 사라질 것 같은 염려가 각자에게 있습니다. 예수님과 함께했던 제자들이라고 해서 예외는 아닙니다. 계속되는 사역 속에서 예수님은 제자들에게 호수 건너편으로 가자고 말씀하셨습니다. 제자들은 예수님과 함께 배에 올랐습니다. 그때 광풍이 불어왔습니다. "큰 광풍이 일어나며 물결이 배에 부딪쳐 들어와 배에 가득하게 되었더라"(막 4:37).

제자들이 있었던 이곳은 갈릴리 호수입니다. 갈릴리 바다라고 부르기도 합니다. 히브리어로 '호수'와 '바다'가 같은 단어이기 때문입니다. 갈릴리 호수는 가파른 절벽과 협곡으로 둘러싸여 분지를 형성하고 있습니다. 그렇기 때문에 주변에서 불어오는 바람이 계곡을 통과하여 갈릴리 호수에 들어오면 큰 폭풍을 야기하기도 했습니다. 이런 이상 기류를 갑작스럽게 만나면 아무리 베테랑 어부라 할지라도 꼼짝 못 했습니다. 제자들은 예수님과 함께 있었지만 생각지도 못한 광풍을 만나 배가 전복될 위기에 처했습니다.

예수님과 함께 있어도 풍랑은 오는 법입니다. 우리의 인생이 그렇습니다. 예수님을 믿고 신앙생활을 해서 만사 사고가 없으면 좋겠지만, 이런저런 일들이 곳곳에 터지기도 합니다. 더군다나 예수님이 먼저 제자들에게 저편으로 배를 타고 가자고 말씀하셨습니다. 여기서 우리는 두 가지를 점검해야 합니다.

십자가의 길

첫째, 신앙생활은 평탄한 길만 있는 것이 아닙니다. 예수님이 먼저 가자고 하셨고 예수님이 그 배에 타고 계셨어도 풍랑이 오는 것처럼, 교회를 다니고 신앙생활을 해도 남들과 동일한 어려움과 문제가 터질 수 있습니다. 때로는 세상 사람들에게 이런 말을 들을 수도 있습니다. "교회 다니고 예수 믿어도 별 소용이 없네?" 하지만 성경을 잘 보십시오. 예수 믿으면 평탄하게 될 것이라고 말하지 않습니다. 오히려 예수 믿으면 환난과 핍박이 기다린다고 말합니다. 예수님이 "자기 십자가를 지고 나를 따를 것이니라"(막 8:34)라고 하신 말씀을 기억해야 합니다. 신앙인의 길은 십자가의 길입니다.

예수님을 믿는 것 때문에 혹은 신앙생활 하며 교회 다니는 것 때문에 가족이나 세상 사람들에게 오해를 받거나 어려움을 당하는 분이 있습니까? 그곳에 예수님이 함께하십니다. 예수님이 가자고 하셨으니 예수님이 책임져 주십니다. 일이 제대로 안된다고 해서 낙심하지 마십시오. 예수님이 아십니다. 우리는 끝까지 예수님을 믿어야 합니다.

하나님은 고난이 없다고 말씀하시지 않습니다. 하지만 우리에게 다가오는 고난과 역경에는 믿음의 인내를 통해 정금 같게 하시려는 하나님의 목적이 있습니다. 이 풍랑을 이겨 내면 더 큰 풍랑을 이겨 내게 됩니다. 그렇게 믿음이 자라다 어느새 믿음의 거목이 되어 많은 영혼을 쉬게 하는 안식처가 되는 것입니다.

교만은 패망의 선봉

둘째, 가장 잘 안다고 생각되는 곳을 오히려 조심해야 합니다. 갈릴리 호수는 베드로를 비롯한 제자들의 주요 생활 터전이었습니다. 누구보다 이곳을 잘 아는 제자들이 광풍을 만나 자신들의 믿음의 연약함을 드러냈습니다. 허둥지둥 갖은 방법을 다 사용하다가 죽음 직전까지 가서야 비로소 예수님을 보게 된 것입니다. "예수께서는 고물에서 베개를 베고 주무시더니 제자들이 깨우며 이르되 선생님이여 우리가 죽게 된 것을 돌보지 아니하시나이까 하니"(막 4:38).

예수님은 목수 출신이시기 때문에 물과 배에 관련된 것을 아실 리가 없습니다. 제자들은 아직 예수님을 하나님으로 인식하지 않았습니다. 그들에게 예수님은 여전히 랍비, 선생님과 같은 존재였습니다. 그들은 예수님을 배에 모셨지만 자신들이 베테랑이라고 생각했습니다. 하지만 결과는 죽음 앞이었습니다. 자신이 제일 잘 아는 그곳에서 항상 실패하는 법입니다.

길을 걸어갈 때 큰 태산 때문에 넘어지는 법은 없습니다. 눈앞에 있는 작은 돌부리에 넘어지는 것입니다. 지금 내가 가장 잘 알고 자신 있다고 생각되는 부분은 어디입니까? 교만은 패망의 선봉입니다.

||| 주님이 책임지신다

죽음 앞에서 제자들은 예수님을 깨웁니다. 예수님은 일어나셔서 제자들을 두려움에 몰아넣었던 바람과 파도를 향해 잠잠하고 고요하라고 말씀하셨습니다. 그러자 바람이 그치고 바다가 잔잔해졌습니다. "예수께서 깨어 바람을 꾸짖으시며 바다더러 이르시되 잠잠하라 고요하라 하시니 바람이 그치고 아주 잔잔하여지더라"(막 4:39). 나를 흔들고 두려움에 몰아넣는 그 어떤 것도 주님의 한마디에 잔잔해집니다. 왜냐하면 예수님은 하나님이시기 때문입니다. 마가복음에서 말하고자 하는 주된 메시지, 즉 예수님이 곧 하나님이심을 드러내는 것입니다.

예수님을 믿습니까? 정말 그분을 내 인생의 한 분뿐인 하나님으로 믿습니까? 로마 시대에 사용되었던 '복음'이란 말은 원어적 의미로 새로운 왕의 통치를 알리는 기쁜 소식입니다. 나에게 복음은 무엇입니까? 내가 내 삶의 주인이 아니라 하나님이 주인 되시고 예수님이 다스리심을 인정하는 것이 바로 복음입니다. 그렇다면 그 복음을 받아들이고 있습니까? 예수님은 두려움에 떨고 있는 제자들을 책망하셨습니다. "어찌하여 이렇게 무서워하느냐 너희가 어찌 믿음이 없느냐"(막 4:40). 예수님을 참 하나님으로 믿어야 합니다. 믿음이 두려움을 이겨 내는 것입니다.

오늘날 교회와 성도들을 보면 한 가지 병적인 증세가 뚜렷이 보입니다. 미국의 교회 미래학자인 레너드 스위트(Leonard Sweet)가 말한 것처럼, 교회에 예수님이 없는 증세, 소위 예수 결핍 장애를 겪고 있습니다. 교회를 다니고 예수를 믿는 것을 마치 종교 행사나 문화 행사처럼 여기는 것입니다. 예수님은 자신을 가리켜 길이요 진리요 생명이라고 말씀하셨습니다(요 14:6). 사용된 단어마다 정관사가 붙어 있습니다. 유일하다는 뜻입니다. '유일한 길', '유일한 진리', '유일한 생명'이란 의미입니다. 조금 더 쉽게 말하면, 예수님 외에는 다른 길이 없다는 것입니다. 예수님이라는 그 길을 걸어야 생명을 얻는 것입니다. 예수님을 떠나면 그 어떤 곳에서도 진리를 발견할 수 없습니다.

예수님을 아는 것이 구원을 얻는 것이 아니라 예수님을 믿는 것이 구원을 얻는 것입니다. 본문 40절에 사용된 '믿음'이란 단어는 헬라어 '피스틴'(πίστιν)으로 하나님으로 믿는 믿음을 말합니다. 교회를 오래 다니고 주변 사람들이 예수 믿는 것이 나의 구원과 상관있다고 말할 수 없습니다. 지금 내가 예수님을 참 하나님으로 믿어야 합니다.

인생에 풍랑을 만날 때 신앙이 드러나고 믿음이 드러납니다. 평상시의 믿음이 자신의 믿음이라고 생각하면 안 됩니다. 풍랑을 만나고 역경을 만날 때 드러나는 것이 진짜 신앙이요 믿음입니다. 병에 걸리고, 사업이 잘 안되고, 자녀들의 진로가 막히고, 교회 사역이 제대로 안될 때, 바로 그때 자신의 믿음과 신앙이 드러나는 것입니다. 인생의 풍랑은 믿음을 보일 기회입니다. 우리 인생의 배에 예수님이 함께 타고 계십니다. 주님이 가자고 하셨으니 주님이 책임져 주실 것입니다.

두려워 마십시오. 다만 믿음으로 나아가십시오. 마음의 문을 여십시오. 예수님이 하나님이 되시도록 지금 모셔 들이십시오. 주님은 지금도 우리를 위협하는 거센 풍랑을 보며 홀로 내버려 두지 않으시고 "잠잠하라! 고요하라!" 외치실 것입니다.

7 | 속박에서 자유로, 죽음에서 생명으로 _ 막 5:1-43

　　모든 생명이 갈망하는 한 가지 주제가 있다면 그것은 '자유'입니다. 예수 그리스도의 복음은 우리를 자유하게 만듭니다. 이 땅을 살아가는 사람들을 가만히 보십시오. 모두 자유인이라고 생각하지만 사실은 무언가에 철저하게 붙들려 있습니다. 경제적으로 가난한 사람은 가난을 벗어나려고 몸부림칩니다. 가난이 싫어서 물질에 관심을 가졌으나 돈에 발목을 잡힌 채 휘둘리며 살아갑니다. 부자는 어떻습니까? 세계적인 부호인 존 록펠러(John Rockefeller)에게 "얼마만큼의 돈이 있으면 충분하겠습니까?"라고 기자가 물었더니 그는 "아주 조금만 더요"라고 답했다고 합니다. 취미로 시작한 일이 악습이 되어 벗어나지 못하는 경우도 있습니다.

　　성경을 배우면서 우리가 제일 이해하기 힘든 구절 중의 하나가 "진리를 알지니 진리가 너희를 자유롭게 하리라"(요 8:32)라는 말씀입니다. 사람들은 예수님을 믿고 교회를 다니는 것이 오히려 더 속박되는 것이 아니냐고 말합니다. 하지만 이 말씀을 자세히 보면 하나님이 우리를 속박하기 위해 거룩하라고 말씀하시는 것이 아님을 알 수 있습니다. 초점이 자꾸 하지 말라는 것들에 맞추어지니 속박당한다고 생각하는 것입니다. 진리 안에서, 예수님 안에서 우리가 누릴 수 있는 것들이 얼마나 많은지를 보면 그리스도 안에서 참 자유가 무엇인지를 알게 됩니다.

⦀ 속박에서 자유로

마가복음 5장 본문에 속박에서부터 자유를 누린 한 사람의 이야기가 나옵니다. 예수님은 큰 광풍을 통과해 거라사인의 지방에 도착하셨습니다. 거라사는 데가볼리라고 불린 지역의 도시 가운데 하나로 갈릴리 동쪽에 위치했습니다. 이곳은 주로 이방인들이 거주하던 지역이었습니다. 이방인들이 많았다는 것을 알 수 있는 부분은 본문에서 귀신이 들어간 동물이 돼지이기 때문입니다. 유대인들은 돼지를 정결하지 못한 짐승으로 분류했기 때문에 이방인들만 돼지를 먹었을 것입니다. 주님은 이런 거라사인의 지방에 가셔서 더러운 귀신 들린 사람을 만나십니다.

마가복음 1장에 이어 두 번째로 귀신 들린 자가 나옵니다. 그런데 이 사람은 상태가 심각합니다. 아무도 그를 제어할 수 없어서 쇠사슬로 맸지만, 그것도 끊어 버리고 소리를 지르며 자신의 몸을 해쳤습니다(막 5:3-4). 여기서 '아무도'라는 말을 주목해 보십시오. 타인은 둘째 치고 자기 자신도 자신을 통제할 수 없는 상태입니다. 귀신이 들려도 심각하게 들렸습니다.

그가 거주한 곳은 사람들 사이가 아니라 무덤이었습니다. 아마 사람들

사이에서 지내다가 더 이상 통제가 안 되니 무덤가로 밀려 나갔을 것입니다. 당시 무덤은 묘실 두 개로 이루어져 있었습니다. 첫 번째 방은 작은 공간으로 이루어져 있고, 두 번째 안쪽 방에는 벽을 움푹 파내어 공간을 만든 뒤 시신을 두었습니다. 장례 후 1년 정도 부패가 진행되기를 기다린 다음 뼈를 수습해서 유골함에 담아 두고, 빈 무덤은 나중에 다른 가족이 세상을 떠나면 다시 사용했습니다. 마을에서 추방당한 사람들은 아마 무덤의 첫 번째 방을 집 삼아 살았을 것입니다. 유대인들은 죽음을 상징하는 무덤을 불경건하고 정결하지 못한 장소로 여겼습니다. 이곳을 사회적으로 소외된 사람들이 자신의 피난처로 삼는 것, 거지나 정신이상자들이 무덤가에서 사는 것은 보기 드문 일이 아니었습니다.

밤낮 무덤가에서 소리 지르며 자신의 몸을 해하던 귀신 들린 사람이 예수님을 만났습니다. 예수님은 그를 내버려 두지 않으시고 그 안에 들린 귀신을 쫓아내 주셨습니다. 예수님을 만나 변화된 그는 자신의 간증을 그 지역에 전파하게 됩니다. 본문을 보면 세 가지의 대립 구도가 있습니다.

한 영혼과 군대귀신

예수님은 광인을 치유하실 때 귀신에게 이름을 물으셨습니다. 이에 귀신은 군대라고 답했습니다(막 5:9). '군대'는 헬라어로 '레기온'(Λεγιών)입니다. 당시 로마 병사들의 한 군단은 약 6천 명이었습니다. 이처럼 많은 귀신이 사로잡고 있으니 그는 자유하지 못하고 구속받아 자신의 몸까지 해하고 있었습니다.

예수님이 이 한 영혼을 찾아오기 위해 감당하신 수고를 보십시오. 주님은 귀신 들려 자신의 몸조차 제어할 수 없는 한 영혼을 불쌍히 여기사 거라사인의 지방에 오셔서 그를 만나 주셨습니다. 주님은 한 영혼에 관심이 많으십니다. 거라사의 광인 못지않게 사람들에게 외면당하던 사마리아성 우물가의 여인을 만나기 위한 예수님의 여정을 생각해 보십시오. 예수님은 그녀를 외면하지 않고 만나 주셨습니다.

사실 귀신 들린 사람의 모습은 우리의 모습과 같습니다. 하나님을 떠난 인간의 모습은 자기 통제가 불가능한 모습입니다. 죄가 죄인지 모르고 살아가는 인생입니다. 끝에 무엇이 있는지 알지 못한 채 오늘을 살아가는 인생입니다. 마치 방향성을 상실한 채 바다를 표류하는 배와 같습니다. 겉으로 드러나는 귀신에 사로잡힌 사람도 문제이지만, 밖은 멀쩡하나 얼마든지 의지와 생각이 사탄의 권세에 붙들린 채 살아갈 수도 있습니다. 어쩌면 사탄은 드러나지 않게 숨어 사람의 인생을 지옥으로 끌고 가려 할 수 있습니다.

사도 바울은 말합니다. "우리의 싸우는 무기는 육신에 속한 것이 아니요 오직 어떤 견고한 진도 무너뜨리는 하나님의 능력이라 모든 이론을 무너뜨리며 하나님 아는 것을 대적하여 높아진 것을 다 무너뜨리고 모든 생각을 사로잡아 그리스도에게 복종하게 하니"(고후 10:4-5). 바울이 말하는 영적 전쟁은 은근슬쩍 내 안에 들어와 있는 이론과 생각입니다. 이것이 견고한 성이 되어 바벨탑처럼 쌓여 있는 것입니다. '말씀은 말씀이고, 나는 나다'라고 생각하는 것입니다. '하나님은 그렇게 말씀하셔도 저는 이렇게 살겠습니다. 저의 라이프스타일을 건들지 마시고 하나님은 교회에만 계세요'라고 하는 사람들입니다. 사탄이 제일 좋아하는 사람들입니다.

한 영혼과 군대귀신을 보십시오. 한 영혼을 사로잡기 위해 군대귀신들이 총출동했습니다. 악한 영들의 목적이 무엇인지 알 수 있습니다. 귀신들은 한 가지 목적밖에 없습니다. 사람을 장악하는 것, 사람의 인생을 파멸하는 것입니다. 세상의 쾌락과 즐거움, 행복으로 접근하지만 그것은 양의 탈을 쓴 이리와 같습니다. 쓰레기가 있는 곳에 바퀴벌레가 모여들듯이 죄와 상처가 있는 곳에 귀신이 틈을 타는 것입니다. 그래서 귀신 앞에 덧붙은 수식어가 무엇입니까? '더러운'입니다. 하나님의 역사는 거룩이지만 귀신의 역사는 더러운 것입니다. 깨어 있기를 바랍니다.

경제적 손실과 예수님

예수님의 말씀에 귀신들은 고통스러워하며 돼지 떼로 들어가게 해 달라고 간청했습니다. 예수님이 허락하시자 돼지 떼로 들어간 귀신들은 바다를 향하여 내리달아 몰살했습니다. 그러자 돼지를 키우던 사람들이 이 일을 보고는 예수님을 그 지방에서 쫓아내려 했습니다(막 5:16-17).

당시 돼지는 이방인들, 특별히 로마인들에게 고가의 음식으로 팔렸습니다. 유대인들은 부정한 짐승인 줄 알면서도 생계를 위해 돼지를 팔았던 것입니다. 그런 돼지 떼가 무려 2천 마리나 죽었습니다. 그들에게는 예수님이 한 영혼을 살리신 일에 대한 감사보다는 2천 마리 돼지들이 몰사한 경제적 손해가 훨씬 크게 느껴졌습니다. 그들은 물질에 사로잡혀 하나님이신 예수님이라는 진정한 보물을 발견하지 못한 채 예수님을 마을 밖으로 몰아냈습니다.

우리는 사람의 가치가 소유로 측정되고 계량화되는 슬픈 현실 속에 살고 있습니다. 그러나 하나님 나라는 절대 사람의 가치를 간과하지 않습니다. 예수님은 한 사람의 가치를 천하보다 귀하게 여기셨습니다. 예수님은 사람의 가치를 경제적인 논리로 계산하지 않으십니다.

전도 축제를 하면 성도들은 복음의 자리에 영혼을 초대하기 위해 많은 노력과 희생을 감당합니다. 어떤 분은 반찬을 만들어서 전도 대상자에게 갖다 드리기도 하고, 어떤 분은 회사 동료들에게 소고기 대접을 약속하며 그날 예배에 초대하기도 합니다. 우리가 이런 노력과 희생을 당연하게 받아들이는 이유는 예수님은 한 영혼에 대한 가치를 경제적으로 따지지 않으시기 때문입니다. 성도가 신앙을 경제적인 논리로 해석하면 타락합니다. 사람은 돈 앞에 설 때 그 인격이 드러납니다. 인격뿐만 아니라 신앙도 드러납니다. 돈이 우리를 시험대에 올려놓는 것입니다.

사람은 돈과 끊을 수 없는 관계이지만, 돈을 청지기처럼 관리하고 다스릴 수 있어야 합니다. 돈의 많고 적음을 떠나 돈이 내 인생을 결정하지 못하도록 해야 합니다. 예수님을 사랑해서, 예수님이 좋아서 헌신하기 바랍니다. 예수님을 사랑하기 때문에 예배에 나오기 바랍니다. "주 예수보다 더 귀한 것은 없다"고 말하는 주바라기 신앙인이 되기를 바랍니다.

유대인과 이방인

지금 예수님이 거하신 곳은 데가볼리 거라사인의 지방입니다. 이곳은 주로 이방인들이 거주하는 곳이었습니다. 예수님이 이곳 이방인들이 거하는 곳까지 오신 이유는 유대인들에게만 복음이 머무는 것이 아니라 이방인들에게도 전파되어야 하기 때문입니다. 예수님은 귀신 들렸던 자가 자신과 함께하는 것을 허락하지 않으시고 집으로 보내시면서 이렇게 말씀하셨습니다. "집으로 돌아가 주께서 네게 어떻게 큰 일을 행하사 너를 불쌍히 여기신 것을 네 가족에게 알리라"(막 5:19).

예수님은 먼저 가족에게 가서 이 복음을 전하라고 말씀하셨습니다. 귀신 들렸던 자는 가족과 떨어져 무덤가에 지냈습니다. 그런 그가 고침을 받자 예수님은 먼저 집으로 돌아가라고 하신 것입니다. 예수님이 속박에서 자유를 얻은 그에게 요구하신 것은 집으로 돌아가서 예수님을 전하라는 것이었습니다. 그는 가족과 데가볼리 온 지역에 예수님이 자기에게 행하신 일을 전했습니다.

가정은 첫 번째 선교지입니다. 가장 먼저 변화를 알게 되는 이들이 가족입니다. 예배를 마치고 돌아갈 곳도 가족들이 있는 가정입니다. 사도 바울은 빌립보 간수에게 "주 예수를 믿으라 그리하면 너와 네 집이 구원을 받으리라"(행 16:31)라고 말했습니다. '너와 네 집'입니다. 가족 구원은 평생의 기도 제목입니다.

예수님은 귀신 들렸던 자에게 이 사실을 가족에게 알리라고 말씀하셨지만, 그는 주님의 큰 일을 데가볼리에 전파했다고 성경은 말합니다. '데가볼리'는 '열 개의 도시'라는 뜻입니다. 그는 데가볼리 온 지역, 온 도시를 다니면서 자신을 고쳐 주신 예수님에 대해 증언했을 것입니다.

교회라는 간판을 걸었다면 반드시 해야 할 일이 있습니다. 그것은 복음이 들리게 하고 복음을 전하는 것입니다. 만약 교회가 이 일을 하지 않고 엉뚱한 일을 한다면 교회라는 간판을 내려야 할 것입니다. 교회의 본질, 존재의 이유는 하나님을 알고 하나님을 전하는 데 있습니다. 즉 교회의 존재 목적은 '복음'이라는 단어로 축약할 수 있습니다. 이 복음을 우리는 전해야 합니다. 예수님의 심장을 가지고 우리도 가족 구원, 지역 구원, 한반도 구원, 열방 구원을 비전으로 품고 나가야 할 것입니다.

"인간은 자유롭지만 이 자유는 하나님에게 속해 있을 때 참 자유가 있다"라는 신학자 에밀 브루너(Emil Brunner)의 말처럼, 우리는 하나님 안에 거할 때 비로소 자유합니다. 이제는 죄짓는 자유에서 의를 행하는 자유를 누려야 합니다. 거라사의 귀신 들린 자가 고침 받고 증인의 삶을 살아 낸 것처럼 우리 또한 복음의 증인으로 내 삶을 채워야 합니다. 그 일에 경제적인 손실이 온다고 해도 한 영혼의 가치를 소중히 여기신 예수님의 심장으로 함께 나아갑시다.

||| 죽음에서 생명으로

독수리가 절벽에서 기류의 때를 기다리다가 상승 기류를 만나면 큰 날개를 펴고 수백, 수천 킬로미터를 비행하듯 신앙도 타이밍이 중요합니다. 우리는 계획 없이 사는 인생을 무모하다고 말합니다. 그런데 계획을 철저하게 세우는 것 이상으로 그리스도인에게 꼭 필요한 일이 있습니다. 그것은 하나님의 시간표를 따라 사는 것입니다. 이런 면에서 예수님은 완벽하셨습니다. 하나님의 때와 시간에 맞춰 철저하게 움직이셨습니다. 예수님을 움직이시게 하는 힘과 기준은 오직 하나님의 뜻이었습니다.

예수님은 거라사인의 지방에서 만난 군대귀신 들린 자를 고쳐 주신 후 배를 타고 맞은편 마을로 가셨습니다. 거기서 회당장 야이로를 만나셨습니다. 그는 자신의 딸이 병들어 죽어 가자 예수님 앞에 나아가 살려 달라고 간청했습니다. 예수님은 그의 간청을 들으시고 이동하시는 중에 많은 무리에 둘러싸이시게 됩니다. 그 과정에서 예수님은 혈루증에 걸린 여인을 치유하시는데, 여기서 시간이 지체되어 회당장의 딸이 죽었다는 소식을 접하시게 됩니다.

하늘의 시간표대로 움직이신 예수님의 삶을 볼 때 본문은 좀 이해가 되지 않습니다. 예수님의 행보가 지체되었고, 그 과정 가운데 야이로라는 회당장의 딸이 죽었기 때문입니다. 우리는 후에 예수님이 야이로의 딸을 살려 주셨다는 것을 알기에 안심하지만, 당시 야이로와 주변의 사람들은 그렇지 않았을 것입니다.

여기 등장하는 두 여인의 공통점은 '12'라는 숫자입니다. '12'는 유대인들에게 완전수를 의미합니다. 혈루증 걸린 여인은 12년을 이 병으로 고생했고, 야이로의 딸은 12세였습니다. 혈루증 걸린 여인은 열두 해 동안 갖은 노력을 다 했지만 자신의 병을 고칠 수 없었습니다. 혈루증은 유출병 중 하나로 당시 유대 관습상 부정한 병으로 취급받았습니다. 이 병에 걸린 사람이 다른 사람과 접촉하면 그 사람 또한 부정하게 되었습니다. 그래서 그녀는 평생토록 사회에서 격리되고 소외되었습니다.

야이로의 딸은 어떤가요? 야이로는 회당장입니다. 회당장은 당시 회당에서 가장 높은 직위의 사람으로서 집회를 인도하고 율법을 낭독하며 설교하는 직무를 가졌습니다. 사회적으로나 종교적으로나 신분이 높았던 사람입니다. 하지만 그런 그도 어쩔 수 없는 절망의 상태에 빠졌습니다. 자신의 딸이 죽을병에 놓이게 된 것입니다. 한 사람은 병환으로 사람들로부터 격리되었기에 몰래 예수님에게로 와야 했고, 한 사람은 오히려 자신의 권력과 지위로도 딸의 병을 고칠 수 없는 상태였습니다. 둘 다 절대 절망의 상황입니다.

제 조카가 어릴 적 갑자기 의식을 잃어서 어린이 중환자실에 수개월 입원한 적이 있습니다. 원인을 알아야 치료를 하는데 의료진들 또한 원인을 알 수가 없었습니다. 어린이 중환자실은 정말 갈 곳이 못 됩니다. 그곳에서 아이들이 백혈병이나 난치병에 걸려 몇 주 만에 죽게 되는 것을 보게 됩니다. 저는 그때 입원한 아이들의 부모님의 얼굴 표정을 기억합니다. 생의 마지막 끝 선에서 부모로서 어떤 것도 해 줄 수 없는 절대 절망의 얼굴을 보았습니다.

야이로의 심정이 이와 같지 않았을까요? 그가 가진 회당장이라는 사회적 신분도 어쩔 수 없는 벼랑 끝의 상황입니다. 어쩌면 야이로는 혈루증 걸린 여인보다 더한 고통에 있었을 것입니다. 자신이 아팠으면 아팠지 자신의 딸이 죽어 가는 고통은 부모만이 알 것입니다. 야이로는 예수님 앞에 나아와 그 발아래 엎드려 간구했습니다. "회당장 중의 하나인 야이로라 하는 이가 와서 예수를 보고 발아래 엎드리어 간곡히 구하여 이르되 내 어린 딸이 죽게 되었사오니 오셔서 그 위에 손을 얹으사 그로 구원을 받아 살게 하소서 하거늘"(막 5:22-23). 발아래 엎드린 것은 최대의 존경을 표현한 것입니다. 회당장으로서 당시의 사회적 신분과 상관없이 그는 이 문제에 있어서는 예수님 앞에 겸손히 바짝 엎드렸습니다. 주님 외에 아이를 살릴 방도가 없었기 때문입니다.

열두 해를 혈루증으로 고통당한 여인에게도 이런 간절함이 있었습니다. 사회적 냉대와 시선을 앞에 두고 그녀는 용기를 내어 예수님의 옷자락을 만졌습니다. 유출병에 걸린 자신의 몸을 누군가 만지거나 혹은 건드려도 죄악시 되었던 분위기에서 그녀가 사람들이 많은 군중 앞으로 나온 것은 대단한 용기였습니다. 예수님 외에는 자신의 병을 고치실 분이 없다는 간절한 믿음이 그녀를 움직이게 한 것입니다.

두 사람은 지금 자기에게 가장 중요하고 필요한 것이 예수님이시라는 것을 알았기에 용기를 내어 주님 앞에 왔습니다. 용기를 내어 한 사람은 주님의 발 앞에 엎드렸고, 한 사람은 주님의 옷자락을 만진 것입니다. 어떤 비난 속에서도 예수님을 만나고자 한 용기가 그 자리로 나오게 만들었습니다.

인간에게만 있는 자유의지는 한마디로 설명하자면 '선택권이 있다'는 것입니다. 주어진 자유의지로 죄를 선택하거나 하나님을 선택할 수 있습니다. 나의 삶을 예수님께 드린 사람은 주님을 사랑하고 주님이 기뻐하시는 일에 자신을 드립니다. 우리가 예배의 자리에 있는 것은 세상의 다른 어떤 것보다 예수님을 만나고 예배하는 것이 소중하다는 것을 알기에 이것을 선택한 것입니다. 주님은 우리가 의지를 들여 주님을 선택한 것을 기뻐하십니다.

변함없는 믿음

혈루증 걸린 여인은 치유가 되었지만, 야이로의 딸은 그만 죽고 말았습니다. 사람들은 큰 슬픔에 빠졌습니다. 예수님은 야이로의 집에 가서 이 딸이 죽은 것이 아니라 잔다고 말씀하셨습니다. 그러자 사람들은 예수님을 비웃었습니다. 불신과 조롱의 소리가 가득한 이곳에서 예수님은 기적을 행하셨습니다. 예수님이 야이로에게 원하신 것은 믿음이었습니다. "예수께서 그 하는 말을 곁에서 들으시고 회당장에게 이르시되 두려워하지 말고 믿기만 하라 하시고"(막 5:36). "두려워하지 말고 믿기만 하라"라는 말씀은 너의 믿음을 계속 똑같이 유지하라는 뜻입니다. 처음 야이로가 예수님 앞에 와서 딸을 고쳐 달라고 한 그 간절한 믿음을 비록 지금 딸의 죽음 앞에 있지만 동일하게 끝까지 유지해 예수님을 믿으라고 하신 것입니다.

하나님의 일을 할 때 비웃는 자가 있습니다. 느헤미야가 예루살렘 성벽을 재건하려 할 때에도 산발랏과 도비야 같은 자가 나타나서 그 성은 여우가 올라가도 무너지겠다고 비웃었습니다(느 4:3). 예수님이 야이로의 집에 오셨음에도 불구하고 사람들은 타이밍이 늦었다며 이미 죽은 사람을 어떻게 하겠느냐며 현실을 받아들였습니다. 그리고 예수님의 말씀에 비웃음으로 응답했습니다. 그때나 지금이나 하나님의 일은 믿음으로 반응하는 자들을 통해 나타납니다. 우리는 예수님의 말씀처럼 처음부터 끝까지 동일한 믿음을 가져야 합니다. 상황이 반대로 돌아가고 현실이 어두울수록 정금과 같은 믿음은 드러나는 법입니다.

예수님은 비웃음과 조롱 속에서 어린 소녀의 손을 잡고 일으키며 "달리다굼"이라고 말씀하셨습니다. "그 아이의 손을 잡고 이르시되 달리다굼 하시니 번역하면 곧 내가 네게 말하노니 소녀야 일어나라 하심이라"(막 5:41). '달리다굼'(Ταλιθα κουμ)은 당시 회화체인 아람어로 가정에서 부모님이 잠든 아이들을 깨울 때 사용한 단어입니다. 주변 사람들은 죽었다고 생각한 이 소녀를 예수님은 잠을 깨우듯 살리신 것입니다. 사람에게 있어서 죽음만큼 두려운 것은 없습니다. 죽음 앞에서는 다 평등합니다. 하지만 예수님은 야이로의 죽은 딸을 살리심으로 죽음도 굴복시키는 권세가 있음을 보여 주셨습니다. 소녀의 죽음 앞에서도 예수님은 잔다고 말씀하시며 부활의 소망을 심어 주셨습니다.

성경은 성도의 죽음을 죽었다고 말하지 않고 잔다고 표현합니다. 사도행전 7장에 나오는 스데반 집사는 돌에 맞아 순교했는데, 성경은 그가 잔다고 표현합니다(행 7:60). 믿음을 가진 성도는 죽음이 끝이 아니라 부활이 있기 때문에 잔다고 말하는 것입니다. 누군가의 죽음 앞에서 죽은 것이 아니라 잔다고 말할 수 있는 확신이 있습니까? 새찬송가 365장 "마음속에 근심 있는 사람"은 1년 365일 불러야 할 찬송입니다. "죽음 앞에 겁을 내는 자여 주 예수 앞에 다 아뢰어라 / 하늘나라 바라보는 자여 주 예수께 아뢰라 / 주 예수 앞에 다 아뢰어라 주 우리의 친구니 / 무엇이나 근심하지 말고 주 예수께 아뢰라"(4절).

하나님의 타이밍

비록 인간의 눈으로 보기에 지금의 타이밍이 늦은 타이밍이라 생각할지 모르지만, 주님의 때는 가장 정확합니다. 주님의 방법이 가장 확실합니다. 아버지 야이로는 심히 절망했을 것입니다. 자신의 체면을 내려놓고 예수님 앞에 간절히 엎드려 구했습니다. 하지만 예수님은 지체하셨습니다. 여기서 끝나지 않고 야이로는 또 다른 절망의 소식을 들었습니다. 딸의 죽음 소식입니다. 절망의 소리만 그에게 들렸습니다. 안 된다는 소리만 들렸습니다. 끝났다는 소리만 들렸습니다. 소망이 없고 가능성이 없다는 소리만 들렸습니다.

이 소리, 우리도 많이 듣지 않습니까? 지금도 각 매체와 뉴스마다 이런 소식들로 가득하지 않습니까? 그러나 그 자체보다 더 중요한 외침은 진리입니다. 예수님은 절망을 소망으로, 죽음을 생명으로 바꾸시는 분입니다. 우리가 해야 할 일은 그 예수님을 믿는 것입니다. 예수님을 믿는 것은 우리가 해야 할 일이고, 절망의 먹구름을 걷히게 하시는 것은 주님이 하실 일입니다. 절망과 죽음의 상황에서도 주님은 우리에게 두려워하지 말고 믿음을 가지라고 말씀하십니다. 막막하고 기가 막힌 고난의 현장에서도 예수님은 그 자리에 계십니다. 그리고 절망을 뒤엎는 주님의 음성을 들려주십니다. "달리다굼!"

달리다굼의 은총을 누려야 하지 않겠습니까? 부활의 소망을 가지고 살아 계신 하나님을 바라보아야 하지 않습니까? 달리다굼의 은총 전에 주님은 먼저 "두려워하지 말고 믿기만 하라"라는 말씀을 하셨습니다. 우리는 예수님을 믿어야 합니다. 예수님만이 이 절망을, 이 어려움을 이기게 하십니다.

앞서 하나님의 타이밍에 대해서 이야기했습니다. 예수님이 조금 더 빨리 야이로의 딸을 살려 주셨다면 좋았을 텐데 왜 지체하셨을까요? 어쩌면 이것은 예수님이 원하지 않으신 상황이었을 수도 있습니다. 예수님은 분명히 회당장 야이로의 부탁을 들으셨고, 그의 집으로 향하던 길이었습니다. 하지만 예수님은 그 와중에도 혈루증에 걸려 고통당하고 있는 한 여인을 버려두지 않으셨습니다. 그녀의 믿음과 용기를 보며 그녀를 고쳐 주신 것입니다.

예수님의 행보에는 늘 생명의 역사가 있습니다. 비록 예수님의 타이밍이 나의 타이밍과 맞지 않는다 할지라도 기다리며 기도하는 자는 주님의 타이밍이 받아들여지는 생명의 역사를 보게 될 것입니다. 달리다굼! 십자가의 죽음에서 부활의 소망을 보여 주신 예수님을 끝까지 바라보는 성도가 되기를 소망합니다.

8 | 믿음으로
선교하는 삶 _ 막 6:1-13

      예수님은 고향 나사렛에서 배척을 당하셨습니다. 그들이 예수님이 행하신 기적을 보고도 예수님을 거절한 이유는 예수님을 어릴 적부터 알았기 때문입니다. "이 사람이 마리아의 아들 목수가 아니냐 야고보와 요셉과 유다와 시몬의 형제가 아니냐 그 누이들이 우리와 함께 여기 있지 아니하냐 하고 예수를 배척한지라"(막 6:3). 예수님의 부모도 알고, 예수님의 형제자매도 알기 때문에 그들은 예수님을 믿지 않았습니다. 그들은 예수님의 인성은 알았지만 예수님의 신성은 부인했던 것입니다.

    그들의 표현을 보십시오. "마리아의 아들 목수가 아니냐"라고 말합니다. 당시 유대인들은 누구의 자식이라고 말할 때 아버지의 명의를 씁니다. 아버지가 대표성을 나타냅니다. 그런데 어머니 마리아를 언급하는 것으로 봐서 아버지 요셉은 일찍 죽었고 과부가 된 어머니 마리아를 언급하면서 조롱하듯 말한 것입니다. 그리고 목수라는 직업까지 말합니다. 한마디로 "너희 집안에서는 메시아가 나올 수 없다"라는 말입니다. 이런 조롱과 멸시 속에서 예수님은 고향 나사렛에서는 많은 기적을 행하실 수 없었습니다. 그리고 예수님은 그들의 믿음 없음을 이상히 여기셨습니다. "믿지 않음을 이상히 여기셨더라"(막 6:6)라는 말씀은 믿지 않음에 예수님이 놀라셨다는 말입니다.

⏐⏐⏐ 모든 문제는 믿음의 문제

'나사렛'이란 말은 히브리어 '나자르'(נזר)에서 파생한 단어입니다. '나자르'는 '구별되다'라는 뜻입니다. 존귀한 이름을 가진 마을이지만 메시아 예수를 보는 구별된 눈은 없었습니다. 왜냐하면 그들은 편견에 사로잡혔기 때문입니다. 사실 유대인들은 오랫동안 메시아를 고대했습니다. 후에 사람들이 예수님을 정치적인 메시아로 추대하려고 하는 것도 이상한 일이 아니었습니다. 로마의 지배 아래 고통당하던 이스라엘 백성에게는 놀라운 기적과 이적을 행하시는 예수님만큼 위대한 지도자가 없었던 것입니다. 하지만 그 가운데서도 고향 나사렛에서는 이런 믿음을 가진 자들이 나타나지 않았습니다. 이처럼 편견은 불신을 가져옵니다.

저는 어릴 적부터 눈이 작아서 놀림을 받았습니다. 쌍꺼풀 수술에도 관심을 가져 봤지만 몸에 칼 대는 것을 워낙 무서워해서 포기했습니다. 눈이 작으니 눈을 크게 뜨는 훈련을 하다가 눈이 충혈되어 안과에 간 적도 있고, 남들이 저를 쳐다보면 눈 때문이라고 생각했습니다. 주일학교 때에는 눈 때문에 여자 앞에서 말도 제대로 못했습니다. 콤플렉스와 편견이 그만큼 무섭습니다. 그런데 그런 저를 치유해 준 사건이 있었습니다. 바로 필리핀 단기 선교 때입니다. 필리핀 사람들은 눈동자가 다 보일 정도로 눈이 크기 때문에 눈이 작은 저는 상대적으로 경쟁력이 있었습니다. 사람들이 저더러 눈이 작아서 귀엽다고 말했습니다. 난생처음 들어 본 말이었습니다.

바울은 다메섹 도상에서 예수님을 만난 뒤 눈이 보이지 않게 되었습니다. 이후 주의 제자 아나니아가 바울에게 안수를 하자 비로소 보게 되었습니다. 그때 성경의 표현을 보면, 눈에서 비늘 같은 것이 벗어져 다시 보게 되었다고 합니다(행 9:18). 이처럼 보아야 할 것이 보이지 않는 영적 비늘 같은 것이 우리에게 쓰여 있는 것은 아닐까요? 편견과 고정관념 때문에 구원자 예수님을 믿지 못하고 나를 비롯한 주변 사람들의 마음에 낙인을 찍듯이 살아오지는 않았습니까?

믿음의 능력

주님은 전능하시지만 우리의 믿음에 제한을 받으십니다. "거기서는 아무 권능도 행하실 수 없어 다만 소수의 병자에게 안수하여 고치실 뿐이었고"(막 6:5). NIV 영어 성경으로 보면 좀 더 이해가 쉽습니다. "He could not do any miracles there." 'could not'이라는 단어는 '할 수 없었다'라는 뜻입니다. 이 말은 '하지 않았다'라는 표현과 다릅니다. 즉 나사렛의 사람들은 예수님을 믿지 않았기 때문에 그 믿음 없음이 예수님의 능력을 제한한 것입니다.

우리의 믿음이 없으면 주님도 우리 삶에 역사하실 수 없습니다. 앞서 마가복음 5장에서 살펴본 예수님의 치유 사건을 보십시오. 주님이 강조하신 것이 무엇입니까? 믿음이었습니다. 혈루증 걸린 여인도, 야이로의 딸도 간절한 믿음 위에 이루어진 기적입니다. 주님이 우리를 구원하시기 위해서도 믿음이 필요하고, 복을 주시기 위해서도 우리의 믿음이 필요합니다. 그래서 믿는 것이 일이고 사역입니다.

세상에서 제일 무서운 병은 바로 하나님을 믿지 못하는 병입니다. 마가복음을 묵상하면서 우리에게 가장 도전이 되는 부분이 무엇입니까? 그것은 예수님의 당시의 청중이나 지금의 우리나 동일하게 예수님을 구주로 믿는 믿음에 대한 부분입니다. 저자 마가는 예수님이 참 하나님이심을 드러내면서 곳곳에 믿음으로 반응하는 사람들의 이야기를 넣어 놓았습니다.

종교의 경전에서 한 사람을 신격화할 때 신의 허점이나 부정적인 모습을 넣을 이유가 없습니다. 메시아로서, 구원자로서 당연히 가는 곳마다 환영받고 승리한 소식만 넣는 것이 마땅합니다. 그런데 성경에는 예수님이 고향에서 배척당하신 모습, 십자가에 달려 죽으신 모습을 그대로 넣었습니다. 이것만 봐도 역사적 사실에 충실한 성경의 가치가 그대로 드러납니다. 예수님 주변에는 예수님을 구원자로 받아들인 사람들도 있었지만 그렇지 않은 사람들도 있었습니다. 눈으로 예수님을 보았던 당시도 그러할진대 오늘날은 어떠할까요. 그래서 믿음이 소중합니다.

주님은 도마에게 "너는 나를 본 고로 믿느냐 보지 못하고 믿는 자들은 복되도다"(요 20:29)라고 말씀하셨습니다. 누구든지 믿음이 중요합니다. 돈도, 건강도, 관계도, 자녀들의 문제도 문제가 아닙니다. 결국 우리의 모든 문제는 믿음의 문제입니다. 믿음은 축복을 담는 그릇입니다.

||| 그럼에도 사명의 자리를 지키라

예수님은 비록 고향에서는 배척을 당하셨지만 복음 전하는 일을 멈추지 않으셨습니다. "그들이 믿지 않음을 이상히 여기셨더라 이에 모든 촌에 두루 다니시며 가르치시더라"(막 6:6). 성경의 단어와 단어 사이, 행과 행 사이의 여백에 주목해 보십시오. 이 한 구절은 마치 우리에게 주님이 "잘 봐" 하고 말씀하시는 듯 보입니다. 우리 같으면 큰 실망과 절망으로 낙담 했을 텐데, 주님은 비록 그들이 믿지 않음을 안타까워하셨지만 낙심하지 않으시고 두루 다니시며 복음을 전하셨습니다.

신앙생활을 하다 보면 때로는 가까운 사람들이나 가족에게서 배척을 당하거나 외면을 당할 수 있습니다. 배척당하는 것이 중요한 것이 아니라 다시 일어나는 것이 중요합니다. 예수님도 고향에서 제대로 대접을 받지 못하셨기에 우리 또한 믿음으로 살고 복음을 전하는 삶이 좋은 대우를 보 장하지 않는다는 것을 알아야 합니다.

목장의 목자인 한 집사님의 간증입니다. 목원들 중에서 교회를 오랫동 안 나오지 않은 성도들이 있었습니다. 하지만 목자가 끝까지 그들을 포기 하지 않고 인내하며 섬길 수 있었던 이유는 그분의 믿지 않는 남편 때문 이었습니다. 남편과의 갈등과 이혼 위기가 왔을 때 주님은 늘 집사님의 손을 잡아 주셨고 끝까지 참고 인내하며 남편을 사랑하는 마음으로 섬기 도록 훈련시키셨습니다. 그런 주님의 마음으로 목원들을 품을 수 있었던 것입니다.

집사님은 남편의 반대로 교회에 오는 것이 쉽지 않았습니다. 남편 몰래 새벽기도회와 금요집회에 참여하기도 했습니다. 목자를 내려놓고 싶을 때도 있었지만 그럴 때마다 목원들의 진실된 마음과 기도로 다시 섬김의 자리에 있게 되었습니다. 지금은 목장 모임을 통해 성경 공부와 기도 제목을 나누며 서로 성장하는 모습을 보는 것이 참 기쁘다고 간증하십니다.

집사님의 간증 속에 남편을 통해 훈련되었다는 말이 제 마음에 깊이 와닿았습니다. 저는 도망치지 않고 사명의 현장에 있는 것이 매우 중요하다고 생각합니다. 성경은 예수님이 고향에서 배척을 받으시니 마음에 상처를 받고 기도원에 들어가셨다고 말하지 않습니다. 어떤 치유 세미나에 가셨다고도 하지 않습니다. 주님은 또 다른 복음이 필요한 현장으로 발걸음을 옮기셨습니다. 비록 고향은 아니더라도 복음이 필요한 곳, 그 사명의 자리를 떠나지 않으셨습니다.

양이 양 무리를 떠나면 맹수의 표적이 되어 죽습니다. 사자 무리를 떠난 사자도 마찬가지입니다. 권력 투쟁에서 쫓겨난 수사자가 결국 사냥을 못해 뼈만 앙상한 채 죽어 가는 영상을 본 적이 있습니다. 양도, 사자도 공동체를 떠나면 죽는 것입니다. 슬럼프가 와도 교회 울타리 안에 머물러야 합니다. 결코 떠나서는 안 됩니다. 그래야 이겨 내고 승리할 수 있습니다. 사명의 현장을 떠나서는 안 됩니다. 우리는 조금만 안정되면 안주하려는 경향이 있습니다. 사명의 현장으로 가 보십시오. 내 가슴을 뛰게 할 영혼들을 보게 될 것입니다. 목양의 현장, 전도의 현장, 선교의 현장에 발을 디뎌 보십시오. 하나님이 왜 나를 지금의 이 자리로 보내셨는지를 깨닫게 될 것입니다.

문제보다 하나님이 더 크게 보이는 것이 믿음입니다. 세상의 조롱과 외침에 주눅 들어 성도다운 삶을 살아 내지 못한다면 이것이야말로 사탄이 원하는 바입니다. 만군의 여호와, 살아 계신 하나님의 이름으로 일어나야 합니다. 과거에 어떤 삶을 살아왔든지 간에 지금이 중요합니다. 지금 예수님을 믿는 믿음이 귀한 것입니다. 지금 나의 믿음을 주님께 드립시다. 의심과 불신을 내려놓고 믿음과 순종으로 주님을 제한하지 않는 성도가 되기를 기도합니다.

ⅠⅠⅠ 선교하는 삶

여행 칼럼에서 읽은 문구 중에 "여행이 즐거운 이유는 돌아갈 곳이 있기 때문이다"라는 멋진 표현이 떠오릅니다. 인생이 여행과 같다면 우리도 돌아갈 곳이 있습니다. 집을 떠난 탕자도 아버지의 품으로 돌아갔고, 고향을 떠난 룻의 시어머니 나오미도 이방 땅에서 고향 베들레헴으로 돌아갔습니다. 우리도 언젠가 돌아가야 할 때가 있을 것입니다.

돌아갈 곳이 어디인지 알지 못한 채 오늘을 살아가는 인생은 방황하는 인생입니다. 하지만 그리스도인은 어디에서 출발해서 어디로 가야 하는지를 성경을 통해 분명히 알 수 있습니다. 예수님은 부활 후 승천하시어 우리가 거할 처소를 예비하겠다고 말씀하셨습니다(요 14:2-3). 야구는 주자가 공을 치고 홈에서 출발하여 1루, 2루, 3루를 돌고 다시 홈으로 돌아가야 득점을 합니다. 마치 우리 인생과 같습니다. 다시 홈으로 돌아가야 하는 인생입니다. 우리의 인생이 방황이 아니라 여행인 이유는 돌아갈 곳이 있기 때문입니다.

본문에서 예수님은 제자들을 특별한 여행으로 초대하십니다. 그것은 전도 여행입니다. "열두 제자를 부르사 둘씩 둘씩 보내시며 더러운 귀신

을 제어하는 권능을 주시고 명하시되 여행을 위하여…"(막 6:7-8). 예수님
은 제자들을 부르시고 권능을 주시며 여행 지침을 말씀하십니다. 여전히
제자들은 준비가 부족하지만 예수님은 그들에게 권세와 능력을 주시며
복음의 사명을 감당하도록 하셨습니다. 그리고 정말로 제자들은 가는 곳
마다 회개의 복음을 전파하고 귀신을 쫓아내며 많은 병자를 고쳤습니다.

예수님은 제자들을 혼자 보내지 않으시고 둘씩 짝을 지어 보내셨습니
다. 이것은 당시 유대인의 관습을 따른 것입니다. 유대 사회에서 어떤 메
시지가 진리임을 밝히기 위해서는 두 명 이상의 증인이 요구되었습니다
(요 8:17). 복음을 전할 때에도 그 메시지의 진실성을 증명하기 위해 두 명
이상이 함께해야 했습니다. 또한 두 명은 효과적인 팀 사역이 가능합니
다. 한 사람이 어렵고 힘들 때 나머지 한 사람이 힘과 용기를 북돋아 주며
도와줄 수 있기 때문입니다. 실질적으로 전도팀을 꾸릴 때도 두 명을 최
소 팀으로 구성해서 보냅니다. 한 사람은 전도하고 한 사람은 기도하기
때문입니다. 사역은 팀으로 하는 것입니다. 우리 역시 동역의 축복을 누
려야 합니다.

제자들을 향한 주님의 여행 지침이 이어집니다. 여행과 같은 우리의
인생길에 주님이 제시하신 지침들을 꼭 기억합시다. 전도자로서, 성도로
서 우리가 가져야 할 자세입니다.

가볍게 하라

첫 번째로 주님은 여행을 위하여 양식이나 배낭이나 돈을 지참하지 말라
고 말씀하십니다. "명하시되 여행을 위하여 지팡이 외에는 양식이나 배

낭이나 전대의 돈이나 아무것도 가지지 말며 신만 신고 두 벌 옷도 입지 말라 하시고"(막 6:8-9). 이 말은 가볍게 하라는 뜻입니다. 왜냐하면 이런 것들을 준비한다는 것 자체가 알 수 없는 일에 대하여 두려움과 불안을 느끼는 것이기 때문입니다.

전도는 하나님의 능력으로 하는 것입니다. 인간적인 수단을 의지하지 말라는 것입니다. 특별히 양식이나 돈은 생활의 안정을 상징합니다. 살아가는 데 있어서 돈과 양식은 필요한 것이지만 그것에 매이지 말라는 것입니다. 특별히 당시에는 순례자인 것처럼 꾸며서 사람들에게 돈이나 양식을 구하는 사람들이 있었습니다. 주님은 그들처럼 보이지 않기 위해서라도 복잡한 여행 장비를 피하라고 하신 것입니다.

이러한 지침은 과거 출애굽해 광야를 통과하던 이스라엘 백성의 경우와 일치하는 부분입니다. 하나님은 광야 길에서 그들이 주리지 않도록 매일의 양식인 만나와 메추라기를 공급해 주셨습니다. 하나님은 이스라엘 백성이 주리고 헐벗지 않도록 때에 따라 입히시고 먹이셨습니다. 제자들에게 이런 것들을 준비하지 말라고 하신 주님의 의도는 먹을 것과 입을 것이 필요 없다는 의미가 아닙니다. 진정 그들에게 필요한 것은 전적인 신뢰로 하나님을 의지하는 것임을 말씀하신 것입니다.

세상 모든 사람이 추구하는 것은 행복입니다. 행복은 어디에 나의 안정감을 두느냐에 달려 있습니다. 돈에 무게중심을 두는 사람은 돈이 있을 때 행복을 누립니다. 원하는 대학이나 직장에 들어가는 것에 안정감을 두는 사람에게는 학벌이나 회사가 행복의 조건이 될 것입니다. 하지만 성경은 반대로 말합니다. 지금 눈에 보이는 그것은 절대로 인생에 행복을 가져다줄 수 없다고 이야기합니다. 진정한 행복은 창조주 하나님을 만나고 누리는 데 있습니다. 인간의 마음을 보십시오. 돈을 얻었다고 해서 자족합니까? 원하는 대학이나 직장에 들어간다고 해서 행복합니까? 구멍 난 항아리처럼 아무리 채워도 채워지지 않는 것이 사람의 마음입니다.

마틴 로이드 존스(Martyn Lloyd Jones)는 탕자의 비유에서 이렇게 말했습니다. "사람이 조금 배고프면 돼지우리를 찾지만, 정말 배고프면 아버지를 찾는다." 인간의 마음을 채울 수 있는 분은 하나님 아버지이십니다. 예수님은 하나님 아버지께로 가는 길을 보여 주셨습니다. 그 길은 예수님을 믿는 것입니다. 예수님을 나의 구주로 믿는 믿음이 하나님께로 가는 길입니다. 그래서 예수님은 자신이 길이요 진리요 생명이라고 말씀하신 것입니다.

"이러므로 우리에게 구름같이 둘러싼 허다한 증인들이 있으니 모든 무거운 것과 얽매이기 쉬운 죄를 벗어 버리고 인내로써 우리 앞에 당한 경주를 하며"(히 12:1). 가벼워지기를 바랍니다. 염려와 의심, 불신은 우리를 더욱 무겁게 할 뿐입니다. 하나님을 믿고 문제를 그분께 맡기십시오. 맡긴 만큼 맡아 주시는 아버지 하나님이십니다. 선교도 지원해 보고, 새벽기도회에 나와 보고, 노방전도도 함께 해 보십시오. 선교를 가기도 전에 벌써 선교지에서 죽으면 어떻게 하나 걱정하는 분들이 있습니다. 선교하다 죽는 것보다 한국에서 교통사고 나서 죽을 확률이 훨씬 높습니다. 선교지에서 뱀에 물려 죽을 확률은 거의 제로에 가깝습니다.

나를 무겁게 하는 것이 무엇입니까? 내면의 염려, 걱정, 근심입니까? 돈으로부터 오는 염려입니까? 미래와 내일에 대한 두려움입니까? 인간

관계입니까? 갓 태어난 아기는 손을 꽉 쥐고 무언가를 잡으려고 발버둥 치지만, 사람이 죽을 때 그 손을 보십시오. 어떤 것도 소유할 수 없습니다. 황금으로 이루어진 관이라 할지라도 죽음 이후에 단 1g도 들고 갈 수 없는 것이 인생입니다.

하나님을 보십시오. 하나님은 전부를 주셨습니다. 하나밖에 없는 아들 예수님을 우리에게 주셨습니다. 하나님은 이런 면에서 단순하신 분입니다. 복잡하게 생각하지 않으십니다. 하나님의 마음은 한 가지에 꽂혔습니다. 바로 나입니다. 바로 나에게 하나님은 집중하셨습니다. 그래서 하나님은 자신의 아들 예수를 버리기로 하신 것입니다. 십자가에 달려 죽으실 때 예수님은 간절히 부르짖으셨습니다. "엘리 엘리 라마 사박다니"(나의 하나님, 나의 하나님, 어찌하여 나를 버리셨나이까, 마 27:46). 하나님의 마음에는 우리가 가득합니다. 그 사랑이 바로 예수님이십니다.

실망할 필요 없다

복음을 전하다가 어떤 곳에서는 환영을 받을 수 있지만, 어떤 곳에서는 배척을 받을 수도 있습니다. 본문의 전후 맥락을 보면 복음은 환영만 받는 것이 아님을 알 수 있습니다. "또 이르시되 어디서든지 누구의 집에 들어가거든 그곳을 떠나기까지 거기 유하라 어느 곳에서든지 너희를 영접하지 아니하고 너희 말을 듣지도 아니하거든 거기서 나갈 때에 발 아래 먼지를 떨어버려 그들에게 증거를 삼으라 하시니"(막 6:10-11). 예수님도 고향 나사렛에서 배척을 받으셨습니다. 본문 뒤에 나오는 세례 요한도 배척을 받고 죽임을 당했습니다. 제자들이 알아야 할 것은 예수님을 따르는 삶에는 환영만 있는 것이 아니라 고난도 있다는 것입니다.

발 아래 먼지를 떨어버리는 행위는 유대인들이 이방 지역을 여행하고 본국에 돌아올 때 그 발의 먼지를 떨어버림으로써 부정한 이방인에게 임한 하나님의 저주와 심판을 떨어버린다는 의미입니다. 본문에서 제자들의 이런 행동은 복음을 받아들이지 않는 자들에게 임할 하나님의 심판을 상징합니다. 복음을 배척한 것은 제자들을 배척한 것이 아니라 복음이신 하나님을 배척한 것입니다. 그래서 하나님 역시 그들을 배척하실 것입니다. 이것은 실제로 하나님의 메시지를 거부하던 유대인들에 대한 경고라고 할 수 있습니다.

우연히 이전에 섬겼던 교회의 찬양 집회 영상을 보다가 한 성도님의 얼굴이 눈에 들어왔습니다. 눈물을 흘리면서 찬양을 하시는 모습에 깜짝 놀랐습니다. 제가 너무 놀란 이유는 그 성도님이 예전에는 그런 분이 아니셨기 때문입니다. 제가 심방을 가면 문전박대하고 또 욕도 얼마나 잘하셨는지 모릅니다. 한번은 교회를 안 나오셔서 제가 전화 심방을 했습니다. "김진우 목사입니다"라고 인사를 드리고 말을 하려는데, "아이 씨" 하고 끊어 버리셨습니다. 저를 보이스피싱 사기범처럼 취급하셨습니다. 그런 성도님이 찬양 집회 시간에 눈물을 흘리면서 찬양하는 모습을 제가 우연히 본 것입니다. 저는 그 모습을 보면서 환호를 질렀습니다. 기쁨의 환호 반, 억울함의 환호 반이었습니다. '이렇게 변화시키실 것이라면 제가 그 교회에 있을 때 하시지요. 하나님, 너무하십니다.'

나의 때가 아닌 하나님의 때에 이루어질 일들이니, 결과가 나타나지 않는다고 해서 실망하거나 조급해할 필요가 없습니다. 주께서 일하시는 것입니다. 복음 사역에서도 환영과 배척이 함께 있는 것처럼, 성도의 삶에서도 이런 일들이 일어날 수 있습니다. 그럴 때마다 실망하지 않고 당연하게 여기는 것이 중요합니다. 예수님은 제자들에게 이런 일들이 당연히 일어날 것을 아시고 말씀하신 것입니다. 그러니 실망하지 말고 계속 전하라고 하신 것입니다. 고향에서 배척당하신 예수님이 다시 다른 마을들에 다니시면서 복음을 전하신 것처럼 말입니다.

성도들은 언제 실망할까요? 말씀대로 살아가는데 손해 본다고 느껴질 때입니다. 가령 주일에 일할 수 있는 시간을 내려놓고 예배하고 봉사하는데 시간을 들이는 것이 손해처럼 보입니다. 수입의 10%를 구분해서 하나님께 드리는 십일조나 다른 헌금들도 금액이 커질수록 손해처럼 여겨집니다. 하지만 성도들이 반드시 기억해야 할 것은 하나님은 누구에게나 빚지시는 분이 아니라는 것입니다. 하나님이 만약 손익계산을 따져서 우리를 대하신다면 어떻게 될까요? 하나님은 아들 예수님을 투자하여 천국 영생을 준비해 놓으셨습니다. 그래서 이제 성도는 노후 걱정뿐만 아니라 사후 걱정도 할 필요가 없습니다.

하지만 지금의 시간과 돈을 손익계산해 하나님께 마땅히 드려야 할 것을 드리기를 주저하고 있는 우리를 보실 때 하나님은 어떤 생각을 하실까요? 천국에는 어떤 것도 가져갈 수 없지만 미리 보낼 수는 있습니다. 이 땅에 우리가 심어 놓은 사랑의 수고와 믿음의 인내를 보십시오. 하나님 나라를 위해 헌신한 시간과 재정을 우리 주님은 기억하십니다.

또 하나 성도가 실망할 때는 기도 응답이 안 될 때입니다. 기도 응답이 더딘 것은 이유가 있기 때문입니다. 지금 내게 불필요하거나, 내 욕심이 들어가 있거나, 아직 때가 안 되었기 때문입니다. 하나님은 반드시 기도에 응답하십니다. 기도를 해 보면 알 수 있습니다. 기도하면 둘 중에 하나가 변합니다. 기도 제목이 변하거나 기도하는 사람이 변합니다. 그래서 기도는 그 자체가 축복입니다. 우리는 기도 응답 여부에 촉각을 기울이지만 하나님은 기도하는 성도 자체를 귀하게 여기십니다. 그래서 기도할 때 우리를 만지시고 변화시키시는 것입니다.

실망하지 마십시오. 안 된다고 절망하지 마십시오. 허드슨 테일러의 말처럼 하나님을 향한 우리의 믿음이 실패하지 않으면 하나님의 도우심은 실패하지 않습니다. 본문에서 제자들을 부르시고 보내신 분이 누구십니까? 바로 주님이십니다. 이 여행의 주관자가 주님이시기에, 주님은 우리에게 필요한 모든 것을 주십니다. 우리는 미리 걱정할 필요가 없습니다. 하나님은 언제나 나보다 앞서 가서 예비하시고 나를 인도하십니다.

주님이 초대하시는 이 여행에는 목적이 있습니다. 그것은 세상으로 보내는 복음의 편지로의 부르심입니다. 앞서 언급했듯이, 우리 모두에게는 언젠가 자기만의 여행을 마치고 돌아갈 때가 옵니다. 인생의 여행은 반복할 수 없기에 소중하고 아름답게 보내야 합니다. 이 여행에는 동행자가 있습니다. 바로 주님이십니다. 세상 끝 날까지 함께하겠다는 예수님의 약속을 기억하십시오(마 28:20).

9 | 동참하는 은혜, 흔들리지 않는 믿음 _막 6:34-52

당시 예수님을 따르는 사람들은 주로 가난하고 병들고 사회적으로 약자였습니다. 주님은 그들을 마치 목자가 없는 양처럼 불쌍히 여기셨습니다. "예수께서 나오사 큰 무리를 보시고 그 목자 없는 양 같음으로 인하여 불쌍히 여기사 이에 여러 가지로 가르치시더라"(막 6:34). 양은 절대적으로 목자가 필요한 동물입니다. 양은 무엇 하나 자기를 보호할 만한 것이 없습니다. 유독 청력만 발달해서 목자의 음성을 잘 듣고 따르는 길만이 사는 길입니다. 그런데 그런 양과 같은 인생에 목자가 없으니 주님이 너무나 불쌍히 여기신 것입니다. '불쌍히 여기다'라는 말은 원어적으로 '창자가 끊어지는 고통을 느끼는 측은함'을 의미합니다. 예수님은 목자 없이 유리하고 방황하는 그들의 모습을 보시며 창자가 끊어질 듯한 극심한 마음의 통증을 느끼신 것입니다.

||| 나눔으로 동참하는 기적

제자들은 무리를 보며 마음 아파하시는 예수님과는 달리 무리를 돌려보내 먹을 것을 알아서 해결하게 하자고 주님께 요청했습니다. 제자들의 요청에 예수님은 "너희가 먹을 것을 주라" 하십니다. "대답하여 이르시되 너희가 먹을 것을 주라 하시니 여짜오되 우리가 가서 이백 데나리온의 떡을 사다 먹이리이까"(막 6:37). 예수님의 대답에 제자들은 지극히 현실적이고 상식적인 해결책을 내놓았습니다. 무리를 먹이려면 200데나리온의 돈이 필요하다는 것입니다. 1데나리온이 오늘날 10만 원 정도라고 한다면 2천만 원 정도의 돈이 필요하다고 말씀드린 것입니다.

예수님도 그 사실을 모르실 리가 없습니다. 그럼에도 예수님이 제자들에게 너희가 먹을 것을 주라고 말씀하신 이유는 제자들이 믿음으로 도전하기를 바라셨기 때문입니다. 하지만 제자들은 지금까지 예수님이 행하신 이적을 경험했음에도 불구하고 현실의 벽 앞에서 또다시 주저한 것입니다.

결국 예수님은 어린아이의 도시락인 떡 다섯 개와 물고기 두 마리로 많은 무리를 먹이는 기적을 행하십니다. 이 기적은 마가복음에서 강조하는 '예수님이 곧 하나님이심'을 드러내는 표적입니다. 소위 '오병이어의 기적'으로 불리는 이 사건은 마태복음, 마가복음, 누가복음, 요한복음에 다 기록되어 있을 정도로 중요합니다.

오병이어의 기적에서 누가 가장 큰 수혜자일까요? 언뜻 공짜로 배불리 먹은 무리가 가장 큰 수혜자 같으나 실상은 떡과 물고기를 나누었던 제자들입니다. 예수님은 너희가 먹을 것을 나눠 주라는 말씀에 제자들이 주저하자 작은 도시락으로 기적을 행하셨는데, 그것을 나눈 사람들 역시 제자들이었습니다. "예수께서 떡 다섯 개와 물고기 두 마리를 가지사 하늘을 우러러 축사하시고 떡을 떼어 제자들에게 주어 사람들에게 나누어 주게 하시고 또 물고기 두 마리도 모든 사람에게 나누시매"(막 6:41).

예수님이 하늘을 향해 감사 기도를 하시고 떡을 떼어 먼저 제자들에게 주셨습니다. 제자들이 그 떡과 물고기를 사람들에게 나누어 줄 때 모두가 배불리 먹는 기적을 경험하게 됩니다. 문제 앞에서 계산하며 예수님의 능력을 제한했던 제자들이 기적의 도구가 된 것입니다. 떡을 나누어 주면서 제자들이 무슨 생각을 했을까요? 아무리 나누어 주어도 바닥 나지 않는 떡 광주리를 보면서 '예수님의 말씀이 참이구나. 예수님이 참 하나님이시구나'라는 사실을 제자들이 먼저 깨닫지 않았을까요?

교회의 한 목자가 "목사님, 저도 힘들고 어려운 일이 많은데, 새롭게 목장에 들어온 그 성도님을 보면 기도를 안 할 수가 없어요. 더 힘들고 어려운 모습을 봅니다"라고 말씀하셨습니다. 그러면서 그분은 그 성도를 위해 간절히 엎드려 기도하며 섬겼습니다. 그러다 보니 어느덧 자신의 어려움과 문제는 더 이상 문제가 되지 않는 것을 보았습니다. 왜냐하면 사랑과 섬김의 과정 속에서 자기 자신이 더 자랐기 때문입니다. 오병이어 기적의 사건을 통해 예수님은 제자들의 믿음을 한층 더 성장시키기를 원하셨습니다. 여전히 흔들리는 믿음을 소유한 이들이지만 예수님은 그들이 주님의 기적의 한 조각이 되게 하셨습니다.

||| 사랑의 빚을 사랑의 빛으로

우리의 삶이 늘 부족하지 않습니까? 채워짐은 부족함에서 출발하는 것입니다. 주리고 배고픈 무리를 보신 예수님은 우리의 주리고 연약한 모습도 동일하게 보십니다. 그리고 측은히 여기시고 아파하십니다. 신앙생활 하면서 가장 많이 느껴야 하는 것이 바로 이 같은 예수님의 마음입니다.

예수님은 나를 아시기 때문에 나를 위해 죽으셨습니다. 예수님은 죄가 영원한 멸망으로 끌고 가는 것을 아시기에 하나님께 순종하심으로 이 땅에 오셨습니다. 그리고 주님이 나 대신 찢기시고 죽으신 것입니다. 오병이어 사건에도 주님의 대속의 은혜가 드러난 구절이 있습니다. 41절을 다시 보면, 작은 떡과 물고기지만 예수님은 하나님께 축사하셨습니다. 이 말은 감사하셨다는 뜻입니다. 그리고 떡을 떼어 나누셨습니다.

여기서 사용된 '떼어'라는 단어는 '여러 조각으로 찢다'라는 뜻입니다. 떡은 예수님의 몸을 상징합니다. 후에 바울은 예수님의 성찬을 이렇게 말합니다. "주 예수께서 … 떡을 가지사 축사하시고 떼어 이르시되 이것은 너희를 위하는 내 몸이니 이것을 행하여 나를 기념하라 하시고"(고전 11:23-24). 같은 말입니다. 예수님은 오병이어의 사건에서도 축사하시고 떡을 떼어 나누어 주셨고, 십자가에 달리시기 전 마지막으로 제자들과 만찬을 하신 그곳에서도 축사하시고 떡을 떼어 나누어 주셨습니다. 예수님은 목자 잃은 양과 같은 우리를 위해 자신의 몸을 찢는 성찬을 베풀어 주셨습니다. 성찬을 통해 주님의 죽으심과 대속의 은혜를 기억하라고 말씀하셨습니다.

그렇다면 오병이어의 기적을 보면서 우리가 새겨야 하는 교훈은 무엇일까요? 생명의 떡이신 예수님을 나의 구주, 참 하나님으로 받아들여야 합니다. 그리고 무리에게 나누어 주어야 합니다. 제자들이 떡과 물고기를 무리에게 나누어 준 것처럼 우리도 주리고 헐벗은 이들에게 생명의 떡이신 예수님을 나누어 주어야 합니다. 이것이 오병이어의 기적과 오늘날 우리가 행하는 성찬의 진정한 의미라고 할 수 있겠습니다.

양육반 훈련을 할 때 훈련생들과 함께 가는 곳이 있습니다. 그 옛날 흑암의 땅인 조선에 와서 복음을 전하다 이 땅에 묻힌 선교사님들의 묘지가 있는 양화진 외국인 선교사 묘원입니다. 다녀올 때마다 귀한 감동을 받습니다. 로제타 홀(Rosetta Hall)은 남편인 선교사 제임스 홀(James Hall)과 함께 조선에 왔지만, 3년 후에 남편은 풍토병에 목숨을 잃고 맙니다. 하지만 홀은 첫째 아들과 둘째 딸의 손을 잡고 끝까지 조선에 남아 사명을 감당합니다. 그러다 둘째 딸이 세 살의 나이에 풍토병으로 하늘나라로 갑니다. 홀이 남긴 일기장에는 긴 어둠의 터널 속에서 고통하던 내면의 소리가 그대로 담겨 있습니다. 남편과 딸의 죽음 가운데서도 끝까지 조선에 남아 복음의 사명을 감당한 그녀가 남긴 복음의 흔적들을 보십시오. 인천기독병원, 인천간호보건전문대학, 이화여대부속병원 등이 창설되었고, 한국 최초의 맹인학교와 농아학교가 세워지기도 했습니다. 홀은 84세의 나이로 남편의 묘 옆에 묻힐 때까지 이 땅에서 평생 헌신했습니다. 그녀의 헌신을 인정해 미국이 뽑은 200대 여인 중 한 사람에 선정되기도 했습니다.

저는 천성적으로 빚을 지는 것을 싫어합니다. 어릴 적부터 가정에서 채무 관계로 좋지 않은 모습을 봐 왔기 때문에 그럴 수도 있을 것입니다. 하지만 저도 빚에 대해서 어쩔 수 없이 서 있어야 할 때가 있습니다. 바로 성찬식 때입니다. 처음에는 그냥 '예수님의 십자가 사랑과 은혜구나' 정도로 생각했습니다. 하지만 성찬을 진심으로 대하면서 예수님이 흘리신 사랑에 잠깁니다. 주님의 손에 나의 손을 얹고, 주님의 발에 나의 발을 얹습니다. 어찌하여야 그 크신 은혜와 사랑을 갚을 수 있겠습니까. 사랑의 빚을 진 우리, 사랑의 빛을 전할 때입니다. 빚은 빛으로 갚는 것입니다. 오병이어의 기적이 우리를 통해 드러나길 기도합니다.

||| 기적 이후 찾아온 위기

오병이어의 기적 이후에 예수님은 제자들을 바다 가운데로 보내십니다. 왜냐하면 제자들이 사람들 틈 속에서 몹시 피곤하고 지쳤기에 쉼의 시간을 허락하신 것입니다. 그런데 제자들이 탄 배가 그만 거센 바람을 만났습니다. "바람이 거스르므로 제자들이 힘겹게 노 젓는 것을 보시고 밤 사경쯤에"(막 6:48).

'밤 사경'은 로마의 시간 구분법으로 오늘날 새벽 3-6시를 뜻합니다. 예수님과 저녁에 헤어졌는데 새벽이 되도록 역풍 때문에 노를 저으며 힘겹게 버티고 있었던 것입니다. 마치 우리의 모습과 같지 않습니까? 이 시대 가정의 모습과 같고, 이 시대 교회의 모습과 같습니다. 오병이어의 기적과 같은 놀라운 부흥을 경험한 한국 교회이지만, 지금은 역풍을 간신히 견디고 있는 모습과 같습니다. 가정은 어떻습니까? 사랑해서 결혼하고 아이를 낳아 행복한 그림을 꿈꾸어 왔지만, 뜻한 대로 되지 않고 갈등을 넘어 전쟁에 처하고 있지는 않습니까? 자녀들이 부모의 뜻대로 되지 않고, 그 아이를 생각하면 한숨만 나오지는 않습니까?

힘겹게 노를 젓고 있는 제자들의 모습을 보신 예수님은 그들에게 다가 가십니다. 그런데 제자들은 바다 위로 걸어오시는 예수님을 보자 유령으로 착각하여 두려워 떨었습니다. 그때 예수님이 말씀하셨습니다. 안심하라 내니 두려워하지 말라"(막 6:50).

마가복음을 읽다 보면 제자들의 이런 모습에 때로는 웃음이 나기도 합니다. 누구보다도 예수님의 신적인 권능을 옆에서 지켜보고 체험한 제자들입니다. 하지만 예수님이 바다 위로 걸어오시는 모습을 보고 유령으로 착각하여 소리를 지르고 난리가 아니었습니다. 방금 이 배에 타기 전 오병이어 기적의 사건을 경험하고서도 여전히 제자들은 믿지 못하고 있었습니다. 성경은 제자들의 이런 모습의 원인을 다음과 같이 설명합니다. "이는 그들이 그 떡 떼시던 일을 깨닫지 못하고 도리어 그 마음이 둔하여졌음이러라"(막 6:52). 오병이어 기적의 사건 이후에도 그들은 마음이 둔하여져서 조금만 바람이 불어도 흔들리는 믿음을 가지고 있었던 것입니다.

'깨닫지 못하고 마음이 둔하여졌다'라는 표현을 잘 보십시오. 두려움의 기원이 여기입니다. 그들은 자신들의 상식과 경험 안에서만 인식하려고 하니 마음이 둔하여진 것입니다. '마음이 둔하여졌다'는 표현은 '믿음이 둔하여졌다'는 표현으로 쓰면 더 와닿습니다. 예수님을 하나님으로, 전능하신 주님으로 알고 믿는다면 예수님이 보내신 배의 여정에서 두려워할 필요도 없고, 그런 와중에 예수님이 바다 위로 걸어오시는 것도 무서워할 필요가 없는 것입니다.

우리의 마음을 둔하게 만드는 것은 무엇입니까? '인식의 공백'이란 말이 있습니다. 노스웨스턴대학의 심리학자 로란 노드그렌(Loran Nordgren)이

한 실험입니다. 참가자들에게 아주 추운 냉동실에서 얼음물 양동이를 안고 있다가 내려놓고 나오게 한 후, 10분 동안 그와 상관없는 다른 질문들을 했습니다. 그리고 질문을 마치고 이어 다시 냉동실에 들어가면 얼마나 고통스러울지 예측해 보라는 질문을 했습니다. 연구진은 그들이 10분 전의 추위를 기억해 내고 추위에 대해 말하기를 기대했지만, 그들은 일단 추위에서 벗어나자 그 고통을 더는 상상하지 못했습니다. 이것이 바로 '인식의 공백'이라고 불리는 현상입니다.

이 말을 그리스도인들에게 적용하면 '믿음의 공백'이라고 할 수 있습니다. 은혜와 회복을 경험할 때에는 믿음이 반짝였다가, 다시 일상으로 돌아가면 하나님의 부재를 느끼고 의심하며 불안해하는 증세를 말합니다. 특별히 이런 증세는 부흥회나 수련회, 단기선교 등에서 강한 은혜를 경험한 후에 일어나는 경향이 있습니다.

제자들은 병이 고침을 받고 귀신이 떠나가는 현장에 있었지만 예수님을 제대로 믿지 않았습니다. 제자들도 그러할진대 우리는 어떠하겠습니까. 그래서 성경은 믿음이 귀하다고 말합니다. 여전히 힘든 문제를 가지고 있지만 예수 믿는 우리가 귀하다고 주님은 말씀하시는 것입니다. 예수님은 두려워 떠는 제자들에게 "안심하라 내니 두려워하지 말라"(막 6:50)라고 말씀하셨습니다.

우리라면 이런 제자들에게 어떻게 하겠습니까? 상상력을 동원해 보십시오. 영화 속 영웅처럼 멋지게 공중 부양을 하고 아예 배를 들어 올려서 육지에 가져다놓을 수도 있을 것입니다. 하지만 예수님은 영웅이 되기를 원하지 않으셨습니다. 그래서 본문 45-46절에서 제자들을 즉시 재촉하신 것입니다. 왜냐하면 오병이어의 기적을 체험한 무리가 예수님을 영웅으로 만들려고 했기 때문입니다. 그래서 예수님은 그들을 떠나 홀로 기도하러 산에 가신 것입니다.

▏▏▏ 인생의 배에 모실 분

주님은 소리를 지르며 예수님을 오해한 제자들을 나무라지 않으시고 말씀으로 안심시키신 후 배에 오르셨습니다. "배에 올라 그들에게 가시니 바람이 그치는지라 제자들이 마음에 심히 놀라니"(막 6:51). 예수님이 제자들의 배에 오르시자 바람이 그쳤습니다. 이처럼 예수님이 우리 인생의 배에 오르셔야 합니다. 우리 가정의 배에 오르셔야 합니다. 이 말은 예수님을 진정한 구주로 믿으라는 것입니다. 예수님이 내 인생의 주인이시며 구주이심을 믿어야 합니다. 그 믿음이 두려움을 이기게 합니다. 거센 바람 앞에 흔들리는 이 시대의 교회와 가정이 다시 예수님을 구주로, 주인으로 모시고 믿는 믿음이 필요합니다. 이 믿음이 이 어려움을 이기게 할 수 있습니다.

아주 소중한 책 한 권을 다시 읽었습니다. 오래전에 출간되었던 로버트 멍어(Robert Munger)의 《내 마음 그리스도의 집》(IVP, 2004)이란 소책자입니다. 예수님을 영접한 주인공이 자신의 마음의 집 곳곳에 예수님을 초대합니다. 그런데 한 곳에서 죽어 가는 썩은 냄새가 나는 것입니다. 그곳은 벽장이었습니다. 예수님은 그곳마저 열기를 원하셨지만 주인공은 벽장을 마지막까지 남겨 놓았습니다. 그러다 결국 벽장의 열쇠를 주님께 드렸더니 주님이 벽장문을 열고 썩어 가는 것을 꺼내 버리시고 그곳을 깨끗하게 하셨습니다. 예수님을 영접하고 구주로 모신다는 것은 이와 같습니다. 내 삶 곳곳을 주님께 내어 드리고 예수님과 함께 그곳을 거닐며 사는 것입니다.

예수님이 우리 가정의 주인이 되신다는 것은 예수님이 우리 가정에 함께 계신다는 것입니다. 예수님이 우리 가정의 부엌에 계시고, 거실에 계시며, 아이들 방과 침실에 계신다는 것입니다. 내 삶 곳곳에 예수님이 함께하신다는 이 믿음이 우리의 삶을 변화시킵니다. 초기 그리스도인들은 이를 가리켜 '코람데오'라고 말했습니다. 헬라어로 '하나님 앞에서'라는 뜻입니다.

본문 48절을 보십시오. "바람이 거스르므로 제자들이 힘겹게 노 젓는 것을 보시고." 예수님은 제자들이 힘겹게 노 젓는 모습을 보고 계셨습니다. 우리의 인생을 외면하시는 분이 아닙니다. 보시고, 측은히 여기시며, 인생의 배에 함께하기를 원하시는 분입니다.

위기는 실패했을 때 찾아오지 않습니다. 오히려 위기는 성공했을 때 찾아옵니다. 주변을 둘러보십시오. 무명이었을 때는 괜찮았는데 유명인이 되면서 어려움이 생기는 것입니다. 가난했을 때는 아무 문제가 없었는데 넉넉하게 되면서 문제가 생기고 위기를 겪는 것입니다. 오병이어 사건을 경험하고 나서 더 큰 위기가 오는 법입니다. 예수님은 이를 아시기에 기도하러 산에 가셨습니다. 하나님과 독대하는 시간이 필요했고, 이 시간이 있어야 유혹을 이긴다는 것을 아신 것입니다.

복잡한 세상에서 하나님과 독대하는 시간을 오랫동안 가져 본 적이 언제입니까? 제자들이 바다 위로 걸어오시는 예수님을 유령으로 착각한 것처럼, 내 삶에 다가오시는 예수님을 오해하고 밀어낸 적은 없습니까? 기도는 하나님을 알아 가는 훈련입니다. 세속에 물들지 않고 우리의 믿음을 견고하게 하기 위해서 우리는 하나님 앞에 홀로 서는 훈련을 해야 합니다. 이것이 마음의 둔함을 이기는 방법입니다.

예수님을 만나면 인생의 방황이 끝나고, 좋은 교회를 만나면 신앙의 방황이 끝납니다. 흔들리는 배와 같은 우리 인생에 예수님이 찾아오셨습니다. 힘겹게 애쓰며 온갖 방법으로 이 문제를 벗어나려는 우리의 모습을 주님은 지켜보셨습니다. 다가오시는 예수님을 우리는 오해하고 밀어내려 했지만 주님은 말씀으로 우리를 안심시키셨습니다. 지금도 주님은 말씀으로 우리에게 다가오십니다. "안심하라 내니 두려워하지 말라"(막 6:50). 이제 이 예수님을 내 인생의 배에 모셔야 합니다. 온갖 저주와 악습, 잘못된 것으로부터 우리가 자유할 수 있는 방법은 예수님을 주님으로 모시는 길밖에 없습니다. 예수님과 함께라면 풍랑도, 거센 바람도 두렵지 않습니다. 예수님은 하나님이시기 때문입니다.

10 | 진정성과 간절함이 체화된 일상 _ 막 7:1-13, 24-30

최근 가족 범죄가 점차 많아지고 있습니다. 가족 간 살인이라 불리는 존속살인 범죄가 매해 평균 70건씩 발생하고 있으며, 점차 증가세를 보이고 있습니다. 동방예의지국이라 불리는 한국이 미국, 영국과 비교했을 때 3-4배나 존속살해 발생률이 높다고 합니다. 어느 주일학교에서 십계명 외우기 시험을 보았는데, 한 초등학생이 답안지에 이렇게 적었습니다. "제5계명: 네 부모를 공격하라." '공경'이라는 단어가 어려워 나온 실수처럼 보이지만, 지금 우리의 현실과 맞물려 쓸쓸한 웃음을 짓게 합니다.

||| 외식 vs 진정성

기독교가 받는 오해 중 하나는 제사를 드리지 않기 때문에 불효를 하는 종교라는 것입니다. 그러나 성경을 보면 효는 하나님의 뜻임을 알 수 있습니다. 본문에서 예수님은 외식하는 바리새인들에게 부모를 공경하는 것에 대해 말씀하십니다. 예수님의 행보에 불만을 가진 바리새인들은 제자들이 당시 전통에 따라 손을 씻고 음식을 먹지 않는 모습을 보고 공격하기 시작했습니다.

원래 유대인들이 가지고 있던 정결법은 구별되고 거룩하게 살기를 소원하는 마음에서 시작되었습니다. 그들에게 음식을 먹기 전에 손을 씻는 것은 위생적인 문제가 아니었습니다. 손을 씻지 않고 음식을 먹으면 악마가 함께 속으로 들어가 그를 부정하게 만든다고 생각했습니다. 하나님의 선택된 백성으로서의 정체성을 지키기 위해 만든 정결법이지만, 이 정신이 흐려지면서 정죄와 판단의 도구로 사용된 것입니다. 예수님은 그들의 변질된 마음을 보시고 외식하는 자라고 꾸짖으셨습니다. "이르시되 이사야가 너희 외식하는 자에 대하여 잘 예언하였도다 기록하였으되 이 백성이 입술로는 나를 공경하되 마음은 내게서 멀도다"(막 7:6).

여기서 '외식'이란 말은 고대 연극배우들이 자신의 본래 모습을 감추고 다른 사람으로 분장하기 위해 사용하던 가면을 가리킵니다. 한마디로 연기한다는 것입니다. 마음속은 새카맣고 더러우면서 겉은 깨끗한 척하는 것입니다. 당시 바리새인들을 향한 메시지입니다. 사회적 기득권을 유지하기 위해 전통과 규례는 준수하지만, 실상 마음은 율법의 정신으로부터 멀어져 있는 위선적인 종교인입니다.

예수님은 그들의 위선을 드러내기 위해 당시 고르반 제도를 언급하셨습니다. "모세는 네 부모를 공경하라 하고 또 아버지나 어머니를 모욕하는 자는 죽임을 당하리라 하였거늘 너희는 이르되 사람이 아버지에게나 어머니에게나 말하기를 내가 드려 유익하게 할 것이 고르반 곧 하나님께 드림이 되었다고 하기만 하면 그만이라 하고"(막 7:10-11). '고르반'(קָרְבָּן)이란 말은 히브리어로 '하나님께 바쳐진 예물'이라는 뜻입니다. 고르반 제도는 유대인의 전통적인 관습으로, 하나님께 재물과 헌물을 바치는 것을 의미합니다. 만약 부모님을 섬겨야 하는 재물이라도 고르반 제도에 바치면 부모 부양의 의무를 면할 수 있었습니다.

문제는 이것을 악용하는 데 있었습니다. 부모를 부양하는 데 쓰이는 재물을 고르반 제도에 바치면 부모를 봉양하지 않아도 사회적인 문제가 제기되지 않았고 자신도 경건하다는 칭찬을 받았습니다. 고르반 재산권이 자신에게 있기 때문에 후에 그 재물을 보존할 수도 있었습니다. 하나님을 핑계 삼아 자신의 탐욕을 합법화하는 아주 교묘한 술수입니다. 예수님은 이를 꿰뚫어 보시고 위선의 사례로 말씀하신 것입니다.

하나님이 모세에게 주신 십계명의 제5계명은 "네 부모를 공경하라"입니다. "네 부모를 공경하라 그리하면 네 하나님 여호와가 네게 준 땅에서 네 생명이 길리라"(출 20:12). 십계명 제1계명부터 제4계명까지는 '하나님 사랑'에 관한 명령입니다. 제5계명부터는 인간관계 속에서의 말씀입니다. 그 첫 번째가 부모 공경입니다. 십계명에는 대다수가 '하지 말라'고 되어 있으나 이 계명은 '하라'고 말합니다. 그만큼 두드러지는 말씀입니다.

모세 시절에도 부모에 대한 계명이 강조된 것으로 보아 그때에도 부모를 죽이거나 폭행하는 패륜아들이 있었음을 알 수 있습니다. 십계명 중에서 다른 계명들에는 추가로 약속된 말씀이 없습니다. 제5계명에만 약속의 말씀이 덧붙여 있습니다. 그때나 지금이나 부모를 공경하고 섬기는 것이 다른 어떤 계명보다 실천하기 어려운 일이기 때문일 수 있습니다.

부모를 공경하는 것은 하나님의 뜻입니다. 본문에서 예수님도 공경이란 단어를 두 가지 대상에 적용하셨습니다. 하나는 하나님이고(막 7:6), 다른 하나는 부모입니다(막 7:10). 따라서 이스라엘 백성은 공경이 무슨 뜻인지 누구보다도 잘 알고 있었을 것입니다. '공경'이란 말은 히브리어로 '카베드'(כבד)입니다. 이 말은 본래 '무겁다'라는 뜻으로, 부모를 공경한다는 것은 부모의 삶의 무게를 인정하고 존중한다는 의미입니다. 우리의 길보다 앞서가신 분들의 삶의 무게를 우리는 흉내 낼 수 없습니다. 그러니 그 무게를 존중하고 인정하라는 뜻입니다.

어릴 적 외할머니, 어머니와 함께 모여서 가정예배를 드렸던 기억이 납니다. 할머니는 소천하시기 전 백내장으로 인해 눈이 보이지 않아 수년간 시각 장애인으로 사셨습니다. 제 이름을 부르면서 화장실 가는 길도 물으시고, 눈이 보이지 않으니 식사를 챙겨 달라고 부탁하기도 하셨습니다. 외할머니의 믿음을 따라 어머니가 믿음을 가지게 되셨고, 그리고 어머니의 믿음에 이어 제가 예수님을 믿게 되었습니다. 얼마나 감사한지 모릅니다. 다른 무엇보다 예수님을 어릴 적부터 알 수 있는 환경을 만들어 놓으신 외할머니와 어머니에게 감사합니다.

바울이 디모데의 훌륭한 믿음을 칭찬하면서 외조모와 어머니를 언급한 것을 보십시오. "이는 네 속에 거짓이 없는 믿음이 있음을 생각함이라 이 믿음은 먼저 네 외조모 로이스와 네 어머니 유니게 속에 있더니 네 속에도 있는 줄을 확신하노라"(딤후 1:5). 외조모 로이스와 어머니 유니게 속에 있던 믿음이 그대로 디모데에게도 있었던 것입니다. 믿음이 유산이 되고 신앙이 가훈이 되는 것을 바울은 무엇보다도 귀하다고 여겼습니다. 우리는 무엇보다 믿음의 선배들의 이런 신앙을 본받고 감사해야 합니다.

||| 진정한 고르반의 삶

공경이란 말의 뜻 자체에 마음이 담겨 있습니다. 진심이 아닌 겉치레는 오래가지 못합니다. 예수님은 이처럼 외식하는 신앙을 가리켜 다음과 같이 말씀하셨습니다. "무엇이든지 밖에서 사람에게로 들어가는 것은 능히 사람을 더럽게 하지 못하되 사람 안에서 나오는 것이 사람을 더럽게 하는 것이니라"(막 7:15-16). 예수님은 음식 정결법으로 시비를 걸어온 바리새인들에게 입으로 먹는 것이 사람을 더럽게 하는 것이 아니라 사람의 마음에서 나오는 것이 더럽게 하는 것이라고 말씀하셨습니다.

예수님이 책망하신 것은 마음은 죄악으로 가득 차 있으면서 손만 씻으면 정결하게 될 수 있다고 자만하는 바리새인들과 서기관들의 외식이었습니다. 진실된 마음이 없으면 겉이 아무리 화려해도 거짓된 것입니다. 이런 자들은 경건의 모양은 갖추어져 있지만 경건의 능력은 없습니다. 외부로 드러내는 것보다 더 중요한 것이 내 마음의 중심입니다. 그래서 손만 씻어야 할 것이 아니라 마음도 함께 씻어야 합니다.

따라서 진정한 고르반은 내 마음과 삶이 일치되는 것입니다. 탐욕을 내려놓고 나 자신을 하나님께 드리는 것이 진정한 고르반입니다. 이런 면에서 예수님은 우리의 진정한 모델이십니다. 예수님은 밀알처럼 사셨습니다. 한 알의 밀알이 땅에 떨어져 썩으면 많은 열매를 맺습니다. 그 밀알 한 알의 꿈을 이루신 분이 예수님이십니다.

지금까지 마가복음을 읽으면서 누구보다 예수님의 삶이 바로 고르반의 삶임을 알 수 있습니다. 예수님은 말씀과 삶이 일치했습니다. 연약한 자를 불쌍히 여기시며 외면하지 않고 도와주셨습니다. 사랑으로 섬기셨지만 죄와 불법에 대해서는 단호하셨습니다. 예수님은 십자가 위 고통의 절정 속에서도 어머니 마리아를 제자에게 부탁하셨습니다. 예수님의 삶은 고르반 그 자체였습니다. 진정한 고르반의 삶은 바로 예수님을 닮아 가는 삶입니다.

위선과 가식을 벗고 진실한 마음과 태도로 모든 일에 임하는 것이 진정한 고르반의 삶입니다. 십자가의 정신, 십자가의 길을 살아 내신 예수님을 본받아 우리도 섬김과 사랑의 길로 걸어가야 합니다. 진정한 고르반의 삶을 살아 내는 성도는 그 자리가 어디든 열매를 맺게 될 것입니다. 특별히 가정에서 더욱 빛나기를 기도합니다.

||| 간절한 믿음으로 반응하는 자

본문에서는 귀신 들린 딸을 살리기 위해 예수님께 간절히 매달린 어머니의 모습을 볼 수 있습니다. 마가복음에는 간략하게 기록되어 있지만, 동일한 사건을 기록한 마태복음을 보면 이 여인이 얼마나 간절히 예수님을 찾고 부르짖었던지 제자들이 너무 시끄러워서 예수님께 부탁드릴 정도였습니다. 어린 딸이 귀신이 들려 죽어 가고 있으니 어머니로서 어찌 가만히 있을 수 있겠습니까. 자식을 둔 부모라면 모두가 공감할 수 있을 것입니다. 성도들의 기도 제목을 들으면서 가장 가슴이 아픈 경우는 자녀들의 병환을 적고 기도를 부탁하실 때입니다.

귀신 들린 딸의 고통을 안고 예수님을 찾아온 이 여인은 헬라인이며 수로보니게 족속입니다(막 7:26). 성경이 그녀의 출신 지역을 언급한 이유는 그녀가 이방인이기 때문입니다. 지금 예수님이 가신 땅은 이방인들이 주로 거주하는 두로 지방입니다. 예수님은 그 지역에 사는 수로보니게 여인을 만나신 것입니다.

'수로보니게'라는 말은 '시리아'와 '베니게'의 합성어입니다. 베니게인들은 흔히 페니키아인으로 불리는 사람들로서 무역에 능했고 바알 신을 숭배한 민족입니다. 노예는 물론이고 심지어 딸이나 아들까지 인신 제물로 바치는 족속이었습니다. 베니게인들은 무역업을 주로 했기 때문에 물질적으로 잘살았습니다. 하지만 영적으로는 비참했습니다.

어린 딸이지만 귀신이 들려 예수님을 찾아온 이 어머니를 보면 알 수 있습니다. 그녀 역시 수로보니게 사람이고 돈이 많았을 것입니다. 또한 예수님 앞에 나오기 전까지 바알 신에게 숱하게 엎드리며 딸의 치유를 간구했을 것입니다. 하지만 다 소용이 없었습니다. 결국 그녀는 예수님이 자신이 사는 지역에 오신다는 소문을 듣고 주님 앞에 나아와 딸의 고침을 간절히 구했던 것입니다. 26절에 사용된 '간구하거늘'이란 단어를 원어적으로 보면 그녀의 간절함을 더욱 알 수 있습니다. 이 동사는 미완료 과거시제로 사용되었습니다. 직역하면 "그리고 그녀는 그에게 간구하고 있었다"입니다. 그녀는 계속 거듭해서 간구한 것입니다.

하지만 예수님의 대답은 좀 차갑습니다. "예수께서 이르시되 자녀로 먼저 배불리 먹게 할지니 자녀의 떡을 취하여 개들에게 던짐이 마땅치 아니하니라"(막 7:27). 여인을 개 취급하십니다. 이 말씀은 "유대인들은 자녀들이고 이방인들은 개들이니 먼저 유대인들부터 먹여야 되겠다"라는 뜻입니다. 얼마나 자존심이 상하는 말입니까. 이 말씀을 보고 예수님을 오해하는 분들도 있을 것입니다. "너무 몰인정하신 것 아니냐", "지금까지의 행보와 다른 것 아니냐"라고 말할 수 있습니다.

하지만 마가복음의 1차 청중인 당시 사람들을 생각하면 이해가 됩니다. 유대인들에게 있어서 이방인들은 개와 같은 동물 취급을 당했습니다. 당시 들판에 돌아다니던 개들은 죽은 시체나 부정한 죽은 짐승의 고기를 먹었습니다. 유대인들의 입장에서 봤을 때 들개는 항상 부정한 것들과 관계하고 있는 것입니다. 이런 이유로 유대인들은 정결 예법을 무시하고 부정하게 살아가는 이방인들을 '개'라고 표현했던 것입니다.

앞서 살펴보았던 말씀을 보십시오. 바리새인들은 예수님의 제자들이 손을 씻지 않고 음식을 먹는 것에 대해 정죄하고 비판했습니다. 자신들의 전통인 정결법을 준행하지 않는다고 하여 비난한 것입니다. 이런 맥락에서 볼 때 마가복음의 저자는 본문의 사건을 통해 무엇을 강조하고 싶은 것일까요? 그것은 유대인들이 그처럼 소중히 여기는 정결법을 지키지 않는, 그리고 개처럼 취급받는 이방인들 중에도 이처럼 귀한 믿음을 가진 자가 있다는 것입니다. 즉 예수님은 유대인이든 이방인이든 믿음으로 반응하는 자에게 구원을 베푸신다는 것을 보여 주는 것입니다.

여인의 대답을 보십시오. "여자가 대답하여 이르되 주여 옳소이다마는 상 아래 개들도 아이들이 먹던 부스러기를 먹나이다"(막 7:28). 음식 상 아래 떨어지는 부스러기라도 개들은 먹으니, 부스러기 은혜라도 달라는 여인의 고백입니다. 예수님은 그녀의 믿음의 고백을 들으시고 딸에게 귀신이 떠나갔다고 선언하셨습니다(막 7:29). 비록 당시 유대인들에게 개 취급을 당하는 이방인이었지만, 그녀는 예수님을 감동시킬 만한 큰 믿음을 소유했습니다. 그리고 그녀의 믿음은 보상받았습니다.

||| 1이 0이 될 때

1%의 해결 가능성도 없는 어려움을 당한 적이 있었을 것입니다. 믿음의 선배들도 이런 경우를 당한 때가 있었습니다. 아브라함, 모세, 엘리야, 바울도 마찬가지입니다. 특별히 엘리야 선지자를 보십시오. 그는 바알과 아세라 우상을 섬기는 선지자들과 갈멜산에서 '누가 참 신이냐'를 놓고 대결을 펼쳤습니다. 갈멜산 위에 제단을 쌓아 누가 하늘에서 불을 내려 주는지를 보고, 어느 신이 진짜 신인지를 밝혀내기로 했습니다.

450명의 바알의 선지자들은 아침부터 저녁까지 그들의 신에게 부르짖었지만 묵묵부답이었습니다. 드디어 엘리야의 차례가 되었습니다. 당시는 3년 반 동안 비가 오지 않았기 때문에 온 천지가 바싹 메말랐습니다. 어쩌면 우연의 일치로 3년 반 동안 메마른 나무에 불이 쉽게 붙을 수도 있었을 것입니다. 그러나 엘리야의 믿음에는 '만약'이란 것이 없었습니다. 그는 오히려 제단에 열두 통의 물을 부어 버렸습니다. 이제 하나님이 불을 내려 주시지 않고서는 제단에 불이 붙을 확률은 0%입니다. 엘리야가 이렇게 한 이유는 무엇일까요? 엘리야는 사람이 단 1%의 가능성만 남아 있어도 금세 그 1%를 의지하게 될 것을 알았습니다. 그래서 인간의 가능성을 0%로 만든 후 하나님을 100% 의지하는 간절한 기도를 올립니다.

수로보니게 여인이 자신의 딸을 고치기 위해 얼마나 많은 1%의 가능성을 붙잡았겠습니까. 그 1%가 0%가 될 때 비로소 예수님이 보이기 시작하는 것입니다. 하나님은 우리가 붙잡은 하나님 외의 가능성에 물을 부어 버리기를 원하십니다. 우리의 간절한 믿음과 기도를 방해하기 때문입니다.

《손자병법》에 '분주파부'(焚舟破釜)라는 말이 있습니다. 이 말은 '배를 불태우고 솥단지를 깬다'라는 뜻입니다. 초나라 항우는 결전의 전장에 도착했을 때 병사들이 전투 후에 타고 갈 배와 다음 끼니에 필요한 솥단지를 직접 불태우고 깨뜨리게 해서 결사의 의지를 다졌습니다. 절박한 상황에서 목표를 달성하기 위한 결연한 의지와 자세를 일컬어 손자(孫子)가 한 말입니다. 우리가 불태워야 할 배는 무엇입니까? 온전히 하나님을 의지하고 맡겨야 할 부분은 무엇입니까?

수로보니게 여인은 딸의 문제로 예수님 앞에 나왔습니다. 자녀 문제는 우리의 깊은 고민과 어려움입니다. 하지만 수로보니게 여인은 이 문제를 예수님 앞으로 가지고 왔습니다. 이것이 중요합니다. 이 문제를 예수님께 전적으로 맡긴 것입니다. 그녀의 고백을 보십시오. 28절에서 그녀는 "주여"라고 말합니다. 여기에 사용된 "주여"라는 말은 마태복음 15장 22절에서는 "주 다윗의 자손이여"라고 되어 있습니다. 예수님을 다윗의 자손으로 고백했다는 것은 그녀가 예수님을 정확히 하나님의 아들로 믿었다는 것입니다. 다시 말해, 예수님은 주님이시며 하나님이시니 내 딸의 문제도 해결해 주실 수 있다는 믿음의 표현입니다.

믿음은 반드시 변화를 만듭니다. 이 믿음은 나의 0에서 돌이켜 하나님의 100으로 향하게 합니다. 이 믿음은 간절함과 절실함을 가져옵니다. 절망적인 상황 속에서 나는 약하지만 능력 주시는 주님을 바라보고 그분 앞으로 달려 나가는 믿음입니다. 귀신 들린 딸을 자유케 하기 위해 예수님 앞으로 나아온 어머니의 마음이 지금 우리에게 필요합니다.

11 | 열리고 풀리고 십자가 따라 걷고 _ 막 7:31-37, 8:27-38

사람이 인생에서 당하는 최대의 비극이 있다면 단절과 고립으로 인한 고통일 것입니다. 예수님은 단절과 고립으로 인해 고통 가운데 신음하는 한 사람을 만나셨습니다. 그는 듣지도 못하고 말하지도 못하는 장애인이었습니다. 들을 수 없고 말도 못하여 소통과 교제가 단절된 사람입니다. 이 사람이 사람들에게 이끌려 예수님 앞으로 나아왔습니다. 예수님은 이 병자에게 "에바다"라고 말씀하시며 치유해 주셨습니다. '에바다'는 '열리라'라는 뜻으로 아람어 에파타(אתפתח)를 음역한 것입니다. 그러자 그의 귀가 열리고 혀가 풀려서 듣게 되고 말을 하게 되었습니다.

||| 열리고

예수님의 기적 사건들을 보면서 우리가 분명히 알아야 하는 것은 예수님은 메시아, 하나님이시라는 사실입니다. 마가복음은 그런 측면에서 예수님의 기적을 강조합니다. 예수님은 앞서 귀신 들린 딸을 고쳐 주셨고 8장에도 여러 기적들이 계속해서 기록되어 있습니다. 특별히 에바다의 역사는 오래전 이사야 선지자가 메시아의 사명에 대해서 예언했던 그 모습 그대로를 보여 줍니다. "그때에 맹인의 눈이 밝을 것이며 못 듣는 사람의 귀가 열릴 것이며 그때에 저는 자는 사슴같이 뛸 것이며 말 못하는 자의 혀는 노래하리니 이는 광야에서 물이 솟겠고 사막에서 시내가 흐를 것임이라"(사 35:5).

육체적인 장애도 안타깝지만 더 안타까운 것은 하늘의 소리를 듣지 못하는 영적 장애입니다. 영적인 귀가 닫혀 위로부터 오는 하나님의 음성을 듣지 못하는 것입니다. 성경을 읽어도, 설교를 들어도 감동이 없고 아무런 깨달음이 없습니다. 기도를 해도 그 속에서 외치시는 하나님의 음성을 듣지 못하는 것입니다.

예수님은 육체적인 장애보다 영적 장애를 더 가슴 아파하셨습니다. 예수님과 함께 있었던 제자들에게 말씀하신 주님의 음성을 들어 보십시오. "너희가 어찌 떡이 없음으로 수군거리느냐 아직도 알지 못하며 깨닫지 못하느냐 너희 마음이 둔하냐 너희가 눈이 있어도 보지 못하며 귀가 있어도 듣지 못하느냐 또 기억하지 못하느냐"(막 8:17-18). 방금 예수님의 기적을 경험한 제자들도 의심하고 걱정하는 모습을 보였습니다. 예수님은 눈과 귀가 있어도 보지 못하고 듣지 못한다고 지적하셨습니다. 고작 육신의 소리, 세상의 소리만 듣고 사는 것입니다.

이렇게 살다가 어려움을 당하면 속수무책으로 넘어집니다. 예수님이 함께 계시는데도 예수님을 몰라보았던 제자들처럼 말입니다. 영의 감각이 살아나야 합니다. 특별히 말씀을 듣는 영의 귀가 열려야 합니다. 기독교는 듣는 종교입니다. 말씀을 들음으로 믿음이 생깁니다.

기독교의 지성이라 불리는 C. S. 루이스(C. S. Lewis)는 "고통은 하나님의 메가폰이다"라고 말했습니다. 우리가 그동안 듣지 못하고 지나쳤던 많은 하나님의 말씀과 음성들을 고통을 통해 듣게 되고 깨닫게 된다는 의미입니다. 저는 사실 '평안할 때 하나님의 음성이 잘 들리고 말씀이 잘 깨달아져야지 왜 고난과 고통을 받아야만 그렇게 될까?' 하며 의아했습니다. 하지만 제가 고난을 당해 보니 이해가 되었습니다. 수술대에 누워 보니 입으로 먹고마시는 것이 축복이었다는 것을 알게 됩니다. 아버지를 잃어 보니 아버지가 있고 가정이 있는 것이 얼마나 소중한지를 알게 됩니다. 교회 공동체를 떠나 보니 사랑받고 사랑 주었던 교우들이 귀하다는 것을 깨닫게 됩니다.

고난을 통해 하나님의 뜻을 해석해야 합니다. 지금 내게 허락된 시련과 고통을 통해 하나님의 뜻을 발견하고 이해할 수 있다면 능히 시험을 이길 수 있습니다. 문제는 귀가 닫혀 있는 것입니다. 외치고 소리쳐도 듣지 못하는 자가 되어서는 안 됩니다.

고치시는 예수님

"예수께서 그 사람을 따로 데리고 무리를 떠나사 손가락을 그의 양 귀에 넣고 침을 뱉어 그의 혀에 손을 대시며"(막 7:33). 예수님은 군중들 가운데 이 병자를 따로 분리해 내셨습니다. 공개적인 접촉이 아니라 개인적인 접촉을 하신 것입니다. 예수님은 그와 인격적인 관계를 갖기 원하셨기 때문입니다. 이 병자는 사람들에게 이끌려 왔기 때문에 자신의 의지가 없었을 것입니다. 주님은 그를 보고 불쌍히 여기시며 자신이 누구인지를 드러내고자 하신 것입니다.

　예수님이 그를 치유하신 방법을 보면 예수님의 마음을 더 잘 알 수 있습니다. 예수님은 손가락을 그의 귀에 넣고 침을 뱉어 그의 혀에 손을 대셨습니다. 이 방법은 우리가 보기에 썩 유쾌하지 않습니다. 하지만 여기서 예수님이 병자를 대하시는 세심한 배려를 느낄 수 있습니다. 이 병자는 듣지 못하고 말하지 못하는 사람입니다. 예수님은 다른 치유 사건처럼 말씀으로 치유를 선포하신 대신 그와 소통 가능한 방법을 사용하셨습니다.

　당시 민간요법에는 환자의 환부에 접촉하면서 침을 사용하는 치료법이 있었습니다. 일반 백성들 사이에 많이 활용되는 방법이었습니다. 어릴 적 우리가 넘어져 다치면 침을 발라 주던 것과 비슷합니다. 예수님이 이 방법을 사용하신 것은 병자가 놀라거나 당황하지 않게 하고, 지금 치료 중에 있다는 것을 알려 주시기 위함이었습니다. 이처럼 주님은 각 사람에게 맞는 방법으로 일하셨습니다. 어떤 이에게는 말씀으로, 어떤 이에게는 만지심으로 한 사람 한 사람을 향한 관심 속에서 치유를 행하셨습니다. 각 사람에게 맞는 예수님의 인격적이고 세심한 배려가 엿보입니다.

　중요한 것은 예수님이 우리를 고치기 원하신다는 것입니다. 우리를 만나기 원하시고 회복시키기 원하시는 분이 주님이십니다. 주님이 나를 따로 데리고 가서 군중으로부터 떨어지게 하시는 데는 다 그만한 이유가 있습니다. 회복시키시기 위함입니다. 중환자가 수술을 받기 위해서는 따로 중환자실이라는 격리된 공간으로 이동해야 합니다. 그곳은 가족도 마음대로 면회가 불가능합니다. 정해진 시간, 정해진 방법으로 만나야 합니다. 성도들이 때로는 세상에서 단절되거나 고립될 때가 있습니다. 하나님이 의도적으로 고립시키신 경우에는 다 이유가 있습니다. 나를 고치고 살리시기 위함입니다. 주님은 우리의 손을 잡고 이끄십니다. 그리고 나에게 맞는 치료법으로 나를 고치기 시작하십니다.

예수님을 믿고, 점점 고립된다고 생각하지 마십시오. 어쩌면 그것은 나를 살리는 단절입니다. 무균실에서 나를 고치는 과정입니다. 세상 사람들이 다 하는 향락을 즐기지 못하면 따돌림당한다고 생각하지 마십시오. 주님이 데리고 가실 때 순순히 따라가는 것이 좋습니다. 세상 따라가다 이리 치이고 저리 치여서 만신창이가 되지 말고, 지금 내 상태를 인정하고 주님 손을 붙잡고 따라가기를 축복합니다.

공감하시는 예수님

예수님은 병자를 보며 안타까운 마음으로 하늘을 우러러 탄식하셨습니다. "하늘을 우러러 탄식하시며"(막 7:34상). 여기서 '하늘을 우러러'라는 말은 하나님의 도우심을 구하셨다는 말입니다. 또한 '탄식'은 불쌍히 여기셨다는 뜻입니다. 탄식도 그냥 탄식이 아니라 아주 깊은 탄식을 하셨습니다. 왜 예수님이 아주 깊은 탄식을 하셨을까요? 그것은 상대방의 아픔을 공감하면서 그 아픔을 자신과 동일시하셨기 때문입니다. 듣지 못하고 말하지도 못하는 고통과 아픔이 얼마나 힘들고 괴로울까, 주변 사람들에게 무시당하고 조롱당하는 아픔은 얼마나 괴로울까, 견딜 수 없는 고독과 소외, 단절의 아픔을 예수님은 자신의 아픔처럼 느끼신 것입니다. 주님은 그 고통을 공감하시면서 한숨을 내쉬고 탄식하신 것입니다.

예수님이 우리의 아픔을 공감하시는 이유는 그 아픔을 몸소 겪으셨기 때문입니다. "우리에게 있는 대제사장은 우리의 연약함을 동정하지 못하실 이가 아니요 모든 일에 우리와 똑같이 시험을 받으신 이로되 죄는 없으시니라"(히 4:15). 예수님은 우리가 당한 슬픔과 어려움을 당하셨습니다. 육체의 고통뿐만 아니라 사랑하는 이에게 당한 배신과 모욕도 고스란히 경험하셨습니다. 버림받은 고통은 이루 말할 수 없습니다. 예수님은 나의 고통을 아시기에 하나님 우편에서 우리를 위해 중보하시는 것입니다.

||| 풀리고

예수님은 병자의 귀에 손가락을 넣고 그의 혀에 손을 대시며 하늘을 우러러 탄식하시며 "에바다" 하고 선포하셨습니다. "그에게 이르시되 에바다 하시니 이는 열리라는 뜻이라"(막 7:34하). 예수님의 이 말씀에 병자는 닫힌 귀가 열리고 맺힌 혀가 풀렸습니다. 예수님이 말씀하시면 맺힌 것이 풀립니다.

여기서 '에바다'라는 단어를 유심히 살펴볼 필요가 있습니다. 이 단어는 수동형 동사로 쓰였습니다. 다시 말해, 하나님이 여셔야 열린다는 의미입니다. 나의 힘으로 되는 것이 아니라 하나님이 여실 때 열린다는 뜻입니다. '은혜'라는 말에는 '하나님이 하신다'라는 의미가 포함되어 있습니다. 닫힌 환경, 흑암 가운데 놓인 성도가 계십니까? 에바다를 선포하십시오. "주님이 하신다. 길을 비켜라!" 사실 에바다에는 '열리라'라는 뜻 외에도 '비켜라'라는 뜻도 포함되어 있습니다. 전쟁을 선포하고 시작할 때 쓰는 아람어이기도 합니다.

성경에 나오는 이 병자 못지않게 외롭고 닫힌 자신의 세상 안에서 듣

지 못하고 말하지 못하는 분이 있습니까? 소리 높여 외치는 찬양을 잃어
버리고 간절히 부르짖는 기도를 잃어버린 분이 있습니까? 용기를 내어
예수를 전해야 하는데 입을 열지 못하는 분이 있습니까? 육체의 장애보
다 훨씬 더 불행한 장애가 있다면 영적 장애입니다. 지금도 말씀하시는
하나님의 거룩한 음성을 듣지 못하는 사람들이 얼마나 많습니까. 자기 세
계 속에서 폐쇄된 채 답답한 인생을 살아가는 사람이 진정 들어야 할 음
성이 있다면 예수님의 말씀입니다. "에바다 열리라!"

　육신의 고통 속에서 신음하는 분이 있습니까? 에바다의 열리는 치유
를 누리기를 축복합니다. 그러나 육신의 장애보다 더한 장애, 영적으로
닫히고 보지 못하는 분이 있습니까? 귀가 열리고 혀가 풀리는 에바다의
은혜를 누리기를 축복합니다.

도우셔야 열리고 풀린다

본문에서 예수님은 제자들에게 두 가지 질문을 하셨습니다. 첫 번째 질문
은 "사람들이 나를 누구라고 하느냐"(막 8:27)이고, 두 번째 질문은 "너희는
나를 누구라 하느냐"(막 8:29)입니다. 예수님의 질문은 그동안 예수님을 따
라다닌 제자들에게 예수님이 누구신가에 대해 진지하게 묻는 질문입니다.

　첫 번째 질문에 대하여 사람들은 예수님을 세례 요한이라고 하기도 하
고, 엘리야라고 말하기도 하고, 혹은 선지자 중의 하나라고 말하기도 했습
니다. 사람들은 예수님에 대해서 제대로 알지 못한 채 자신들이 능력 있다
고 생각하는 이들을 언급한 것입니다. 다들 예수님에 대해 오해했습니다.

　예수님은 다시 제자들에게 두 번째 질문을 하셨습니다. "또 물으시되

너희는 나를 누구라 하느냐 베드로가 대답하여 이르되 주는 그리스도시니이다 하매"(막 8:29). 뭐든지 1등 하기를 원하는 베드로는 예수님의 질문에 "주는 그리스도시니이다"라고 즉각 답했습니다. '그리스도'라는 말은 '메시아', '기름 부음 받은 자'라는 뜻입니다. "예수님은 메시아요 구원자이십니다"라고 고백한 것입니다. 놀라운 고백입니다.

베드로의 고백이 귀한 이유는 지금 예수님이 제자들과 함께 계신 장소가 특별하기 때문입니다. 이곳은 빌립보 가이사랴입니다(막 8:27). 이 지역은 갈릴리 호수에서 북쪽으로 약 40km 떨어진 곳으로, 예부터 바알 신전이 있었고 후에는 목동과 가축의 신으로 불리는 '판' 신을 섬겼습니다. 그리고 헤롯 왕의 아들인 빌립왕이 이곳에 도시를 건설하고, 로마 황제 가이사와 자신의 이름을 합쳐서 가이사랴 빌립보라고 칭했습니다. 즉 이방의 우상 신을 섬기며 그것들을 숭배하는 신상들이 즐비하게 서 있는 지역의 길 한복판에서 예수님은 제자들에게 "너희는 나를 누구라 하느냐"라고 물으신 것입니다.

베드로는 예수님이 구원자이시고 메시아이심을 고백했습니다. 수많은 신 중에서 예수님이 참 하나님, 참 신이심을 고백한 중요한 고백입니다. 어부 출신의 베드로가 이런 고백을 할 수 있었던 것은 그가 예수님을 따르면서 예수님이 어떤 분이신지를 알았기 때문이라기보다는 하나님이 도와주셨기 때문입니다. 동일한 사건을 기록한 마태복음을 보십시오. "시몬 베드로가 대답하여 이르되 주는 그리스도시요 살아 계신 하나님의 아들이시니이다 예수께서 대답하여 이르시되 바요나 시몬아 네가 복이 있도다 이를 네게 알게 한 이는 혈육이 아니요 하늘에 계신 내 아버지시니라"(마 16:16-17). 베드로가 이성으로 예수님을 그리스도라고 고백한 것이 아니라 하나님 아버지께서 베드로에게 알게 하신 것입니다.

우리 또한 마찬가지입니다. 예수님을 고백하고 찬양할 수 있는 이유는 나의 이성과 의지로 된 것이 아니라 하나님의 도우심 때문입니다. 물론 기독교가 이성이나 지식을 무시하는 것이 아닙니다. 인간의 이성의 한계를 넘어 하나님의 도우심과 깨닫게 하심이 있어야 알고 믿게 된다는 것입니다. 이것을 신학적인 용어로 '계시'라고 합니다. 계시는 '밝히 드러내다'라는 뜻입니다. 하나님이 알게 하시고 깨닫게 해 주셔야만 믿게 되는 것이 예수 그리스도입니다. 이 고백을 베드로가 한 것입니다.

신앙생활을 하면서 이런 의문이 들 때가 있습니다. '왜 어떤 사람은 한 번에 예수님을 영접하고 신앙생활 하기로 결심하는데, 또 어떤 사람은 교회를 여러 번 왔음에도 불구하고 여전히 예수님을 받아들이지 않을까?' 왜 오랜 시간 교회를 다녀도 복음을 깨닫지 못할까요? 제가 깨달은 그 이유는 하나님의 도우심입니다. 하나님이 열어 주셔야 열리는 것이 있습니다. 물론 가르치는 자의 연약함도 그 이유가 될 수 있겠지만, 말씀의 능력이 온전히 심기고 자라고 진리에 도달하기 위해서는 하나님의 은혜가 아니고서는 안 됩니다.

그래서 저는 강단에 서기 전에 간절히 기도합니다. "하나님, 우리 성도들을 열어 주시고 풀어 주세요. 예수님을 볼 수 있는 눈을 열어 주시고 예수님을 고백할 수 있는 입을 열어 주세요." 저 또한 한 주간 설교 준비를 할 때 본문의 말씀과 씨름하면서 나의 지성과 이성으로 이해할 수 없는 하나님의 진리를 열어 달라고 매달립니다. 하나님의 도우심, 은혜가 없이 살아갈 사람이 단 한 사람이라도 있을까요? 믿음부터 하나님의 은혜로 가지게 되었는데 하루하루, 순간순간의 호흡 또한 하나님의 은혜 아니고 서는 설명이 불가능합니다. 은혜로만 살아가는 우리입니다.

||| 십자가 따라 걷고

마가복음 8장 전반부에 나오는 이야기를 보십시오. 예수님이 또 4천 명을 먹이시는 칠병이어의 기적이 나옵니다. 또한 벳새다에서 주님은 맹인이 보게 하는 기적을 행하셨습니다. 기적의 연속입니다.

많은 기적이 마가복음에 기록되어 있지만, 사람들은 예수님을 진정한 구원자로 믿지 않았습니다. 곁에 있었던 제자들도 예수님을 오해하고 있었습니다. 기적의 사건들이 열거되면서 마가복음 중간에서는 예수님이 가이사랴 빌립보의 한 도상에서 제자들에게 "너희는 나를 누구라 하느냐"고 물으셨습니다. 이 본문은 마가복음에서 아주 중요한 분수령이 되는 말씀입니다. 기적의 연속 가운데 예수님이 원하신 것은 기적 그 자체가 아니라 지금 예수님을 어떻게 생각하는지였고, 주님은 여기에 초점을 맞추셨습니다.

기적이 중요한 것이 아닙니다. 하지만 사람들은 기적에 환호합니다. 마치 기적이 신앙을 만드는 것처럼 보입니다. 그렇지 않습니다. 신앙은 기적을 낳을 수 있지만 기적이 신앙을 만들지는 못합니다. 그렇다면 예수님이 지금 말씀하시는 것은 무엇일까요? 기적이 아니라 십자가를 제시하신 것입니다. "인자가 많은 고난을 받고 장로들과 대제사장들과 서기관들에게 버린 바 되어 죽임을 당하고 사흘 만에 살아나야 할 것을 비로소 그들에게 가르치시되"(막 8:31).

베드로의 고백을 들으신 예수님은 이제 십자가의 죽음과 부활에 대해 제자들에게 가르치십니다. 마가복음에는 예수님의 십자가 수난에 대한 예고 말씀이 총 세 번 나옵니다. 그중에 첫 번째입니다. 제자들이 이제는 예수님의 십자가 죽음에 대해서 알아야 할 때가 온 것입니다.

그런데 예수님의 의도와는 달리 방금 그리스도라고 고백한 베드로가 또 엄청난 말을 해 버립니다. "드러내 놓고 이 말씀을 하시니 베드로가 예수를 붙들고 항변하매"(막 8:32). 베드로는 예수님의 십자가 고난의 말씀을 듣자마자 바로 예수님을 붙들고 항변했습니다. '항변하다'라는 말은 의미가 다소 좋게 번역되었는데, 원어적으로는 '꾸짖다'라는 뜻을 가지고 있습니다. 베드로가 방금 예수님이 그리스도시라고 고백했으면서도 십자가 예고 앞에서는 예수님께 강하게 그러면 안 된다고 꾸짖듯이 대들었다는 것입니다.

베드로의 생각에 예수님은 유대인들을 로마의 지배에서 해방시켜 줄 메시아이시고 자신의 야망을 이루어 줄 구원자셨습니다. 그런 예수님이 죄인 중의 죄인이 처형당하는 십자가의 죽음을 당한다는 것은 말도 안 되는 이야기였던 것입니다. 십자가 구원의 길을 베드로와 제자들이 어떻게 이해할 수 있었을까요. 지금의 우리가 그 당시 예수님의 제자들이었다고 해도 아마 베드로와 같이 불신의 말을 했을 것입니다.

예수님은 베드로를 엄히 꾸짖으시는데, 그를 사탄이라고 말하면서 꾸짖으십니다. 즉 사탄이 예수님의 십자가 구원의 길을 부정하는 것입니다. 사탄이 예수님께 시도한 시험들도 이와 같습니다. 십자가의 길을 걷지 않고 사람들의 인기와 명성을 누리면 된다는 시험이었습니다. 예수님은 그런 사탄의 시험을 대적하셨습니다. 그런데 그 일을 지금 베드로가 한 것입니다. 사람이 하나님의 일을 고백하다가도 이처럼 사탄의 일을 할 수가 있습니다. 사탄의 일은 십자가를 부정하는 것입니다.

그렇다면 하나님의 일은 무엇입니까? 예수님의 말씀에 귀를 기울여 보십시오. "예수께서 돌이키사 제자들을 보시며 베드로를 꾸짖어 이르시되 사탄아 내 뒤로 물러가라 네가 하나님의 일을 생각하지 아니하고 도리어 사람의 일을 생각하는도다 하시고 무리와 제자들을 불러 이르시되 누구든지 나를 따라오려거든 자기를 부인하고 자기 십자가를 지고 나를 따를 것이니라"(막 8:33-34). '사람의 일'은 '사탄의 일'과 같습니다. 그것은 십자가를 부정하는 것입니다. 하나님의 일은 자기를 부인하고 자기 십자가를 지고 예수님을 따르는 것입니다. 그와 반대는 사람의 일이고 사탄의 일입니다. 이 시대를 살아가는 성도들은 끊임없이 이런 유혹을 받습니다. 오늘도 내 마음속에서 하나님의 일과 사람의 일을 두고 전쟁이 벌어집니다.

하나님의 일은 십자가를 지고 예수님을 따르는 것입니다. 모든 일에 십자가 정신으로 살아가는 삶입니다. 34절 말씀대로, 예수님을 따른다는 것은 자기를 부인하고 자기 십자가를 지는 것입니다. 십자가를 지는 삶이 예수님을 따르는 삶이고, 십자가를 지는 삶이 자기 자신을 부인하는 삶입니다. 자신을 부인한다는 것은 자신의 이름과 명예를 위해 사는 삶이 아니라 예수 그리스도의 이름과 명예를 위해 살아가는 삶을 말합니다. 즉 예수님과 같이 하나님의 뜻을 추구하며 자신의 의지를 하나님의 뜻에 순종하는 것입니다.

예수님이 피 흘리신 십자가의 희생 때문에 우리가 살았습니다. 예수님을 그리스도라고 믿고 고백한 우리는 삶의 구석구석에서 예수님처럼 살아야 합니다. 예수님은 십자가를 살아 내지 않는 것은 하나님의 일이 아니라 사람의 일이라고 말씀하십니다.

언젠가 금요성령집회에 오셨던 북한 탈북자 출신 사역자의 이야기입니다. 그분은 만삭의 몸으로 남편과 탈북하는 과정에서 남편은 붙잡혀 처형당하고 자신도 죽음 직전까지 갔다가 기적적으로 도망쳐 중국을 거쳐 한국에 들어오시게 되었습니다. 중국에서 선교사를 통해 예수님을 믿게 된 그분은 다시 북한으로 들어갈 준비를 하셨습니다. 도대체 그 마음은 어떻게 설명이 가능할까요?

캄보디아 선교사님의 현지인 제자는 청라은혜교회가 캄보디아에 세운 현지 교회에서 먹고 자면서 아이들에게 복음을 전하며 교회 사역을 감당했습니다. 그 마을은 전기도 없고 우물물을 먹어야 합니다. 그는 그런 곳에서 거의 야생 수준으로 먹고 자면서 마을 아이들에게 복음을 전하고, 성경을 가르치고, 주일에는 찬양 인도를 하고 말씀 전하는 사역을 감당했습니다. 안경만 쓰고 있어도 다 죽였던 킬링필드의 나라 캄보디아, 그 땅에서 생명의 꽃을 피우는 이 젊은 청년은 어떻게 설명이 가능할까요?

예수님을 따라가다 보면 그 길이 험난하고 힘들 수 있습니다. 십자가의 길은 그런 길입니다. 그럴 때마다 우리의 마음속에 이 길보다 더 평안하고 쉬운 길을 가고자 하는 유혹이 있습니다. 그때 우리는 다시 예수님을 바라봐야 합니다. 다시 십자가를 묵상하고 예수님의 말씀을 기억해야 합니다. 예수님은 분명히 말씀하셨습니다. "누구든지 자기 목숨을 구원하고자 하면 잃을 것이요 누구든지 나와 복음을 위하여 자기 목숨을 잃으면 구원하리라"(막 8:35).

12 | 큰 꿈과 믿음을 갖고 일상을 살다 _막 9:1-29

성경에는 천국이 어떤 곳인지에 대해 설명이 많지 않습니다. 사람들은 "천국은 이런 곳이다. 저런 곳이다"라고 말합니다. 심지어는 임사체험으로 천국을 다녀왔다는 분들도 천국에 대한 말들을 많이 합니다. 하지만 우리는 성경이 설명하는 부분까지만 이해하면 됩니다.

||| 그 길이 험난할지라도

본문에서 베드로와 제자들은 짧게나마 '천국이 바로 이런 곳이구나' 할 수 있는 신비한 체험을 합니다. 이른바 변화산 사건입니다. 산에 올라가신 예수님은 그곳에서 놀랍게 변화하셨습니다. 그리고 엘리야와 모세와 함께 대화를 나누셨습니다. "엿새 후에 예수께서 베드로와 야고보와 요한을 데리시고 따로 높은 산에 올라가셨더니 그들 앞에서 변형되사 그 옷이 광채가 나며 세상에서 빨래하는 자가 그렇게 희게 할 수 없을 만큼 매우 희어졌더라 이에 엘리야가 모세와 함께 그들에게 나타나 예수와 더불어 말하거늘"(막 9:2-4).

베드로가 놀란 이유는 예수님이 자신을 포함한 제자들 앞에서 변형되어 그 옷에서 광채가 났는데, 사람이 낼 수 없는 광채가 났기 때문입니다. 거기서 끝난 것이 아니라 베드로는 유대인들이 가장 존경하는 엘리야와 모세가 예수님과 함께 대화를 나누는 모습을 보았습니다.

3절의 표현을 보십시오. "세상에서 빨래하는 자가 그렇게 희게 할 수 없을 만큼 매우 희어졌더라"라고 말합니다. 예수님에게서 나타나는 광채가 이 땅에서 낼 수 있는 광채가 아니기에, 색깔도 설명할 수 없고 무엇인지 말로 표현할 수 없어 이렇게 표현한 것입니다. 이 광채는 하나님께 속한 거룩한 영광의 빛입니다. 이런 광채는 하나님이 사람에게 나타나실 때 주로 동반되는 현상입니다. 사도 바울도 다메섹 도상에서 예수님을 만났을 때 빛보다 더 환한 예수님을 만났습니다.

사실 이 일은 예수님이 미리 하신 말씀이 이루어진 것입니다. "또 그들에게 이르시되 내가 진실로 너희에게 이르노니 여기 서 있는 사람 중에는 죽기 전에 하나님의 나라가 권능으로 임하는 것을 볼 자들도 있느니라 하시니라"(막 9:1). 예수님이 그리스도이심을 고백한 베드로에게 신적인 형상을 보이심으로 하나님 나라의 영광을 그대로 보여 주신 것입니다. 예수님의 변형은 예수님 자신을 위해서가 아니라 바로 제자들을 위해서였습니다. 여전히 흔들리고 연약한 제자들에게 변화산의 기적을 보여 주시면서 예수님을 메시아로 확신하게 하는 새로운 계기로 삼으셨던 것입니다.

베드로와 제자들은 예수님의 영광스러운 변모를 보면서 '천국이라면 이런 곳이겠구나'라고 생각했을 것입니다. 그래서 베드로는 예수님께 여기 있는 것이 좋사오니 아예 여기에 초막을 지어 살자고 말씀드렸습니다. 이스라엘 백성은 과거 광야를 지날 때 장막에서 거하며 하나님의 영광을 상징하는 구름 기둥과 불 기둥 아래에서 살았던 것을 기념하는 절기인 초막절을 지키고 있었습니다. 그래서 베드로는 이 일을 떠올리며 초막을 짓자고 말한 것입니다.

예수님은 앞서 베드로와 제자들에게 제자의 길은 자기를 부인하고 자기 십자가를 지고 예수님을 따르는 것이라고 말씀하셨습니다. 그것을 부인하는 것은 사탄의 일이고 사람의 일이라고 엄히 말씀하셨습니다. 예수님은 동일한 제자들에게 하나님 나라의 영광을 짧게나마 보여 주시면서, 비록 십자가의 길이 험난할지라도 그 여정을 마쳤을 때 하나님 나라의 영광이 이처럼 영화롭다는 것을 경험하게 하신 것입니다. 아마 제자들은 평생 변화산상에서의 경험을 잊지 못했을 것입니다.

하나님은 우리가 이 영광을 알기 원하십니다. 이 영광을 보고 경험하기를 원하십니다. 잠깐 지나가는 이 땅에서의 감동도 그처럼 힘이 있다면, 우리가 신앙의 순례 여정을 마치고 하나님 나라에 이르렀을 때의 영광이야 오죽하겠습니까. 하늘의 영광을 사모하며 우리가 기억해야 할 두 가지 교훈이 있습니다.

모든 초점은 예수님께로

변화산 사건은 제자들이 지금껏 경험했던 체험 중 가장 놀라운 것이었습니다. 예수님의 광채를 보았고, 모세와 엘리야도 보았기 때문입니다. 게

다가 구름 속에서 하늘에서 들려오는 신령한 음성까지 들었습니다. 육체를 가진 인간이 경험할 수 있는 영적인 신비를 다 경험한 것입니다.

그런데 이 경이로운 변화산의 무대가 갑자기 막을 내립니다. "문득 둘러보니 아무도 보이지 아니하고 오직 예수와 자기들뿐이었더라"(막 9:8). 그토록 가슴 벅차게 했던 모든 장면과 인물들이 일시에 사라지고 보이는 것은 오직 예수님뿐이었습니다. 변화산 무대에 나타났던 모세와 엘리야도 주인공이신 예수님 앞에서는 들러리에 불과했습니다. 다 사라지고 예수님만 보이게 된 것입니다.

광채가 나는 옷을 입고 변화하신 분은 예수님이십니다. 모든 변화는 예수님께 초점이 맞추어져 있습니다. 변화산 경험을 한 제자들이 기억해야 할 것은 엘리야도, 모세도 아니라 지금 자신들과 함께 계신 예수님입니다. 하나님도 이 부분을 제자들에게 강조하기 위해 구름 속에서 이렇게 직접 말씀하셨습니다. "이는 내 사랑하는 아들이니 너희는 그의 말을 들으라"(막 9:7).

저는 양쪽 눈의 시력 차이가 심합니다. 안경을 쓰지 않으면 초점이 맞지 않아서 어지러워 걷기가 힘들 정도입니다. 가장 애를 먹는 것은 초점을 맞추는 것입니다. 초점이 맞지 않아서 안경을 다시 맞추고 시력 교정을 한 적이 여러 번 있습니다. 신앙생활도 마찬가지입니다. 정확한 초점을 맞추지 않으면 교회생활, 신앙생활이 점차 어지럽고 혼란스럽습니다. 제대로 길을 걸어갈 수도 없습니다. 예수님은 분명히 내가 길이요 진리요 생명이라고 말씀하셨습니다(요 14:6). 기차가 레일을 벗어나면 사고가 나듯이, 예수님이라는 레일을 벗어나면 안 됩니다.

《그리스도 중심의 설교》(은성, 2015)라는 설교학계의 유명한 책이 있습니다. 미국에서 가장 영향력 있는 설교자이자 신학자 중의 한 명인 브라이언 채펠(Bryan Chopell) 박사가 쓴 책입니다. 이 책의 요지는 "성경이 보여 주는 것은 바로 예수가 그리스도라는 것이다. 그러므로 예수 그리스도가 설교에서 드러나는 것은 당연하다"라는 것입니다. 설교도, 목회도 예수 그리스도가 중심입니다. 그 초점을 벗어나면 혼란스럽습니다. 이것이 바로 마가복음이 말하는 바입니다. 병 고침도 있었고, 많은 사람이 기적적으로 먹은 오병이어의 사건도 있었지만, 이 모든 일이 바로 예수님은 참 구원자이시며 그분을 믿어야 구원을 얻는다는 진리를 드러내는 것입니다. 이 예수님을 만나야 합니다. 만남에서 변화가 시작됩니다.

현실로 내려와 영광 돌리는 삶

산에 올라갔다면 내려와야 합니다. 어쩌면 산은 내려오기 위해서 올라가는 것입니다. 체험이 있고 은혜를 받았다면 거기서만 머무르지 말고 산에서 내려와야 합니다. "그들이 산에서 내려올 때에 예수께서 경고하시되"(막 9:9).

베드로와 제자들은 황홀한 체험을 한 그 산에서 내려오고 싶지 않았습니다. 그곳에서 초막을 짓고 영원히 머물고 싶었을 것입니다. 그러나 예수님은 그곳에서 내려가자고 하셨습니다. 그 이유는 산 위의 영광 못지않게 산 아래에서 할 일도 중요하기 때문입니다. 산 아래 사람들의 현장 속에서는 지금 어떤 일이 일어나고 있습니까? 각종 문제와 신음 소리가 가득한 그곳으로 예수님은 내려가자고 말씀하신 것입니다.

우리가 예수님을 믿고 신앙생활을 할 때 중요한 것은 교회 안에서의 삶만이 아니라 교회 밖에서의 삶입니다. 그동안 우리는 예배를 중시하고 주일성수를 가르쳐 왔지만, 동시에 가르쳐야 하는 것이 주일 외에 나머지 6일을 어떻게 살아갈 것이냐입니다. 말씀을 실제의 삶에서 살아 내야 하는 영역입니다.

놀라운 은혜를 경험했다면 이제 가정으로, 직장으로 돌아가야 합니다. 말씀을 붙들고 내 직장에서, 내 가정에서 하나님이 원하시는 반듯한 삶으로 그분께 영광을 돌려야 합니다. 하나님이 정말 영광 받고 싶어 하시는 곳은 교회가 아니라 삶의 현장입니다. 은혜가 좋다고 산에만 머물러서는 안 됩니다. 산 아래 고통과 절망에 허덕이는 사람들의 신음 소리가 가득한 현장에 있어야 합니다. 산 아래에서의 삶을 살아 내야 합니다.

천국의 영광스러운 변화를 사모하는 우리이지만 실상 이 땅에서의 삶은 그리 녹록지 않습니다. 두려움과 싸워야 하고, 때로는 병마와도 싸워야 하는 우리입니다. 산 위에서의 영광을 바라보지만 산 아래에서의 치열한 삶을 살아 내야 합니다. 마치 제자들을 덮은 구름처럼 앞길을 알 수 없고 어떻게 해야 할지 막막할 때 하나님은 이 모든 상황 속에서 구름이 걷히게 하시고 오직 예수님만 보이게 하십니다.

그렇습니다. 산 위에서나 산 아래의 삶에서나, 다시 말해 천국에서나 이 땅의 삶에서나 모두 다 예수 그리스도만 보여야만 합니다. 우리 각자를 가리고 있는 구름이 언젠가 걷히고 내가 진실로 무엇을 예배했고 무엇을 신앙했는지를 드러낼 때가 올 것입니다. 그때도 역시 예수 그리스도만이 우리의 삶에서 보이기를 기도합니다.

||| 혼란 속에서 예수님처럼 살기

미래학자이며 목회자인 최윤식 박사의 미래 전망을 들은 적이 있습니다. 그는 아시아와 한국을 대표하는 전문 미래학자로 주목받고 있습니다. 그는 한국 사회의 여러 가지 미래 전망이 어둡다는 평가를 내렸습니다. 그 이유로 미국과 중국의 패권전쟁, 경제의 악화와 부채가 가져오는 금융위기, 내부 성장 시스템의 한계 등을 꼽았습니다. 그는 한국 교회를 향한 전망도 내놓았습니다. 첫마디가 '혼란'입니다. 현재 한국 교회를 대표하는 단어입니다.

그런데 한국 교회를 향한 혼란과 위기 속에 최윤식 박사가 말하는 원인 중에 하나가 제 마음에 비수를 꽂았습니다. 교회 안의 다신주의입니다. 다신주의는 한 사람이 여러 신을 섬기는 것을 말합니다. 즉 하나님도 섬기고, 바알도 섬기고, 세상도 섬기는 것입니다. 그는 냉정하고도 정확하게 한국 교회와 성도들의 문제가 다신주의에 있다고 말합니다.

그렇습니다. 혼란입니다. 오늘날의 상황은 혼란이라고 표현할 수밖에 없습니다. 하나님은 천지 만물을 창조하실 때 질서대로 창조하셨습니다. 혼돈하고 공허하며 흑암이 가득한 이 땅에 빛이 있으라 하시니 빛이 창조되었습니다. 혼란에서 질서로, 어둠에서 빛으로 하나님의 창조는 드러났습니다. 그런데 지금은 역으로 질서에서 혼란으로, 빛에서 어둠으로 가는 형국이 되었습니다. 가정의 질서도, 나라의 질서도, 교회의 질서도 생태계가 파괴되는 것처럼 느껴집니다.

산 위에서의 영광을 체험한 제자들은 산 아래로 예수님과 함께 내려왔습니다. 산 아래에서의 장면은 혼란 그 자체였습니다. 예수님과 변화산에 함께 올라간 3명의 제자를 제외하고 나머지 9명의 제자들에게 귀신 들린 아들을 둔 아버지가 도움을 구하러 왔습니다. 제자들은 귀신을 쫓아내려고 갖은 노력을 했지만 역부족이었습니다.

많은 사람이 제자들을 둘러싸고 있었고, 서기관들이 제자들과 변론하고 있었습니다. "이에 그들이 제자들에게 와서 보니 큰 무리가 그들을 둘러싸고 서기관들이 그들과 더불어 변론하고 있더라"(막 9:14). 여기서 '변론하다'라는 말은 '적대적인 감정을 가지고 논쟁하다'라는 뜻을 가집니다. 귀신을 쫓아내지 못해 쩔쩔매고 있는 제자들을 당시 종교 지도자들인 서기관들이 따지면서 조롱하고 있었을 것입니다. 서기관들은 율법을 맡은 자로서 누구보다 말씀에 탁월한 자들입니다. 율법을 알고 하나님을 안다고 자부한 이들이지만, 이들 또한 귀신 들린 아이를 어찌할 바를 몰랐습니다. 능력은 없고 혼란은 가중되니 제자들이 할 수 있는 일이라고는 논쟁뿐이었습니다.

제자들이 경험하고 있는 논쟁과 혼란의 모습은 현재 우리의 모습과 같습니다. 제자들은 오늘날의 교회 공동체를 말합니다. 성도들이 세상의 문제와 어려움 속에서 여전히 남의 탓, 환경 탓만 하며 논쟁에 빠질 때 주님은 탄식하십니다. 경건의 모양은 있지만 경건의 능력을 상실했기 때문입니다. 불평과 불만, 비판의 소리는 어떤 것도 해결할 수 없습니다. 마치 서기관들과 사람들이 귀신 들린 아이를 둘러싸고 논쟁의 소리만 높인 것과 마찬가지입니다.

부모로서 자녀들이 원하는 방향으로 가지 않을 때, 부모의 말을 듣지 않고 삐뚤어지는 것이 보일 때 얼마나 많은 한숨을 내뱉었습니까. 아버지가 되었지만 사랑하는 아들이 귀신 들려 거품을 흘리며 쓰러지는 모습을 지켜보기만 해야 하는 모습이 실상 우리의 모습입니다.

앞서 지금의 시대는 혼란이라고 이야기했습니다. 위기는 하나님이 우리에게 말씀하시는 방식입니다. 위기와 혼란을 통해 잠시 걸음을 멈추고 걸어온 길을 되돌아보아야 합니다. 그래서 위기가 기회가 되는 것입니다. 혼란 속에서 예수님은 어떻게 하셨을까요? 우리는 말씀을 통해 답을 찾아야 합니다.

받아들이는 믿음을 구하라

예수님은 제자들과 서기관들의 논쟁을 보시며 믿음이 없는 세대라며 탄식하셨습니다(막 9:19). 그리고 귀신 들린 아이를 데리고 오라고 하셨습니다. 그때 귀신 들린 아이의 아버지가 예수님께 이렇게 말합니다. "귀신이 그를 죽이려고 불과 물에 자주 던졌나이다 그러나 무엇을 하실 수 있거든 우리를 불쌍히 여기사 도와주옵소서"(막 9:22).

귀신 들린 아이의 아버지는 예수님께 아이의 상태를 말씀드리고 도와 달라고 합니다. 그런데 말투가 좀 이상합니다. "무엇을 하실 수 있거든"이라고 말합니다. 비꼬는 듯한 말입니다. "당신의 제자들도 고치지 못한 이 아이를 당신이 고칠 수 있을지 모르겠습니다. 할 수 있다면 한번 해 보세요"라는 말입니다. 이런 자신 없는 소리에 예수님은 호통을 치셨습니다. "할 수 있거든 이 무슨 말이냐 믿는 자에게는 능히 하지 못할 일이 없느니라"(막 9:23).

이 말씀을 들은 아이의 아버지는 깜짝 놀라 황급히 태도를 바꾸었습니다. 그러고는 주님께 믿음 없는 것을 도와 달라고 간구합니다. 믿음은 불가능한 내 생각까지도 굴복시키는 것입니다. 몸은 작아도 신앙의 거인이 될 수 있습니다. 나이가 어려도 신앙의 장성한 성인이 될 수 있습니다. 그 것은 믿음에 달려 있습니다. 내 믿음의 크기는 어떻습니까?

종교개혁자 마르틴 루터(Martin Luther)는 "하나님이 하나님 되시게 하라"라고 말했습니다. 성도가 범하는 잘못 중에서 가장 큰 잘못은 하나님을 자꾸만 축소시키는 것입니다. 하나님을 가둬 놓고 제한적인 하나님으로 묶어 두면서 하나님의 전능하심을 인정하지 않는 것입니다.

어느 용감한 스파르타 장군에게 아들이 불평을 합니다. "아버지, 내가 가진 칼은 길이가 너무 짧습니다." 그러자 장군이 충고합니다. "한 걸음만 더 앞으로 나가라." 신앙의 거인이 되기 위해서는 나의 믿음이 한 걸음 더 나아가야 합니다. 한 걸음 더 큰 꿈을 꾸고, 한 걸음 더 큰 믿음을 소유해야 합니다. 우리의 문제는 언제나 믿음의 문제로 귀결됩니다. 내가 어떤 하나님을 믿느냐에 따라 삶의 수준과 축복의 분량이 결정됩니다.

성경은 '믿음'을 강조합니다. 특히 복음서에 나오는 믿음은 명사형보다 동사형으로 쓰입니다. 믿음을 동사로 표현하는 이유는 삶에 다가오는 고난과 어려움에 반응하는 나의 모습이 믿음이기 때문입니다. 고난도, 의문도, 상처도 수용하고 받아들이는 것이 믿음입니다. 하지만 받아들이고 수용하는 것으로 끝나지 않고 믿음에 더해야 할 것이 있습니다.

믿음에 기도를 더하라

예수님은 아이에게 들린 귀신을 꾸짖으면서 내쫓으셨습니다. 귀신이 나가게 되면서 아이는 쓰러졌고, 예수님이 아이의 손을 잡아 일으키시니 일어섰습니다. 나중에 제자들은 예수님께 "예수님, 왜 우리는 그 귀신을 쫓아내지 못했습니까?"라고 물었습니다. 제자들의 무능함을 여실히 보여주는 대목입니다.

예수님은 제자들에게 병을 치유하고 귀신을 쫓아내는 권능을 주셨습니다. 그들은 그렇게 잘 사역해 오고 있었습니다. '이번에도 분명히 잘될 것이다'라고 생각하고 귀신을 쫓아내려 했지만 안 되었습니다. 얼마나 낭패입니까. 왜 안 되는 것일까요? 더군다나 예수님께 믿음이 없다는 지적까지 받았으니, 많은 사람 앞에서 부끄러웠을 것입니다. 예수님의 대답을 잘 보십시오. "기도 외에 다른 것으로는 이런 종류가 나갈 수 없느니라"(막 9:29).

예수님은 제자들의 질문에 '기도 외에 다른 것으로는' 이런 종류가 나갈 수 없다고 말씀하셨습니다. 마태복음의 난외주에는 '기도와 금식'이라고 덧붙여져 있습니다. 예수님은 분명히 말씀하셨습니다. 기도와 금식 외에는 이런 종류의 기적이 일어날 수 없다는 것입니다.

여기서 '이런 종류'라는 말을 유심히 살펴볼 필요가 있습니다. '종류'는 여러 가지의 복수형을 말합니다. 즉 지금의 일은 제자들이 예전에 귀신을 내쫓고 병을 치유한 사건과는 또 다른 종류의 일이라는 것입니다. 과거에는 할 수 있었던 일을 지금 못하는 것을 볼 때 제자들의 믿음이 나약해졌고 기도를 게을리했던 것이 틀림없습니다. 과거의 경험을 바탕으로 혹은 이전에 받은 은혜로 오늘도 당연히 될 것이라고 생각해서는 안 됩니다. 오늘은 오늘을 사는 은혜가 필요한 것입니다.

예수님은 제자들의 모습을 보시며 믿음이 없다고(막 9:19) 지적하시고, 사건의 마무리를 기도로 마치셨습니다. 즉 '믿음 없음'과 '기도 없음'은 같은 말입니다. 앞서 믿음은 동사, 반응이라고 설명했습니다. 우리의 믿음에 더해야 할 것은 기도입니다. 믿음의 반응이 기도로 나타나야 합니다. 나는 기도의 능력을 믿습니까?

세상에서 가장 많이 기도를 드리는 장소가 있습니다. 그곳은 교회나 기도원이 아니라 미국 라스베이거스의 카지노입니다. 우리는 기도에 대해서 다시 한 번 생각해 볼 필요가 있습니다. 기도는 믿음과 관련이 있습니다. 기도는 문제 해결을 위해 하는 것이 아니라 하나님을 누리고 하나님과 깊은 교제를 나누기 위해 하는 것입니다. 기도를 영적 대화라고 하는 것도 이런 이유에서입니다.

하나님과 교제를 하다 보면 지금 내가 겪는 고난과 문제는 더 이상 문제가 되지 않습니다. 주님은 때로는 그 문제를 해결해 주시기도 하고, 때로는 보류하시거나 내 뜻과는 다르게 풀어 주시기도 합니다. 그러나 분명한 한 가지는 내가 생각하는 것 이상으로 가장 좋은 것으로 보답하시는 분이라는 것입니다. 그래서 기도가 필요합니다. 그 하나님을 믿기 위해서, 그 하나님을 신뢰하기 위해서입니다.

존 칼빈(John Calvin)은 기도에 실패하면 신앙에 실패한다고 말했습니다. 우리가 다른 데 신경 쓰는 것만큼 기도에 힘쓴다면 기적이 일어날 것입니다. 기도하면 사업의 문도, 건강의 문도, 전도의 문도 열립니다. 무엇보다 불신앙으로 닫혀 있던 나의 믿음의 문이 열립니다. 문제와 어려움이 터졌을 때 세상적인 방법을 다 써 보고 안 되니 막판에 기도를 붙잡은 적은 없습니까? 목회의 여정에서 진실로 확인된 진리들이 있습니다. 기도는 변화를 가져다준다는 것입니다. 기도는 부흥을 가져오고, 기도는 치유를 가져옵니다. 기도는 국가를 변화시키고 견고한 사탄의 진들을 무너뜨립니다. 그러나 무엇보다 기도는 하나님을 믿게 해 줍니다. 믿음을 자라게 하고 믿음으로 세상을 이기게 합니다. 그래서 기도해야 합니다.

앞서 최윤식 박사의 한국 사회와 교회에 대한 미래 예견에 대해 나누었습니다. 그의 메시지는 비관적인 미래이지만 그 속에서 희망을 찾고 있습니다. 그 또한 교회라는 것입니다. 그래도 교회가 희망입니다. 위기와 혼란 속에서 거품을 걷어 내고 교회의 본질을 찾으면 회복되고 부흥을 누리게 될 것이라는 말입니다.

마틴 로이드 존스 목사는 그의 책《부흥》(복있는사람, 2006)에서 아브라함의 아들 이삭을 통해 부흥이 어떻게 일어나는지를 말해 줍니다. 이삭은 블레셋 사람들이 파묻어 버린 아버지의 우물을 다시 파는 데서부터 새 인생을 시작했습니다. 비록 그 우물은 블레셋 사람들이 메운 쓰레기로 가득 차 있었지만, 이삭은 다른 곳에서 우물을 찾지 않고 아버지 시대에 파 놓았던 우물을 다시 팠습니다. 그러자 거기서 물이 쏟아져 나왔습니다. 기독교 역사상 부흥의 비결은 동일합니다. 하나님의 말씀이 되살아났을 때, 기도했을 때, 회개했을 때 부흥이 일어났습니다. 사회와 교회, 가정과 개인의 위기와 혼란 속에서 본문이 주는 답은 믿음의 선배들이 했던 '무릎 신앙'으로 돌아가라는 것입니다. 우리가 기도의 능력을 회복하고 하나님께 돌아서면 지금의 혼란과 위기를 능히 이기게 될 것입니다. 믿음에 기도를 더하십시오. 신앙은 머리에서 가슴으로, 가슴에서 무릎으로 내려와야 합니다. 무릎 신앙이 돌파를 이루게 될 것입니다.

13 │ 살리는 삶, 살아 내는 삶 _막 9:30-50, 10:1-12

우리나라에서 듣기 싫어하는 욕 중의 하나가 '이 기생충 같은'이란 말입니다. 집에서 빈둥빈둥 논다거나 자립하지 못하고 밥만 축낸다는 힐난이 '기생충'이란 단어에 함축되어 있습니다.

예수님 당시에 유대 사회에서 기생충처럼 취급받는 대상이 있었습니다. 첫 번째, 세리입니다. 이스라엘은 로마의 속국이었기 때문에 로마에 세금을 바쳐야 했습니다. 그 세금을 거두는 직업이 세리입니다. 그러니 유대인들이 세리를 얼마나 혐오하고 싫어했겠습니까. 두 번째, 창기와 병자입니다. 창기는 몸을 팔아 생계를 유지하는 여성들을 말합니다. 그리고 사람들은 병의 근원이 죄라고 생각했기 때문에 병자까지 색안경을 끼고 쳐다보았습니다. 세 번째, 여자와 어린아이입니다. 유대 사회에서 약자는 인정을 받지 못했습니다. 오병이어의 기적에서도 여자와 어린아이는 숫자에 포함되지 않았습니다.

||| 살리는 삶

당시는 여자와 어린아이가 사람 취급을 받지 않은 시대였습니다. 사실 역사적으로 어린이의 인권을 논하기 시작한 지는 얼마 되지 않습니다. 그런데 본문에서 예수님은 어린아이 하나를 데려다가 제자들에게 교훈을 하셨습니다. "어린아이 하나를 데려다가 그들 가운데 세우시고 안으시며 제자들에게 이르시되"(막 9:36). 왜 예수님은 당시 사람 취급도 받지 않은 어린아이를 교훈의 대상으로 삼으셨을까요?

제자들은 예수님 시대가 오면 누가 큰 자리를 차지할 것인가를 놓고 논쟁하고 있었습니다. 저마다 한자리 차지하겠다는 출세에 대한 욕구를 가지고 서로 다투었습니다. 방금 예수님이 십자가의 수난에 대한 예고를 말씀하셨음에도 불구하고, 제자들은 인간적인 욕망으로 가득 차 있어서 자리다툼, 감투싸움을 벌였습니다. 스승은 십자가의 고난을 향해 한 걸음씩 나아가는데 제자라는 사람들이 그분의 등 뒤에서 누가 더 높으냐는 서열 문제로 다투었던 것입니다. "예수께서 앉으사 열두 제자를 불러서 이르시되 누구든지 첫째가 되고자 하면 뭇사람의 끝이 되며 뭇사람을 섬기는 자가 되어야 하리라 하시고"(막 9:35).

예수님이 앉으셨다는 것에는 좀 특별한 의미가 있습니다. 유대인의 관습에 따르면 스승은 높은 곳에서 가르치기 때문입니다. 따라서 예수님이 앉으신 것은 서로 자리다툼을 하는 제자들에게 특별한 메시지를 주시기 위함입니다. 스승이지만 섬김을 가르치기 위해 낮은 곳에 앉으신 것입니다. 이처럼 예수님은 친히 모범을 보여 주셨습니다.

하나님이신 예수님이 하늘 영광을 버리고 낮고 천한 이 세상에 인간의 몸으로 오셨습니다. 자기 몸까지 완전히 드려 하나님과 사람을 섬기는 종의 모습으로 사신 것입니다. 세상 논리는 높은 자리를 요구하지만, 하나님 나라는 끝의 자리, 섬김의 자리가 리더의 자리라고 말합니다. 전설적인 경영자인 제너럴일렉트릭(GE)의 잭 웰치(Jack Welch) 전 회장은 섬기는 리더에 대해 이렇게 말했습니다. "리더가 되기 전에는 자기 자신이 성장하는 것이 성공의 핵심이었지만, 리더가 된 후에는 다른 사람의 성공을 돕는 일이 핵심이 되어야 한다."

"첫째가 되려면 끝이 되고, 사람을 섬기는 자가 되어라." 이것이 자리다툼에 혈안이 되었던 제자들을 향한 예수님의 말씀입니다. 그리고 예수님은 여기서 끝내지 않으시고 한 걸음 더 나아가 어린아이를 데려다가 재차 강조하셨습니다. "누구든지 내 이름으로 이런 어린아이 하나를 영접하면 곧 나를 영접함이요 누구든지 나를 영접하면 나를 영접함이 아니요 나를 보내신 이를 영접함이니라"(막 9:37). 어린아이와 같이 소자라 할지라도 받아 주고 섬기는 자는 곧 예수님을 섬기는 것과 같다고 말씀하신 것입니다. 예수님을 따르는 제자의 삶은 높아지기 위함이 아니라 도리어 낮아지고 연약한 자를 섬기고 살리는 자리입니다.

이스라엘에 가면 예루살렘 내에 있는 골고다 언덕, 십자가의 길, 감람산과 겟세마네 동산 등 가 봐야 할 곳이 참 많습니다. 그런데 이스라엘 여정 중에서 반드시 가야 할 곳이 한 군데 있습니다. 갈릴리 호수입니다. 갈릴리 호수는 예수님이 제자들을 부르신 곳이며, 십자가 사건 이후 예수님을 버리고 도망간 제자들을 다시 만나 부르신 곳이기도 합니다. 이처럼 갈릴리 호수는 예수님의 주 사역 무대가 된 곳입니다. 주변 경관이 참 아름답습니다.

넓은 초지와 푸른 언덕 등 예수님이 거니신 흔적이 느껴지는 곳입니다.

이스라엘에는 또 하나의 바다가 있습니다. 그것은 사해입니다. 사해는 보통 바다보다 염도가 7배나 높기 때문에 생물이 살 수 없는, 말 그대로 죽은 바다입니다. 주변 경관도 암석과 광야 지대로, 생물이 살 수 없는 황량한 곳입니다. 갈릴리 호수는 북쪽 헐몬산에서 내려오는 물을 받아 다른 곳으로, 밑으로 흘려보냅니다. 그런데 사해는 물을 받기만 하고 흘려보내지 않는 죽은 바다입니다. 이스라엘이 사해를 관광지로 만들기는 했지만 제가 보니 예전에 갔을 때보다 물이 훨씬 줄어 있었습니다. 매년 물이 수 미터씩 줄어들어 이스라엘 정부가 고심 끝에 물을 더 공급하고 있다고 합니다. 하지만 언젠가 사해는 바닥을 드러내고 사라질 때가 올 것입니다.

이상하지 않습니까? 사해는 많은 물을 받는 바다인데 왜 물이 계속 줄어들까요? 반면에 갈릴리는 물을 내어 주는 호수인데 왜 오히려 더 풍성해질까요? 여기에 영적 교훈이 있습니다. "주라 그리하면 너희에게 줄 것이니 곧 후히 되어 누르고 흔들어 넘치도록 하여 너희에게 안겨 주리라"(눅 6:38). 주는 자가 복된 것입니다. 섬기고 봉사하고 낮아지는 자가 더 복된 것입니다. 하나님의 창조 질서가 이를 그대로 보여 줍니다.

영적 갈릴리가 되어야 합니다. 섬김과 봉사의 종착지가 되어서는 안 됩니다. 받기만 하면 풍성해질 것 같지만 결국 사해처럼 줄어들고 언젠가 돌아볼 때 주변에 생명의 열매가 나타나지 않음을 보게 됩니다. 우리는 섬기고 봉사하는 자리에 들어가야 합니다. 교회를 이루는 성도라면 몸의 지체로서 기능을 감당해야 합니다.

그런데 예수님이 여기서 말씀을 그치지 않으셨음을 기억해야 합니다.

어떻게 섬길 것인가, 어떤 자세와 태도로 봉사해야 할 것인가도 중요합니다. 예수님의 말씀 속에 봉사의 태도와 자세가 나타나 있습니다. "누구든지 내 이름으로 이런 어린아이 하나를 영접하면 곧 나를 영접함이요 누구든지 나를 영접하면 나를 영접함이 아니요 나를 보내신 이를 영접함이니라"(막 9:37). 섬김과 봉사의 동기가 분명해야 합니다. 나의 이름이 높아지고 드러나는 것이 아니라 예수님의 이름이 높아지고 영광을 받아야 합니다. 성경은 무슨 일을 하든지 주께 하듯 하라고 말합니다(골 3:23).

교회 안에서 예수님의 이름으로 섬기는 것은 어쩌면 당연하기 때문에 그리 어렵지 않을 것입니다. 하지만 가정에서나 일터에서는 다릅니다. 하기 싫은 일도, 남들도 꺼리는 일이라 할지라도 예수님의 이름이라는 명패를 걸고 사는 우리는 해 내야 하고 살아 내야 합니다. 신앙과 믿음은 살아 내는 것입니다. 믿음과 신앙은 인격으로, 삶으로 나타나야 합니다.

주변에 손을 잡아 주어야 하고 살려야 하는 영혼들이 너무 많습니다. 사정상 교회 봉사를 하지 않더라도 간접적으로 봉사할 수도 있습니다. 수고하고 봉사하는 분들을 보며 "감사합니다", "고맙습니다", "힘내십시오"라는 말 한마디를 하는 것도 좋습니다. 그 자리에 가서 그 일을 해 보지 않으면 그 무게를 모르는 법입니다. 부모가 되어 봐야 부모의 삶의 무게를 느낄 수 있듯 말입니다. 섬기는 분들이나 리더들을 함부로 평가하거나 비판하지 마십시오. 질서에 순복하십시오. 또한 목회자나 목자처럼 심방 사역을 매주 하지는 못하더라도, 목장과 교회 안에서 눈에 들어오는 지치고 힘든 분들에게 관심을 가지고 기도하는 것도 중요합니다.

세상에 널린 것이 돌입니다. 하지만 돌은 집을 지을 때 벽돌로 쓰여 사람을 보호하고 안식하게 하는 용도로 사용됩니다. 우리의 인생이 단지 돌이 아니라 벽돌로 쓰임 받기를 기도합니다. 예수님이 자신을 가리켜 건축자들이 버린 돌이 모퉁이의 머릿돌이 되었다고 말씀하신 것처럼(마 21:42), 우리의 인생이 사람을 살리는 인생이 되기를 기도합니다.

⫶⫶⫶ 살아 내는 삶

문화체육관광부가 조사한 결과에 따르면, 국내 기독교의 교단 수는 무려 374개이고 불교는 483개입니다. 개신교 교단 가운데 장로회라는 이름을 사용하는 곳이 280개가 넘었습니다. 물론 여기에는 이단 종파도 다수 포함되지만, 기독교 교단이 상당히 많다는 것을 알 수 있습니다. 저는 개인적으로 교단이 여러 개로 나뉘어 있는 것이 잘못되었다고 생각하지 않습니다. 정치의 정당도 마찬가지로 보수, 진보 등으로 나뉜 것이 잘못이라고 생각하지 않습니다. 한 나라나 교계가 획일적이지 않고 다양함을 보여 주고 있는 것은 정상적입니다. 찬양대를 보십시오. 소프라노만 있지 않고 알토, 테너, 베이스가 있습니다. 각자의 톤에 맞는 음색을 내는 사람들이 그 음역대의 소리를 낼 때 다양성 속에서 아름다운 하모니를 이루는 것입니다.

문제는 하모니입니다. 가령 찬양대는 다양한 소리를 내지만 한 곡을 불러야 합니다. 지휘자의 지휘를 통해 각 파트에서 한 곡을 소리 내야 하는 것입니다. 각자의 자리에서 음표와 지휘에 맞는 자기의 소리를 낼 때 그 곡은 아름답게 들리게 됩니다. 교단은 다양하지만 한 곡을 노래할 수 있습니다. 예수 그리스도라는 구원의 노래를 모두가 각자의 다양성 위에서 부를 수 있어야 합니다. 정당도 다양하지만 국가의 안녕과 안정, 국민의 삶의 향상이라는 곡을 각자의 자리에서 연주할 수 있어야 합니다.

하지만 요즘 사회나 정치, 기독교계에서는 하모니보다 불협화음을 많이 듣고 보게 됩니다. 정치는 말할 것도 없고 교회도 그렇습니다. "사촌이 땅을 사면 배가 아프다"라는 말이 남의 말이 아닙니다. 옆의 교회가 부흥하면 왜 그렇게 배가 아플까요. 본문에 제자들의 모습이 마치 우리의 모습과 같아 보입니다. 어린아이 하나를 영접하고 낮아지고 섬기는 자가 되라고 말씀하신 예수님께 요한이 말합니다. "선생님 우리를 따르지 않는 어떤 자가 주의 이름으로 귀신을 내쫓는 것을 우리가 보고 우리를 따르지 아니하므로 금하였나이다"(막 9:38).

우레의 아들이라는 별명을 가진 요한은 제자 그룹이 아닌 어떤 사람이 예수님의 이름으로 귀신을 내쫓는 것을 보고 그렇게 하지 말라고 금했습니다. 여기서 요한은 사도 요한입니다. 후에 요한복음과 요한계시록을 적은 사람입니다. 그는 한 성깔 하는 사람입니다. 별명이 우레의 아들 아닙니까. 제자들도 귀신 들린 아이를 고치지 못해서 쩔쩔매고 있었는데 누군가가 예수님의 이름으로 그 일을 하니 시기가 나서 막았던 것입니다. 아마 요한은 예수님이 소자를 섬기라고 하신 말씀에 뭔가 찔려서 이실직고 하듯 말했을 것입니다. 아니면 잘했다는 칭찬을 받기 위해 말했을 수도 있습니다.

요한의 말을 들으신 예수님은 그를 금하지 말고 오히려 포용해 줄 것을 말씀하셨습니다. "누구든지 너희가 그리스도에게 속한 자라 하여 물한 그릇이라도 주면 내가 진실로 너희에게 이르노니 그가 결코 상을 잃지 않으리라"(막 9:41). 물 한 그릇 주는 것이 뭐가 어렵겠습니까. 그런 작은 배려와 섬김도 하나님 나라에서는 상급이 있다고 말씀하신 것입니다.

예수님은 요한을 포함한 제자들에게 이런 삶의 가치와 중요성을 설명하시면서 세 가지 단어를 중요하게 언급하십니다. 연자맷돌, 지옥, 그리고 소금입니다.

남의 실족 두려워하기

예수님의 가르침에는 당시 주변에서 흔히 사용하는 것들을 소재로 하는 교훈이 많았습니다. 앞서 가르침에서는 어린아이 하나를 데려다가 교훈하셨습니다. 이번 작고 연약한 자를 섬기고 배려하라는 가르침에 등장하는 것은 연자맷돌입니다.

우리나라에도 맷돌이 있지만 당시 유대인들이 쓰던 맷돌은 나귀나 소가 끄는 맷돌입니다. 곡식을 빻기 위해 사용된 이 맷돌은 꽤 컸습니다. "또 누구든지 나를 믿는 이 작은 자들 중 하나라도 실족하게 하면 차라리 연자맷돌이 그 목에 매여 바다에 던져지는 것이 나으리라"(막 9:42). 작은 자들 중 한 명이라도 실족하게 하면 연자맷돌을 목에 매고 바다에 던져지게 되리라는 말씀입니다. 강한 어조의 말씀입니다. 실제로 로마 시대에 반역자나 부모를 죽인 자들은 맷돌의 구멍에 목을 끼워 바다에 던져지는 극형을 받았습니다. 예수님이 이렇게 단호하게 말씀하신 이유는 아무리 연약한 존재라도 믿음의 공동체의 일원을 진리에서 멀어지게 해서는 안 된다는 것을 강하게 경고하시기 위함입니다.

42절의 말씀은 41절의 말씀과 대조적입니다. 물 한 그릇이라도 주는 자는 보상을 받지만, 작은 자들 중 하나라도 실족시키면 벌을 받는다는 경고의 메시지입니다. 42절에서 '나를 믿는 이 작은 자들'이란 어린아이를 포함해서 사회에서 가장 끝자락에 있는 자들, 또는 방금 예수님을 믿기 시작한 사람들을 의미합니다. '실족하게 한다'는 것은 구체적으로 죄에 빠뜨리는 행위는 물론 예수님을 믿지 않도록 떠나가게 하는 포괄적인 행동을 의미합니다.

제자들의 배타적인 행동이 이제 갓 예수님을 믿고 따르는 사람들을 시험에 빠뜨릴 수 있었기에 예수님은 강하게 말씀하신 것입니다. 배려해 주고 믿음이 더욱 자라게 도와주라는 뜻입니다. 그 도와줌이 제자들이 생각하기에 아주 작은 물 한 그릇이라 할지라도 그러한 섬김은 귀신을 내쫓고 병자를 치유하는 기적만큼 소중한 일이라고 말씀하신 것입니다. 배타가 아닌 배려가 필요합니다.

부교역자 시절 청년들과 함께 농촌 선교를 갔을 때의 일입니다. 당시 청년부 부장 집사님의 차가 구입한 지 얼마 안 된 그랜저였습니다. 작은 시골 마을에 새 차가 오니 어르신들이 신기해하셨습니다. 그런데 그만 사고가 났습니다. 마을의 10대 아이가 아버지 트럭을 몰다가 마을회관 앞에 주차되어 있던 부장 집사님의 차 옆을 박은 것입니다. 차 측면이 흉측하게 일그러졌습니다. 아이는 자기가 변상하겠다고 했는데, 시세를 모르고 하는 말이었습니다. 설상가상으로 박힌 쪽 차 문이 열리지 않아 차 안에 들어가기도 힘든 상황이었습니다. 난감했습니다.

그런데 부장 집사님이 갑자기 괜찮다고 말씀하시면서, 모든 사람이 걱정하며 지켜보는 가운데 사고 난 쪽 차 문을 발로 더 차시는 것입니다. 기계는 맞아야 정신을 차린다고 웃으며 말씀하시며 발로 차셨는데 일단 문은 열렸습니다. 그런 부장 집사님의 모습에 다들 감동을 받았고, 그 아이도 마을 복음 잔치에 와서 예수님을 믿기로 하는 등 좋은 결말을 맺었습니다. 제가 돌아가면서 "집사님, 새 차인데 괜찮으세요?"라고 물어보았습니다. 부장 집사님은 "목사님, 발로 차 문을 찰 때 눈물 날 뻔했습니다. 어차피 차는 수리하라고 있는 것 아닙니까. 수리하면 됩니다"라고 말씀하셨습니다. 한바탕 웃었지만 집사님의 통 큰 배려에 선교를 잘 마쳤습니다.

교회 내에서 성도 간에 다툼과 분쟁이 생길 때 연자맷돌을 생각하기 바랍니다. 연자맷돌이 주는 교훈을 마음에 새긴다면 나보다 남을 배려하는 공동체가 될 것입니다.

죄악 뜯고 버리기

예수님은 죄의 문제를 가볍게 다루지 않으십니다. 다툼과 분열, 소자를 실족하게 하는 것은 죄이며, 죄는 결코 하나님 나라에 들어가지 못함을 강조하십니다. 손, 발, 눈이 범죄하게 하거든 차라리 찍어 버리고, 없는 채로 하나님 나라에 들어가는 것이 낫다고 말씀하십니다. 왜냐하면 지옥은 너무나 끔찍한 곳이기 때문입니다. "만일 네 손이 너를 범죄하게 하거든 찍어 버리라 장애인으로 영생에 들어가는 것이 두 손을 가지고 지옥 곧 꺼지지 않는 불에 들어가는 것보다 나으니라"(막 9:43). "거기에서는 구더기도 죽지 않고 불도 꺼지지 아니하느니라"(막 9:48). 살짝만 밟아도 죽는 구더기 같은 미물도 죽으려야 죽을 수 없는 곳, 영원한 불의 형벌이 있는 곳이 지옥입니다.

특별히 예수님이 신체 부위 중에서 손, 발, 눈을 언급하신 이유가 있습니다. 손과 발과 눈이 죄를 범했다는 것은 그 신체 기관이 하나님의 창조 목적에 합당하게 사용되지 않았다는 것입니다. 손은 하나님과 사람들을 위해 봉사하라고 지어졌는데 오히려 남의 것을 빼앗거나 해치는 데 사용되었기 때문입니다. 발은 하나님의 성전으로 달려가고 복음을 전하라고 지어졌는데 오히려 세상의 욕망과 쾌락이 있는 곳으로 달려가기 위해 사용되었기 때문입니다. 눈은 하나님을 바라보며 다른 사람들의 필요를 보라고 지어졌는데 오히려 안목의 정욕과 세상의 부귀영화만 바라봤고 자기의 들보는 보지 않고 다른 이의 티를 보며 정죄하며 비난했기 때문입니다.

예수님이 이처럼 강하게 말씀하신 이유는 지옥이 있기 때문입니다. '지옥'은 헬라어로 '게헨나'(γέεννα)입니다. '게헨나'는 구약에서 '힌놈의 골짜기'를 가리킵니다. 이 골짜기는 예루살렘 남서쪽에 위치한 곳으로 도벳이라는 산당에서 몰렉이란 우상에게 자녀들을 인신제사로 바친 곳입니다. 또 예루살렘성의 쓰레기를 여기서 태웠기 때문에 항상 불이 타고 있었습니다. 요시야가 왕이 되었을 때 종교개혁을 일으켜 이곳에 이방 신상의 쓰레기를 가져다 버렸습니다. 이곳은 더러움과 슬픔, 고통, 그리고 불과 죽음의 장소로, 지옥의 특징과 깊은 연관이 있습니다.

손과 발, 눈을 찍어 버리라는 말씀은 예수님의 말씀 중에 가장 급진적이라 할 수 있습니다. 그만큼 죄에 대해 경계하고 또 경계하라고 하신 것입니다. 신체의 일부를 절단해서라도 천국에 들어가는 것이 낫다는 것은 죄짓는 몸의 신체 일부를 실제로 절단하라는 의미가 아니라 그만큼 죄를 경계하고 단호하게 대처하라는 말입니다. 구멍이 작든 크든 독가스가 들어오면 다 죽습니다. 구멍의 크기가 중요한 것이 아니라 그 구멍으로 무엇이 들어오느냐가 중요합니다.

온유하신 예수님이 이 정도로 말씀하셨으니 우리가 알아들어야 합니다. 영원한 심판의 불이 꺼지지 않는 지옥에 가지 않고, 수족을 자르고 눈을 뽑는 고통이 있다 할지라도 죄에 대해서만큼은 단호하게 대하라는 것입니다. 사람들은 죄를 짓는 것에 대해 심각하게 생각하지 않는 경향이 있습니다. 그러나 히브리서 12장 4절은 죄와 싸우되 피 흘리기까지 하라고 말합니다. 피는 생명을 뜻하므로 적당하게 대하지 말고 생명을 다해 대항하라는 것입니다. "죄의 삯은 사망이요"(롬 6:23).

수련회 때마다 청년들이 은혜를 받으면 회개하기 시작합니다. 어떤 청년은 구토를 하고, 어떤 청년은 가슴을 쥐어뜯고, 어떤 청년은 손을 벌벌 떨기도 합니다. 한 청년이 자신의 손으로 그동안 저지른 여러 죄를 하나님께 고백하는데 손이 심하게 떨리기 시작했다고 합니다. 죄악들이 토설되면서 죄악을 떨쳐 내기 위해 몸부림치며 땅을 데굴데굴 구르는 청년들도 보았습니다. "악은 어떤 모양이라도 버리라"(살전 5:22)라는 하나님의 말씀처럼 모든 모양의 죄가 토설된 것입니다. 하나님 앞에서 부끄러운 자리에 빠져 있는 분이 있습니까? 성도가 두려워해야 하는 것은 하나님과 죄라는 것을 절대 잊어서는 안 됩니다.

서로 화목하기

소금은 성도의 모습을 상징합니다. 소금은 음식을 썩지 않게 보관하도록 도와줍니다. 구약의 제사 중 소제라는 제사에 드려진 제물에 소금을 치기도 했습니다. 예수님이 소금을 두고 "서로 화목하라"라고 하신 뜻은 예수님을 믿는 제자들과 우리는 소금과 같은 존재로서 사람들 사이를 화목하게 하고, 죄에 대해서 정결하며, 진리에 대해서 변하지 않는 순수함을 유지하라는 의미입니다. "소금은 좋은 것이로되 만일 소금이 그 맛을 잃으면 무엇으로 이를 짜게 하리요 너희 속에 소금을 두고 서로 화목하라 하시니라"(막 9:50).

바닷물에 녹아 있는 3%의 소금이 바닷물을 정화합니다. 작지만 강합니다. 이것이 성도의 힘입니다. 소금의 형태는 물에 녹아 있지만 그 본질은 변하지 않는 영향력입니다. 이것이 그리스도인입니다. 일터에서, 가정에서, 각자의 자리에서 다양한 모습으로 존재하지만 그 안에는 예수 생명이 들어 있는 것입니다. 소금이 녹아야 영향력을 발휘하듯 우리의 삶 속에 신앙이 인격으로 녹아지고 믿음이 삶으로 녹아져야 합니다.

제자들에게 작은 자의 중요성, 받아 줌과 품어 줌의 중요성, 섬김과 배려의 중요성을 가르쳐 주신 예수님의 결론은 "화목하라"입니다. 왜냐하면 예수님도 화목의 제물로 이 땅에 오셨기 때문입니다. 때로는 우리가 사람을 대할 때 마치 하나님의 자리에 서 있으려는 모습을 보이곤 합니다. 하나님의 자리에서 정죄하고 비판하는 모습을 보입니다. 하나님의 자리에 서지 마십시오. 판단하시는 분은 하나님이십니다. 우리는 섬기고 사랑해야 합니다. 이것이 소금으로서 부르심을 받은 우리의 진정한 매력이자 능력입니다.

||| 하나님이 생각하시는 가정

오늘날 가정은 심각하게 공격받고 있습니다. 깨어지고, 버림받고, 심지어는 동성 결혼을 합법화하려는 시도까지 있습니다. 한국의 가정은 표류하고 있습니다. 이제는 '가정 갈등'이란 말보다 '가정 전쟁'이란 말이 더 어울립니다. 한국의 이혼율이나 가정의 위기가 구체적으로 어떻다는 것은 굳이 설명하지 않아도 다 알 것입니다. 이제 남의 문제가 아니라 나의 문제이기 때문입니다.

우리는 하나님이 가정을 어떻게 생각하시는지를 보아야 합니다. 가정의 건강은 가장 기본적인 단위인 부부 관계에서 출발해야 합니다. 지금이나 예수님 시대나 가정의 문제는 예사로운 문제가 아니었습니다. 특별히 이혼은 오랫동안 유대 사회에서 문제시되었습니다. "바리새인들이 예수께 나아와 그를 시험하여 묻되 사람이 아내를 버리는 것이 옳으니이까"(막 10:2). 바리새인들의 질문은 의도가 나쁩니다. 질문 자체가 아내를 버리는 것, 즉 이혼에 관한 것인데 예수님을 시험하여 물었기 때문입니다. 바리새인들의 질문에는 예수님을 덫에 빠뜨리려는 목적이 있었습니다.

지금 예수님이 계신 곳은 베뢰아라는 지역입니다. 이곳은 헤롯 안티파스가 다스리는 곳입니다. 헤롯 안티파스는 세례 요한을 죽인 자입니다. 세례 요한은 헤롯왕과 헤로디아의 결혼에 반대한다는 이유로 죽임을 당했습니다. 당시 사람들의 뜨거운 관심사였던 헤롯왕의 결혼은 사실 문제가 있었습니다. 그는 동생의 아내인 헤로디아에게 반해 본처와 이혼하고 그녀와 재혼을 한 것입니다. 이에 세례 요한은 그를 찾아가서 그것은 잘못되었다고 지적했습니다. 이 일로 인해 세례 요한은 체포되었고, 후에 헤로디아의 음모에 넘어가서 참수를 당했습니다.

그러므로 당시 이혼에 대한 문제는 헤롯왕의 신경을 거스르는 문제였습니다. 그렇지 않아도 예수님을 보는 헤롯왕의 시선이 곱지 않았습니다. 예수님을 가리켜 "세례 요한이 다시 살아난 것 아니냐"라고 말하는 것을 보면 알 수 있습니다. 이에 바리새인들은 이혼에 관한 문제를 건드려서 예수님을 헤롯의 적으로 만들고 세례 요한과 같은 운명에 빠뜨리려는 계략을 세운 것입니다.

당시 유대인들은 이혼에 대해서 모세의 율법을 기초로 했습니다. "사람이 아내를 맞이하여 데려온 후에 그에게 수치되는 일이 있음을 발견하고 그를 기뻐하지 아니하면 이혼 증서를 써서 그의 손에 주고 그를 자기 집에서 내보낼 것이요"(신 24:1). 그들은 모세의 말을 문자적으로 취하여 이혼 증서를 써 주면 얼마든지 이혼할 수 있다고 여겼습니다.

그런데 문제는 이 일이 악용되는 것입니다. 여기에 '수치되는 일'이라는 조건이 붙었는데, 사람마다 수치되는 일이 무엇인지에 대한 해석이 갈렸습니다. 바리새파 중에서 보수적인 샴마이파는 수치되는 일을 간음하는 일로 규정했습니다. 즉 간음한 일 외에는 이혼을 하지 못한다고 못을 박았습니다. 반면에 다소 진보적인 힐렐파는 무슨 조건이든지 남편이 수치되게 하면 이혼이 가능하다고 해석했습니다. 예를 들어, 아내가 빵을 굽다가 태웠다든지, 청소가 제대로 안 되었다든지 등 사소한 잘못 때문에라도 아내를 버릴 수 있다고 가르쳤습니다.

당시 이렇게 버림받은 여성들은 사회적인 지위가 낮았기 때문에 당장 생계가 어려웠습니다. 그래서 살기 위해 사창가를 가기도 했습니다. 이런 배경 속에 예수님은 그들의 완악함을 보시고 말씀하셨습니다. "너희 마음이 완악함으로 말미암아 이 명령을 기록하였거니와"(막 10:5). 예수님은 그들의 마음의 중심을 아셨습니다. 그들은 모세의 율법이라고 하지만 이 율법을 악용하여 자신들이 편한 대로 해석했습니다. 그래서 아내를 버리는 것이 아무 문제가 없는 것처럼 만든 것입니다. '완악하다'는 것은 '마음이 굳고 말라 버렸다'라는 뜻입니다. 율법의 본질에 집중하지 않는 그들의 위선적인 태도에 대한 예수님의 지적입니다.

모세가 이혼 증서를 언급한 이유는 당시에도 너무 쉽게 가정이 깨어지고 아내를 버리는 일이 많았기 때문입니다. 이것은 이혼에 대한 정당성을 부여한 것이 아니라 남편들의 강퍅한 마음과 행동들로 인해 유린당하는 아내들의 인권을 보호하기 위한 소극적인 명령이었습니다. 즉 남편이 충동적으로 아내와 이혼하거나 아내를 한 인격체로 대하지 않고 싫증 난 물건처럼 학대하는 것에 제재를 가함으로써 아내들을 보호하려 한 것입니다. 이렇게 볼 때 모세의 이 법령은 이혼을 찬성하거나 조장하기 위해서가 아니라, 오히려 이혼을 억제시키며 아내가 남편의 희생물이 되는 것을 막기 위함이었습니다.

바리새인들은 이혼에 대한 문제 제기로 예수님을 책잡으려 했지만 예수님은 한 단계 위에서 하나님이 제정하신 결혼의 신성을 강조하셨습니다. 즉 모세가 말한 것보다 차원이 더 깊은, 하나님이 말씀하시는 가정과 부부를 보도록 만드신 것입니다. 그것이 마가복음 10장 6-9절 말씀입니다. 아마 결혼식 주례 때 많이 듣는 말씀일 것입니다.

결혼은 끝없이 펼쳐져 있는 바다 위에 떠 있는 배 한 척의 그림과도 같습니다. 하지만 실제로 그 배에서 살아 보면 어떻습니까? 넘실거리는 파도와 싸워야 하며, 언제 어둠이 닥칠지 몰라 바다가 두렵고, 바닷물의 짠내와 땀의 짠내가 뒤범벅된 것이 현실입니다. 바다 위에 가정이라는 배를 띄운 우리가 다시 결혼예식장에 섰다는 마음으로 다음의 교훈들을 마음에 새기면 좋겠습니다.

부모를 떠나라

하나님은 사람을 남자와 여자로 만드시고, 그 둘이 부모를 떠나 한 몸이 되게 하셨습니다. 이것이 결혼에 대한 본래 하나님의 뜻입니다. "창조 때로부터 사람을 남자와 여자로 지으셨으니 이러므로 사람이 그 부모를 떠나서"(막 10:6-7). '남자와 여자'라는 단어를 보십시오. 여자는 종도 아니고 마음대로 버려도 되는 대상이 아닙니다. 남자도 마찬가지입니다. 무능하고 힘든 남편이라며 미워하고 떠날 수 없습니다. 서로를 한 인격체로서 존중해야 합니다. '남자와 여자'라는 단어는 원어적으로 관사가 붙어 있지 않습니다. 즉 남자와 여자가 한 쌍이라는 의미입니다. 둘이 연합하여 부부가 되어 완전체가 되는 것입니다.

7절에 좀 독특한 표현이 있습니다. '부모를 떠나서'라는 말입니다. 이 말은 부모를 버리거나 소홀히 여기라는 의미가 아닙니다. 결혼을 하여 부부가 되는 두 사람이 하나의 독립체라는 것을 강조하기 위함입니다. 이것은 부모의 울타리 안에서 살아왔던 자녀들이 결혼을 하여 자신들이 울타리가 되어야 하는 책임감을 의미하기도 합니다. 결혼은 책임입니다. 가정은 책임입니다. 이제는 결혼한 배우자를 사랑하고 돌볼 수 있어야 합니다. 자녀들을 양육하고 보살펴야 하는 책임이 부여된 것입니다. '부모를 떠나서'라는 말에는 이처럼 독립과 책임에 대한 메시지가 들어 있습니다.

고등학생 때부터 담배를 피워 온 골초 친구가 있었습니다. 그는 선생님께 담배 피우는 것을 들켜서 맞으면서도 담배를 끊지 못했습니다. 그는 결혼을 하고 두 딸의 아버지가 되었습니다. 우연히 상갓집에서 그 친구를 만났는데 그렇게 좋아하던 담배를 끊었다는 것입니다. 그래서 제가 교회를 다니냐고 물었더니, 자신은 안 다니고 두 딸이 다닌다고 했습니다. 그럼 어떻게 골초인 네가 담배를 끊었냐고 물었더니, 딸들이 담배 냄새 때문에 아빠에게 가까이 오는 것을 힘들어하는 모습을 보고 그때부터 이를 악물고 끊었다고 했습니다. 책임이란 이런 것입니다.

둘이 한 몸이 될지니라

1+1=1입니다. 1+1=2가 아니고 1이 되는 방법이 무엇입니까? 각각의 1이 반을 비워 1/2이 되는 것입니다. 나의 반을 버리고 배우자의 반으로 채우는 것이 둘이 한 몸이 되는 공식입니다. "그 둘이 한 몸이 될지니라 이러한즉 이제 둘이 아니요 한 몸이니"(막 10:8). 힘들고 고통스럽지만 서로의 연약함을 채우고 도와주어 결국 부족한 둘이 만나서 하나님의 본래 뜻대로 건강한 한 몸이 되는 과정입니다.

한 몸이 되었다는 것은 기쁨과 아픔을 함께 공유하는 것입니다. 남편의 회사 일을 아내가 모르면 안 됩니다. 남편이 무엇 때문에, 누구 때문에 스트레스를 받고 힘들어하는지를 아내가 알고 있어야 합니다. 남편은 회사 일을 숨겨 놓으면 안 됩니다. 아내가 최고의 동역자임을 인정하고 말해 주어야 합니다. 아내도 남편에게 직장 문제, 아이들 문제, 가정 문제 등을 나누고 함께 결정하도록 도와주어야 합니다.

무엇보다 한 몸이 되기 위해서는 서로 참을 수 있어야 합니다. 고린도전서 13장은 '사랑장'으로 유명한 말씀입니다. 사랑에 대한 주옥같은 말씀들이 나오는데, 그 시작이 "사랑은 오래 참고"입니다. 마무리도 "사랑은 모든 것을 견디느니라"라는 말로 맺습니다. 사랑의 처음과 끝이 인내임을 보여 줍니다. 처음 오래 참는 것은 사람에 대해서 참는 것이고 마지막 견디는 것은 상황과 환경에 대해서 인내하는 것입니다. 누군가가 결혼에 대해서 "결혼 후 3주 동안 서로 뜨겁게 불타고, 3개월 동안 사랑하고, 3년 동안 싸우고, 30년 동안 참는다"라고 말했습니다. 결혼은 사랑으로 시작되지만 인내로 유지됩니다. 예수님이 강조하신 자기를 버리고 자기 십자가를 지고 예수님을 따르는 제자의 삶을 가정에서도 살아 내야 하는 것입니다.

사람이 나누지 못할지니라

사람이 나눌 수 없는 것이 부부입니다. 가정은 하나님이 만드신 것입니다. 가정을 사람이 임의대로 찢을 수 없습니다. 그래서 결혼은 진지한 기도와 준비가 필요합니다. "그러므로 하나님이 짝지어 주신 것을 사람이 나누지 못할지니라 하시더라"(막 10:9).

러시아의 문호인 레프 톨스토이(Lev Tolstoy)는 결혼의 중요성에 대해 이렇게 말했습니다. "싸움터에 나가려는가? 한 번 기도하라. 바다에 나가려는가? 두 번 기도하라. 결혼을 하려는가? 세 번 기도하라." 결혼은 쉽게 무를 수도, 갈라설 수도 없는 줄 알고 신중해야 합니다. 특별히 하나님의 말씀 앞에서 거룩하고 신실한 언약을 지켜 내야 합니다. 두 사람을 만드신 분도 하나님이시고, 짝지어 주신 분도 하나님이십니다. 그래서 그리스도인들에게 결혼은 '연애결혼'이라는 말보다 '중매결혼'이란 말이 더 정확합니다. 중매자가 하나님이시기 때문입니다.

결혼생활을 누리면서 모든 것이 흔들려도 이것만큼은 흔들려서는 안 되는 것이 있습니다. 그것은 '하나님이 이 사람을 주셨다'는 확신입니다. 신적 확신만큼은 흔들려서는 안 됩니다. 힘들 때가 왜 없겠습니까. 어려울 때가 왜 없겠습니까. 그래도 인내하고 참아 가는 이유는 '이 사람을 하나님이 허락하셨다'는 확신이 있기 때문입니다.

가정 문제로 힘들어하던 한 집사님이 집에서 예배를 드리기 시작했습니다. 그동안 수없이 "가정에서 예배를 드리십시오", "가정에 찬양을 채워야 합니다", "자녀들은 부모의 기도 소리를 듣고 자랍니다"라는 말을 들었지만, 자신과는 상관없이 느껴졌습니다. 그러다가 집에서 아이들과 함께 예배를 드리기 시작했고, 남편도 함께 예배에 참여했습니다. 물론 예배를 드렸다고 해서 문제가 풀린 것은 아닙니다. 문제는 여전히 있습니다. 하지만 저는 하나님이 예배를 시작하신 집사님의 문제를 보는 시각을 다르게 하셨다고 믿습니다. 그것이 바로 믿음입니다.

지금 배우자가 나를 힘들게 할지라도 내가 하나님 앞에 서서 하나님이 이 가정의 주인이심을 고백하고 찬양하며 감사하기 시작하면 그 문제를 보는 시각이 원망과 불평의 시각에서 예수님의 눈물의 시각으로 바뀝니다. 예수님의 눈물의 시각이 무엇입니까? 눈물이 있어서 흐릿하게 보이는 것입니다.

앞서 소금을 두고 "화목하라"라고 예수님은 말씀하셨습니다. 소금과 같이 부르심을 받은 우리는 가정에서도 화목의 제물로 쓰임 받아야 합니다. 판단하려는 자리에서 내려와야 합니다. 하나님의 자리에서 내려와야 합니다. 가정의 주인은 하나님이십니다. 하나님이 배우자와 자녀의 주인 되심을 겸손하게 고백하고 인정해야 합니다. 그리고 말씀을 살아 내십시오.

저는 결혼을 앞둔 청년들에게 반드시 이 질문을 합니다. "두 사람을 만나게 해 준 하나님의 언약의 말씀은 무엇입니까?" 언젠가 사랑이라는 감정이 식고, 돈도 없어지고, 미모도 하루아침에 사라질 때가 올 텐데, 그럼에도 불구하고 하나님의 말씀은 영원하므로 두 사람이 이런저런 것 때문에 흔들려도 끝까지 붙잡아 줄 끈, 하나님의 약속은 무엇인지를 묻는 것입니다. 만약 없다면 결혼식 날짜를 잡았다 할지라도 다시 고민해 보라고 권면합니다.

1+1=1이 되려면 남편과 아내를 역할로 봐서는 안 됩니다. 역할이 아니라 사명으로 사십시오. 사명은 하나님이 맡기신 것입니다. 하나님이 주체이십니다. 하나님이 맡기신 그것이 사명입니다. 나에게 가정을 맡기셨으니 살아 내는 것입니다. 파송을 받아 가는 것입니다. 그리고 그곳에서 예수님처럼, 소금처럼 녹아지는 것입니다. 항상 말씀은 지금입니다. 지금 가정을 돌아보십시오. 그리고 세상 공식이 아닌 성경의 공식인 1+1=1을 살아 내기를 기도합니다.

14 벽을 뛰어넘는 인생 _ 막 10:17-31, 46-52

성경에서 가장 많이 언급되는 주제가 있다면 '돈'입니다. 예수님의 비유의 절반 이상이 돈에 관련되었습니다. 성경이 이처럼 돈에 관심을 많이 두는 이유는 돈 문제가 인생에 있어서 가장 심각한 문제이기 때문입니다.

||| 장벽 앞에 주저한 사람, 부자 청년

본문에는 한 부자 청년이 등장합니다. 마가복음에서는 '한 사람'이라고 말하지만, 마태복음과 누가복음에서는 청년이며 관원이라고 소개합니다. 젊은 나이에 부자가 된 이 청년이 예수님께 질문을 했습니다. "예수께서 길에 나가실새 한 사람이 달려와서 꿇어앉아 묻자오되 선한 선생님이여 내가 무엇을 하여야 영생을 얻으리이까"(막 10:17). 부자 청년의 질문이 다소 의외입니다. 청년답지 않은 질문이기 때문입니다. 그것은 바로 영생에 관한 질문이었습니다. 그의 관심이 영생에 있었다는 것인데, 질문부터가 좀 맞지 않습니다. '무엇을 하여야'라고 시작하기 때문입니다. 즉 행위에 초점을 맞추고 있습니다. 무엇을 해야, 어떤 선에 이르러야 천국 영생을 얻을 수 있느냐는 질문입니다. 예수님은 이 질문이 잘못되었다고 면박 주지 않으시고 십계명을 언급하셨습니다.

사실 예수님은 행위로써는 구원에 이를 수 없음을 아셨음에도 그에게 계명을 언급하셨습니다. 그 이유는 청년이 가장 자랑스러워하는 것으로부터 시작해서 무엇이 결여되었는지를 보여 주시기 위해서입니다. 이것은 예수님이 사람들과 대화를 하시거나 근원적인 답을 이끌어 내실 때 주로 사용하시는 접근법 중에 하나입니다.

우리 같으면 어떻게 하나요? 예전에 학교에서 질문 좀 하는 사람은 다 이상한 취급을 받았습니다. 한국의 지성이라 불리는 이어령 교수는 학교에서 엉뚱한 질문을 많이 해서 선생님에게 많이 혼났다고 합니다. 질문을 막아서는 안 됩니다. 의심으로부터 시작되는 질문과 탐구가 진리의 확신에 이르기 때문입니다. 하박국 선지자도 고통과 악에 대해 하나님께 질문을 던지다가 진리에 이르렀습니다.

본문에서 놀라운 것은 부자 청년이 예수님이 말씀하신 계명을 다 지켰다고 당당하게 말하는 것입니다. "그가 여짜오되 선생님이여 이것은 내가 어려서부터 다 지켰나이다"(막 10:20). '어려서부터'라는 말은 13세가량의 나이를 가리킵니다. 유대인 소년들은 이 시점부터 하나님의 계명에 따라 생활해야 할 책임 있는 존재로 간주되었습니다. 그는 어릴 적부터 계명을 배웠고 습관처럼 그 계명을 따라 살았을 것입니다. 그러기에 청년은 자신 있게 계명을 다 지켰다고 말한 것입니다.

　여기까지 보면 부자 청년은 일등 신랑감이 분명합니다. 청년이고, 돈도 많고, 직장도 탄탄한 관원입니다. 게다가 율법 준수까지 완벽합니다. 율법 준수가 완벽하다는 것은 곧 율법 교육도 철저하게 받았다는 것을 의미하니 집안도 명문 가문이었을 것입니다. 한마디로 금수저를 물고 태어난 청년입니다. 예수님도 이 청년을 사랑스러운 눈으로 보셨습니다.

돈의 장벽

하지만 그다음 대화가 결정적입니다. "예수께서 그를 보시고 사랑하사 이르시되 네게 아직도 한 가지 부족한 것이 있으니 가서 네게 있는 것을 다 팔아 가난한 자들에게 주라 그리하면 하늘에서 보화가 네게 있으리라 그리고 와서 나를 따르라 하시니"(막 10:21). 예수님은 완벽하게 보이는 이 부자 청년에게 한 가지 부족한 것이 있다고 말씀하셨습니다. 그것은 그가 가진 재물입니다. 그 재물을 가난한 자들에게 나눠 주고 예수님을 따르라고 말씀하셨습니다.

　재물과 율법 준수, 이 두 가지의 분명한 적용인 '재물을 나눠 주라'라는 것이 사실 율법의 정수입니다. 율법을 잘 지킨다고 고백했던 청년에게 예수님은 "그럼 네가 가진 재물을 나눠 주어라"라고 말씀하신 것입니다. 왜냐하면 그것이 율법의 근본정신인 이웃을 사랑하는 것이기 때문입니다. 청년의 반응은 어땠을까요? 우리가 원하는 해피엔딩인 "그렇게 하겠습니다"가 아니고 그는 근심하며 떠났습니다. "그 사람은 재물이 많은 고로 이 말씀으로 인하여 슬픈 기색을 띠고 근심하며 가니라"(막 10:22).

부자 청년은 너무 놀랐을 것입니다. 왜냐하면 자신이 재물이 많다는 것을 예수님이 정확하게 알고 계셨고, 또 그 재물을 나눠 주고 예수님을 따라가는 것이 영생의 길임을 들었기 때문입니다. 하지만 그는 그렇게 하지 못했습니다. 예수님의 말씀을 들은 부자 청년에 대한 성경의 표현을 보십시오. "슬픈 기색을 띠고 근심하며 가니라." 슬픈 기색, 근심, 예수님을 떠나다 등 3중 표현입니다. 결국 그는 자신이 가진 재물을 놓지 못해 근심 가운데 예수님을 떠났습니다. 영생의 길을 물었지만 영생의 길을 떠난 자가 된 것입니다.

부자 청년은 영생에 대한 문제로 예수님께 왔지만 그를 지배하고 있었던 것은 재물이었습니다. 영생의 중요성을 모르는 것은 아니었으나 그보다 다른 것이 그의 마음을 움켜쥐고 있었습니다. 청년을 지배하고 있었던 것은 돈이었습니다.

근심하며 떠나간 청년을 보시며 예수님은 그 유명한 낙타와 바늘귀에 대한 말씀을 제자들에게 하셨습니다. "예수께서 둘러보시고 제자들에게 이르시되 재물이 있는 자는 하나님의 나라에 들어가기가 심히 어렵도다 하시니 … 낙타가 바늘귀로 나가는 것이 부자가 하나님의 나라에 들어가는 것보다 쉬우니라 하시니"(막 10:23, 25).

예수님은 낙타가 바늘귀로 나가는 것이 부자가 천국 가는 것보다 쉽다고 말씀하셨습니다. 학자들은 이렇게 해석합니다. 당시 예루살렘 성곽에는 야간에 출입하기 위한 작은 문이 있었습니다. 이 문을 바늘귀와 같은 문이라 불렀습니다. 왜냐하면 이 문은 워낙 작아서 낙타가 통과하려면 짐을 싣지 않고 무릎을 꿇어야만 했기 때문입니다. 또 다른 해석도 있습니다. '낙타'라는 단어와 '밧줄'이라는 단어는 원어적으로 매우 비슷합니다. 그래서 이 단어들이 혼동되어 잘못 쓰이지 않았을까 하여, 바늘귀에 밧줄을 끼우는 것으로 해석하기도 했습니다. 분명한 것은 부자가 천국에 들어가는 것이 어렵다는 것을 설명하기 위해 예수님은 당시 가장 큰 동물과에 속했던 낙타와 가장 작은 구멍을 의미하는 바늘귀를 언급하셨다는 것입니다. 하나의 과장법입니다.

제자들은 예수님의 말씀에 놀라 그렇다면 누가 구원을 얻을 수 있을까 묻습니다. 제자들이 놀란 이유는 당시는 "부자는 곧 축복"이라는 명제가 통했기 때문입니다. 돈이 많고 재물이 있는 자는 하나님의 축복을 받았다는 공식을 가지고 있었기 때문에, 그런 사람은 당연히 천국에 들어갈 것이라고 모두가 생각했습니다. 그런데 예수님이 그런 공식을 깨 버리시니 제자들이 놀란 것입니다. 그러고는 도대체 누가 구원을 받을 수 있을까를 여쭈어보았던 것입니다. 본문을 지금까지 보면 '부자는 천국 가기가 어렵다'는 결론을 내릴 수 있을 것입니다.

다 아시고 먹이시고 입히신다

그렇다면 어떻게 해야 천국에 들어갈 수 있는 것일까요? 가난해야만 하는 것일까요? 교회를 다니는 부자 성도는 지옥에 갈 수밖에 없나요? "예수께서 이르시되 내가 진실로 너희에게 이르노니 나와 복음을 위하여 집이나 형제나 자매나 어머니나 아버지나 자식이나 전토를 버린 자는"(막 10:29). 여기서 중요한 단어는 '나와 복음을 위하여', 그리고 '버린'입니다. "예수님과 복음을 위하여 세상에 있는 것을 버린 자는 영생을 받을 것이

다"라고 말씀하신 것입니다.

돈과 부를 뜻하는 '맘몬'(ח@m)이라는 아람어 단어는 '맡기다'라는 뜻을 가진 어근 '매몬'에서 유래되었습니다. 매몬은 어떤 사람이 안전하게 보관하려고 다른 사람에게 맡긴 재물을 뜻했습니다. 그러나 시간이 흐르면서 사람이 믿어(trust) 버리는 것을 의미하게 되었습니다. 이런 과정 끝에 매몬은 대문자로 시작하게 되었고 신(神)과 같이 섬겨지게 되었습니다. 하나님과 재물을 겸하여 섬길 수 없다고 예수님은 말씀하셨는데, 돈을 하나의 인격으로 말씀하신 것입니다. 돈은 중립적인 어떤 개념이 아니라 우리를 지배하려고 오는 하나의 힘인 것입니다. 실제로 돈은 우리에게 안일함을 주고, 자유를 가져다주며, 힘을 줍니다. 하지만 돈의 가장 사악한 것은 전능성을 가지려는 것입니다. 그러니 돈이 하나님의 자리에 오르게 된 것입니다.

부자 청년이 근심하며 예수님을 떠나갔을 때 예수님은 그를 다시 붙잡아 "내가 좀 심했구나. 십일조 헌금만 하면 된단다"라고 말씀하시지 않았습니다. 돈은 성도가 예수님과 복음에게로 향하기 위해서 그로부터 돌아서야만 하는 우상입니다. 돈 신을 거부하는 일이야말로 예수님 제자가 되기 위해 필요한 전제 조건입니다.

부자가 천국에 들어가기가 이처럼 힘든 이유는 가지고 있는 돈이 더 크기 때문입니다. 바늘귀가 아주 작은 구멍을 의미한다는 것은 천국에 들어가는 것은 쉽지 않다는 의미입니다. 돈이 낙타만큼 크기 때문에 그 작은 구멍을 당연히 통과하기 힘든 것입니다. 부자 청년은 돈의 위력을 알고 있었습니다. 그러나 돈의 위력보다 더 크신 하나님의 능력을 몰랐습니다. 그래서 물질을 내려놓지 못한 것입니다. 돈이 크게 보이기 때문에 부자 청년에게는 예수님이 밀려나신 것입니다.

29절에서 '버린'이라는 말은 책임지지 않는다는 의미가 아니라 '맡기는'이라는 뜻입니다. 나의 가정도, 부모님도, 재물도 하나님께 맡기는 것을 가리킵니다. 결국 재정의 문제는 믿음의 문제입니다. 누구를 믿고 따를 것인가가 달려 있는 것입니다.

하나님이 우리와 함께하겠다고 하신 약속은 다음과 같은 보장을 받는 것입니다. 사랑과 보살핌, 인도와 보호, 그리고 필요한 것에 대한 공급입니다. 이스라엘 출애굽 후의 광야 여정이 바로 그렇습니다. 광야 길에서 하나님은 그들을 먹이시고 입히셨습니다. 독수리의 날개로 새끼를 품듯 보호하셨습니다.

하나님이 제일 섭섭하게 생각하시는 것은 돈이 필요할 때 우리가 돈이 필요하다고 하지 하나님이 필요하다고 하지 않는 것입니다. 가만히 생각해 보십시오. 무엇이 필요할 때마다 우리는 필요의 대상을 구했지 필요를 주시는 하나님을 구한 적이 없습니다. 하나님은 이럴 때 마음이 섭섭하십니다. 하나님이 우리의 필요를 왜 모르시겠습니까? 이번 달에 십일조 헌금하고, 선교 헌금하고, 감사 헌금하면 살아가기가 빠듯하다는 것을 하나님이 왜 모르시겠습니까? 하나님이 우리의 삶에 정말 관심이 없어서 모르는 척하시는 것일까요? 하나님은 아십니다. 하나님은 지금 내게 가장 필요한 것이 무엇인지 아십니다. 그리고 그 필요를 보고 계십니다. 중요한 것은 '내가 하나님과 함께하고 있느냐'입니다.

하나님과 함께 계십시오. 하나님과 동행하십시오. 하나님은 당신의 자

녀를 결코 굶주리게 하지 않으십니다. 돈에 힘을 주지 마십시오. 믿음에
힘을 주어야 합니다.

돈은 더 이상 문제가 안 된다

30절에는 '박해를 겸하여 받고'라는 좀 특별한 구절이 포함되어 있습니
다. "현세에 있어 집과 형제와 자매와 어머니와 자식과 전토를 백 배나 받
되 박해를 겸하여 받고 내세에 영생을 받지 못할 자가 없느니라"(막 10:30).
그냥 축복을 주시면 되지 왜 박해를 주시나 싶습니다. 잘 이해가 안 됩니
다. 예수님을 믿고 예수님을 따르는 길이 영생의 길인데 이 영생의 길에
박해와 고난이 있다는 것입니다.

그래서 예수님은 본문의 말씀을 하신 후에 이어서 십자가의 수난 예고
를 다시 언급하십니다. 마가복음 전체를 이끌고 있는 하나의 명제인, 나
를 부인하고 나의 십자가를 지고 예수님을 따르는 제자의 삶을 강조하신
것입니다. 그런 흐름에서 앞서 부부의 문제를 다루었고, 지금은 재물의
문제를 다루고 있는 것입니다.

돈을 따르지 않고 믿음을 따르는 삶을 살다 보면 어려움도 있고 힘든
일도 있습니다. 부자 청년이 거부한 것은 천국 영생의 길이 아니었습니
다. 천국 영생의 길은 모두가 다 가고 싶은 곳입니다. 부자 청년이 거부한
것은 십자가의 길입니다. 예수님을 따르는 것은 자신을 부인하고 자기 것
을 자기의 것으로 여기지 않는 십자가의 삶을 살아 내야 하는 것인데, 그
것을 못하겠다는 것입니다. 천국에는 가고 싶지만 십자가는 살아 내기 힘
들다는 것입니다.

십자가를 살아 내는 성도는 돈 문제가 더 이상 문제가 되지 않습니다. 이미 자기를 부인하고 십자가를 졌기 때문입니다. 돈이 내 삶에 중요한 문제가 된다는 것은 십자가를 지금 내려놓았다는 것을 의미합니다. 십자가를 지금 지고 있습니까? 박해를 겸하여 받는다는 이 말씀이 마음에 다가옵니까? 부자가 천국에 들어가기 힘들다는 주님의 말씀이 나를 향한 말씀처럼 들리지는 않습니까? 내가 가진 재물과 물질을 하나님께 드린 적이 언제입니까? 기쁨과 감사로 물질이 사용되고 있습니까?

"예수께서 그들을 보시며 이르시되 사람으로는 할 수 없으되 하나님으로는 그렇지 아니하니 하나님으로서는 다 하실 수 있느니라"(막 10:27). 결론적으로 이 말씀은 하나님은 다 아신다는 것입니다. 부자든, 가난한 자든 그 영혼의 주인이 누구인지를 하나님은 아신다는 것입니다. 탐욕을 내려놓고 부와 재물이 하나님께로부터 왔음을 겸손히 고백할 수 있어야 합니다. 예수님과 복음을 위하여 내 모든 것을 드릴 수 있다는 믿음의 고백이 나와야 합니다.

||| 장벽을 뛰어넘은 사람, 바디매오

본문에 간절함으로 예수님을 부르짖는 한 사람이 등장합니다. 그의 이름은 바디매오입니다. "그들이 여리고에 이르렀더니 예수께서 제자들과 허다한 무리와 함께 여리고에서 나가실 때에 디매오의 아들인 맹인 거지 바디매오가 길가에 앉았다가"(막 10:46). 성경은 바디매오를 맹인이며 거지라고 소개합니다. 장애를 가졌는데 거기다가 매일 구걸로 연명하는 처지이니 참 딱한 사람입니다. 당시 장애와 거지라는 것은 제일 밑바닥의 인생을 살고 있다는 것을 보여 줍니다. 누군가의 도움이 없이는 단 하루도 살 수 없는 신세입니다.

그런 바디매오가 예수님이 오셨다는 소리를 듣고 간절히 부르짖었습니다. 그리고 그의 부르짖음에 예수님이 가던 길을 멈추어 서서 그를 고쳐 주셨습니다. 예수님의 이 치유 사건은 마가복음에 마지막으로 등장하는 치유 사건입니다. 이제 예수님은 십자가의 본격적인 행보를 시작하러 예루살렘으로 들어가시는 길입니다. 그 길목에 여리고 도시를 들르셨고, 그곳에서 거지이며 맹인인 바디매오를 만나신 것입니다. 이제 예수님은 다시 여리고로 돌아오지 않으십니다. 바디매오에게 있어서 예수님을 만날 기회는 지금이 마지막입니다. 바디매오는 그런 예수님을 간절히 부르짖어 찾았고 마지막 기회를 붙잡은 사람이 되었습니다.

랜디 포시(Randy Pausch) 교수가 쓴 《마지막 강의》(살림, 2008)라는 책이 있습니다. 그는 미국의 카네기멜론대학에서 컴퓨터 공학을 가르치는 교수였는데, 췌장암 말기 진단을 받았습니다. 병을 고쳐 보려고 애썼지만 결국 시한부 선고를 받고 교단을 떠나게 되었습니다. 그런데 그 과정에서 아내와 작은 실랑이가 벌어졌습니다. 남편인 포시 교수는 교단을 떠나면서 후학들을 대상으로 마지막 강의를 꼭 하고 싶다 했고, 아내는 몇 달 남지 않은 시간을 강의 준비로 보낼 것이 아니라 가족들, 특히 세 아이들과 함께 보내야 한다고 생각했습니다. 그때 큰아이가 고작 다섯 살이었기 때문입니다. 그러다 결국 남편이 마지막 강의를 하는 것으로 결정을 지었습니다.

그의 마지막 강의는 너무 감동적이었습니다. 학생들은 물론이고, 유튜

브를 통해 전 세계 수많은 사람이 그 강의를 보고 감동을 받았습니다. 그리고 책으로도 엮여 나온 것입니다. 그 책에서 많은 사람에게 회자되는 내용이 있습니다. "장벽에는 다 이유가 있다. 장벽은 우리가 무엇을 얼마나 절실하게 원하는지 깨달을 수 있도록 기회를 제공한다." 장벽은 가로막기 위함이 아니라 우리가 그것을 얼마나 간절하게 원하는지를 증명할 기회를 주기 위해 있다는 것입니다.

거지 바디매오에게는 앞을 볼 수 없는 장애, 그리고 가난이라는 장애가 장벽이었지만 이 장벽이 오히려 예수님을 더 간절히 원하게 하는 기회가 되었습니다. 나에게는 어떤 장벽이 있습니까? 어떤 장애가 가로막고 있습니까?

사람의 장벽

바디매오는 예수님이 오셨다는 말을 듣고 간절히 예수님을 불렀습니다. "나사렛 예수시란 말을 듣고 소리 질러 이르되 다윗의 자손 예수여 나를 불쌍히 여기소서 하거늘"(막 10:47). 바디매오에게 있어서 예수님은 구원의 이름입니다. 그는 예수님을 '다윗의 자손'이라 불렀습니다. 예수님의 소문을 들은 바디매오는 예수님이 다윗의 자손으로 오시는 메시아이심을 믿었습니다. 메시아이신 예수님이라면 자신의 눈을 고치실 수 있다는 강한 믿음을 가지고 간절히 예수님을 불렀던 것입니다.

바디매오의 간절한 소리를 시끄럽게 여긴 사람들은 조용히 하라고 했습니다. "많은 사람이 꾸짖어 잠잠하라 하되 그가 더욱 크게 소리 질러 이르되 다윗의 자손이여 나를 불쌍히 여기소서 하는지라"(막 10:48). 하지만 바디매오는 많은 사람의 제지에도 불구하고 예수님을 더욱 간절히 찾았습니다. "나를 불쌍히 여기소서"라는 그의 고백을 보십시오. 자신의 의로움이나 선함을 드러낸 앞선 부자 청년과는 상반된 모습입니다. 그는 자신의 연약함과 부족함을 보며 불쌍히 여겨 달라고 하며 예수님을 간절히 찾았습니다.

우리가 신앙생활 할 때 가장 의식하는 것이 사람입니다. 사람을 의식해서 마땅히 해야 할 신앙의 의무를 못할 때가 많습니다. 청라은혜교회는 새벽에도 간절히 통성으로 기도합니다. 새벽에는 잠잠하게 기도하고 묵상해야지 왜 통성으로 기도하나, 하고 생각하는 분들도 있을 것입니다. 새벽이든 저녁이든 기도를 드린다면 나의 기도에 간절함이 있는가를 스스로 물어보아야 합니다. 기도 자체가 하나님의 응답과 만지심을 요청하는 것인데, 하나님이 들어주셔도 되고 안 들어주셔도 된다는 모호한 태도로 나갈 수 없습니다. 기도의 본을 보여 주신 예수님의 간절한 기도를 보십시오. "예수께서 힘쓰고 애써 더욱 간절히 기도하시니 땀이 땅에 떨어지는 핏방울같이 되더라"(눅 22:44). 간절함은 진실된 마음의 표현입니다.

바디매오에게 있어서 지금 사람의 장벽은 문제가 되지 않습니다. 왜냐하면 그는 사람보다 예수님이 더 중요했기 때문입니다. 지금 예수님을 놓치면 안 된다는 간절함이 그에게 있었기 때문입니다. 그래서 많은 사람이 조용히 하라고 말해도 더욱 간절히 예수님을 찾은 것입니다.

사람을 의식한다는 것 자체가 문제입니다. 예전에는 성도들이 찬양을 하고 예배를 드릴 때 손을 드는 행위를 힘들어했습니다. 손을 들고 힘 있게 찬양하면 옆에 있는 사람이 이상하게 여길 것 같아서 신경이 쓰입니다. 살아 계신 하나님 앞에 나와 예배를 드리면서도 사람이 신경 쓰이니 예배가 종교 행위가 되는 것입니다. 죽은 예배는 하나님보다 사람이 눈에 보이는 것입니다.

차세대 아이들이 하나님께 예배드리는 모습을 보십시오. 옆에 친구들이나 부모님이 있어도 아랑곳하지 않고 전심으로 예배하고 찬양하며 기도합니다. 하지만 나이가 들면서 서서히 이상해집니다. 중고등부, 청년부, 장년부 예배로 갈수록 뭔가 사람들의 시선을 더 크게 보는 것 같습니다. 저는 거꾸로 가야 한다고 생각합니다. 부흥하는 교회, 주의 성령이 임하시는 교회는 예배부터 다릅니다. 장년 예배가 살아 있습니다. 손을 들고 기뻐하며 축제와 같은 예배가 됩니다. 구원의 감격이 넘치고, 죄 사함의 십자가 은혜가 덮는 감동이 있는 예배가 됩니다. 사람의 시선 때문에 예배를 인위적으로 만들지 않고 하나님의 시선 앞에 머무는 예배입니다. 나의 일터나 가정에서는 어떻습니까? 우리의 믿음이 사람의 장벽을 넘어서지 못하고 막혀 있지는 않습니까? 사람의 인정이나 평가가 두려워서 신앙과 믿음을 타협하고 있지는 않습니까?

성도들이 일터에서 자신의 신앙을 고백할 수 있는 방법이 있습니다. 그것은 자기 신앙의 정체성을 단지 드러내는 것입니다. 그냥 교회 가자고 말하기보다 "나는 예수님을 믿는 사람입니다"라고 고백해 보십시오. 하루에 적어도 세 명에게 말해 보십시오. 이것이 더 강력한 복음 전도 방법입니다. 어려운 말이 아닙니다. 택시를 타면 택시 기사님에게 반갑게 인사하며 "안녕하세요, 저는 예수님을 믿는 사람이에요. 참 감사하고 행복합니다"라고 말할 수 있습니다.

짧은 말 한마디가 강력합니다. 놀랍게도 그렇게 말을 시작하면 상대방도 말을 이어 갑니다. 자기도 과거에는 교회를 다녔다든지, 어쩐지 당신이 예수 믿게 생겼다든지 등 희한하게도 반응을 보입니다. 이처럼 일터에서도, 어디에서도 나의 신앙이 사람의 장벽을 넘어설 수 있어야 합니다. "사람을 두려워하면 올무에 걸리게 되거니와 여호와를 의지하는 자는 안전하리라"(잠 29:25).

사람을 의식하지 마십시오. 사람의 장벽을 넘어서야 합니다. 놀라운 일은 사람의 장벽을 넘어선 바디매오의 부르짖음에 예수님이 발걸음을 멈추셨다는 것입니다. 예수님의 발걸음을 멈추게 하는 사람, 그는 사람의 시선과 장벽을 뛰어넘는 사람입니다.

겉옷의 장벽

바디매오의 간절한 부르짖음을 들으신 예수님은 가던 길을 멈추고 그를 부르셨습니다. 그때 바디매오는 겉옷을 내버리고 뛰어 일어나 예수님께 나아갔습니다. "맹인이 겉옷을 내버리고 뛰어 일어나 예수께 나아오거늘"(막 10:50). 우리가 보기에 겉옷을 내버리는 것은 대수롭지 않을지 모르겠습니다. 하지만 당시 맹인이며 거지인 바디매오에게 겉옷은 유일한 재산이었습니다. 걸인의 겉옷은 그의 전 재산과 같은 것이기에 채권자라 할지라도 겉옷만큼은 빼앗아 갈 수 없었습니다.

대부분의 걸인들은 낮에는 구걸하기 위해 겉옷을 깔고 앉았다가 큰 일교차로 추운 밤이 되면 이불로 사용했습니다. 그런데 바디매오는 예수님의 부르심 앞에 유일한, 그리고 전 재산인 겉옷을 버리고 예수님 앞에 나아간 것입니다. 겉옷조차 그의 간절함에 비길 수가 없었습니다.

자신의 재산 때문에 고민하며 예수님을 떠난 부자 청년과 유일한 재산인 겉옷을 저버리고 예수님 앞에 선 걸인 바디매오를 비교해 보십시오. 부자 청년에게는 예수님의 구원이 임하지 않았지만, 자신이 가진 것보다 예수님을 더 간절히 원한 바디매오에게는 예수님의 구원이 선포되었습니다.

평생을 구걸에만 의지했던 바디매오에게 그의 겉옷이 얼마나 중요했겠습니까. 사람들의 도움 없이는 살 수 없는 그는 평생 이 겉옷과 함께 잠을 자고 살았습니다. 그에게 있어서 겉옷은 단순한 이불 이상의 의미였습니다. 그런 그가 겉옷을 내버렸다는 것은 예수님이 자신의 유일한 소망이시라는 것을 보여 주는 행동입니다. 예수님의 소문을 듣고 바디매오는 예수님을 붙잡지 않으면 안 되겠다는 간절한 소망이 생겼을 것입니다.

예수님이 십자가에 달려 돌아가실 때 성전의 휘장이 둘로 찢어졌습니다. 그 휘장은 얼마나 강력하게 짜였던지 양쪽 끝에서 코끼리가 잡아당겨도 찢어지지 않았습니다. 그런데 휘장이 찢어진 것입니다. 이것은 예수님이 십자가 위에서 죽으심으로 하나님 아버지께 나아가는 것을 이제는 그어떤 것도 막을 수 없음을 상징적으로 보여 주는 일입니다.

나에게 있어서 무엇이 예수님께 나아가는 것을 막고 있습니까? 돈에 대한 염려입니까? 자녀들에 대한 문제입니까? 건강의 어려움입니까? 예수님이 나를 부르실 때 세상의 겉옷을 벗고 예수님 앞에 서는 우리가 되어야겠습니다.

믿음의 장벽

바디매오는 "네게 무엇을 하여 주기를 원하느냐"(막 10:51)라는 예수님의 질문에 즉각적으로 보기를 원한다고 답했습니다. 바디매오는 주저하지 않고 자신의 평생의 소원을 말한 것입니다. 그때 예수님은 사람의 장벽, 겉옷의 장벽을 물리치고 예수님 앞으로 나온 그의 모습을 보시고 "네 믿음이 너를 구원하였느니라"라고 말씀하셨습니다. "예수께서 이르시되 가라 네 믿음이 너를 구원하였느니라 하시니 그가 곧 보게 되어 예수를 길에서 따르니라"(막 10:52). 평생 길바닥 인생을 살았던 바디매오는 이제 예수님을 따르는 길을 걷게 된 것입니다.

평생의 소원이었던 눈이 보이게 되면 하고 싶은 일이 얼마나 많았겠습니까. 우리 같으면 간증 집회 열고 여기저기 불려 다닐 곳이 많을 것입니다. 그런데 바디매오는 예수님을 따랐습니다. 예수님의 제자가 된 것입니다. 가장 중요한 것은 이처럼 치유 받은 것으로 끝나지 않고 예수님을 따르는 것입니다.

||| 장벽을 넘어 예수님께로

바디매오는 시각 장애인으로 살았기 때문에 유일하게 발달된 청력으로 살았습니다. 근처에 사람이 오면 그 소리를 듣고 간절히 구걸해야 했습니다. 그래서 그는 잘 들어야 했습니다. 무엇보다 잘 들어야지 살 수 있었습니다. 사람의 소리를 들었던 그에게 마지막 기회처럼 들렸던 것이 예수님에 관한 소문이었습니다. 그 소문을 듣고 예수님이 오셨다는 말에 전심으로 예수님을 찾았던 것입니다. 마지막 기회이자 유일한 기회를 붙잡은 바디매오입니다.

만약 우리 인생에 있어서 오늘이 마지막이라면 무엇을 하겠습니까? 그것이 그동안 우리를 붙잡아 온 믿음의 대상입니다. 세상에서 말하는 믿음은 성경에서 말하는 믿음과 다릅니다. 성경이 말하는 믿음은 예수님을 따르는 것을 의미합니다. 성경 말씀을 따르고 십자가의 길을 따르는 것을 말합니다. 세상은 반대를 말합니다. 너 자신을 믿으라고 말하고 돈을 따르라고 합니다. 이제 바디매오에게 있어서 믿음의 대상이 바뀌었습니다. 믿음의 대상이 예수님께로 바뀐 바디매오는 눈을 뜨자마자 예수님을 따랐습니다.

마음의 탱크를 예수님으로 가득 채우십시오. 우리가 믿는 믿음의 대상은 예수님이십니다. 그래서 세상을 따르지 않고, 자기를 부인하며, 자기 십자가를 지고 예수님을 따르는 것입니다. 마지막 기회를 붙잡은 사람, 그가 바로 바디매오입니다. 성경은 그의 이름을 유일하게 마가복음에서만 언급합니다. 맹인이며 거지이지만 그는 예수님을 만남으로 변화되었습니다. 자신의 인생에 빛처럼 다가오신 예수님을 그는 놓치지 않았습니다.

오늘날 영적으로 보지 못하는 사람들이 얼마나 많습니까. 구원받을 기회를 영원히 놓칠지도 모르는 사람들이 많습니다. 어쩌면 예수님을 간절히 부르짖고 찾아야 할 사람들이 교회 안에 있을 수도 있습니다. 모든 장벽을 뛰어넘어 간절히 예수님을 소망하십시오. 누구든지 주의 이름을 부르는 자는 구원을 받게 될 것입니다(롬 10:13).

3부

아들로
부르시는
주님

15 아버지의 것이 아들의 것 _ 막 11:1-11, 12-25

마가복음은 예수님이 그리스도시라는 중요한 진리를 전하고 있습니다. '그리스도'라는 말에는 세 가지 개념이 들어 있습니다. 왕, 제사장, 선지자입니다. 이들 세 가지 직분은 기름 부음을 받는데, 예수님이 이 세 가지를 감당하신 것입니다.

||| 아버지의 독생자, 우리 예수님

하지만 왕으로 이 땅에 오신 예수님은 세상이 말하는 왕과는 다르십니다. 다스리고 통치하는 왕의 모습이지만, 지금까지 실패한 지도자나 리더들의 모습과는 전혀 다른 예수님의 모습을 볼 수 있습니다.

겸손의 왕

먼저 예수님은 겸손의 왕으로 이 땅에 오셨습니다. 여리고에서 예루살렘으로 들어가시는 예수님은 이제 본격적으로 예루살렘에서 사역을 하십니다. 그런데 예수님이 들어가는 모습이 조금 이상합니다. "이르시되 너희는 맞은편 마을로 가라 그리로 들어가면 곧 아직 아무도 타 보지 않은 나귀 새끼가 매여 있는 것을 보리니 풀어 끌고 오라"(막 11:2). 나귀 새끼를 타고 예루살렘성으로 입성하겠다고 하신 것입니다. 당시 나귀는 유대인들에게 있어서 섬김과 봉사의 상징이었습니다. 짐이나 사람을 태우고 이동할 때 주로 쓰이는 동물이기 때문입니다. 우리가 흔히 아는 왕의 입성과는 다른 모습입니다. 세상 군왕들은 멋진 말이나 행렬을 갖추고 입성합니다. 나귀 새끼는 그림이 맞지 않아 보입니다.

이것은 500년 전에 스가랴 선지자의 예언을 이루시기 위한 것입니다. "시온의 딸아 크게 기뻐할지어다 예루살렘의 딸아 즐거이 부를지어다 보라 네 왕이 네게 임하시나니 그는 공의로우시며 구원을 베푸시며 겸손하여서 나귀를 타시나니 나귀의 작은 것 곧 나귀 새끼니라"(슥 9:9). 예수님은 겸손하셔서 나귀를 타고 예루살렘에 입성하신다고 스가랴는 예언했고, 예수님은 이 예언을 이루셨습니다.

하나님이신 예수님이 사람의 몸으로 이 땅에 오셨습니다. 그리고 사람이 겪는 희로애락을 다 경험하시고 가장 치욕스럽고 고통스러운 십자가를 지셨습니다. 예수님의 삶은 처음과 끝이 겸손이라고 함축할 수 있습니다.

우리는 보통 겸손하라고 말할 때 어깨에 힘을 빼라고 말하곤 합니다. 스포츠 중에서도 어깨에 힘을 주는 스포츠는 없습니다. 골프를 할 때에도 어깨에 힘을 빼야 하고, 야구 선수도 스윙을 할 때 어깨에 힘을 빼야 합니다. 예수님은 그 무거운 십자가를 어깨에 짊어지셨습니다. 골고다의 언덕길을 오르실 때 십자가 나무 기둥을 어깨에 메시고 쓰러지기를 몇 번이나 하셨습니다. 그럼에도 예수님은 그 십자가를 놓지 않으셨습니다. 예수님의 어깨에는 십자가만 있는 것이 아니라 바로 우리도 함께 있기 때문입니다. 주님은 우리를 살리기 위해 어깨가 만신창이가 되도록 나무 기둥을 짊어지셨습니다.

어깨에 힘을 빼십시오. 나를 부인하고 자기 십자가를 지고 예수님을 따르는 자만이 구원이 있습니다. 우리의 어깨에 각자의 십자가를 져야 합니다. 십자가를 지라고 어깨가 있는 것입니다. 종교개혁자 존 칼빈은 이렇게 말했습니다. "하나님은 두 손을 가지셨는데, 한 손은 자신들을 높이고 자기를 과시하는 자들을 내려뜨리고 산산조각 나게 부수어 버리는 망치와 같고, 다른 한 손은 자신을 스스로 겸허하게 낮추는 자들을 높이는 견고한 버팀목과 같다."

예수님은 세상의 짐을 지고 있는 우리에게 어깨의 짐을 내게 내려놓고 배우라고 말씀하셨습니다. "수고하고 무거운 짐 진 자들아 다 내게로 오라 내가 너희를 쉬게 하리라 나는 마음이 온유하고 겸손하니 나의 멍에를 메고 내게 배우라 그리하면 너희 마음이 쉼을 얻으리니 이는 내 멍에는 쉽고 내 짐은 가벼움이라 하시니라"(마 11:28-30). 아버지는 아버지대로, 어머니는 어머니대로, 자녀들은 자녀대로 삶의 무거운 짐을 어깨에 지고 있습니다. 그 짐을 예수님께로 가지고 가야 합니다. 왜냐하면 예수님은 온유하고 겸손하시기 때문입니다. 이 말씀은 예수님은 누구든지 자기 짐을 지고 나아오는 자를 외면하지 않으시고 받아 주신다는 뜻입니다. 주님은 인간의 몸으로 오셔서 인간의 연약함이 무엇인지 아시기에 우리의 짐을 외면하지 않으십니다. 짐을 예수님께 맡기십시오. 기도로 맡기십시오. 믿음으로 맡기십시오. 신뢰하며 말씀대로 순종해 보십시오. 예수님과 함께하는 것이 가장 쉽고 즐겁다는 것을 깨닫게 될 것입니다.

선교지에 다녀온 분들의 간증이 그렇습니다. 선교지에 도착하는 그날까지 힘들고 짜증 나고 지금의 짐들이 무겁게 느껴진다고 합니다. 그런데 하루 이틀 지나면서 함께 예배하고, 기도하며, 맡겨진 복음의 사명을 감당하다 보면 달라집니다. 무거웠던 짐이 점점 가벼워지는 것을 느낍니다. 주일마다 하나님이 주시는 말씀을 각자의 삶에 적용해 순종 리스트를 만들고 그대로 살아 보십시오. 무거운 짐이 벗어질 것입니다. 내 삶을 정돈하시는 예수님의 손길이 느껴질 것입니다. 먼 나라만 선교지가 아니라 우리의 가정과 일터, 삶의 현장도 선교지입니다. 맡긴 만큼 맡아 주시는 하나님의 은혜를 경험해야 합니다.

나귀를 타고 입성하시는 예수님은 지금 우리의 삶에도 들어가기를 원하십니다. 예수님은 겸손하셔서 낮아지고 겸허한 영혼에만 머무실 수 있습니다. 자신이 주인이 되고 높아진 사람에게는 들어가실 수 없습니다. 오늘도 예수님이 필요하다며 가정의 왕으로, 일터의 왕으로, 교회의 왕으로 주님을 고백하는 성도에게만 예수님은 들어가십니다.

구원의 왕

예수님이 나귀를 타고 예루살렘에 입성하실 때 사람들은 자기들의 겉옷과 나뭇가지를 길에 폈습니다. 그리고 "호산나"라고 외치며 찬송하고 예수님을 맞이했습니다. "앞에서 가고 뒤에서 따르는 자들이 소리 지르되 호산나 찬송하리로다 주의 이름으로 오시는 이여 찬송하리로다 오는 우리 조상 다윗의 나라여 가장 높은 곳에서 호산나 하더라"(막 11:9-10).

'호산나'라는 말은 히브리어에서 유래된 것으로 '우리를 구원하소서'라는 뜻입니다. 유대인들이 이렇게 예수님을 "호산나" 하고 외치며 맞이한 이유는 예수님을 로마의 압제에서 해방시켜 줄 구원자로 여겼기 때문입니다. 지금까지 예수님의 행보를 보면서 자신들이 고대하며 기다렸던 메시아가 아닌가 생각했던 것입니다.

문제는 유대인들이 예수님을 오해했다는 것입니다. 그들은 정치적인 메시아로, 로마의 핍박으로부터 해방시켜 줄 왕으로 주님을 추대했습니다. 유대인들이 간절히 원했던 다윗 시대로 돌아가고자 하는 염원을 예수님을 통해 본 것입니다. 하지만 예수님은 십자가를 지셨습니다. 그들은 "호산나"를 외치며 예수님을 노래했지만, 예수님의 십자가 걸음에 대해서는 그 입으로 비난하고 욕을 하며 조롱했습니다.

제자들도 마찬가지였습니다. 제자들은 예수님이 왕이 되시면 자신들은 어떤 자리에 오를 것인가를 두고 서로 논쟁하며 다투었습니다. 제자들이 나귀의 등에 자신들의 겉옷을 올린 것(막 11:7)도 내심 예수님의 정치적인 메시아 왕국 건설을 기대한 행동입니다. 고대 근동 지방에서는 옷을 벗어 나귀의 등에 얹는 행위가 존경하는 자에게 경의를 표하는 행동인 것과 동시에 전쟁에서 승리하여 돌아오는 개선장군에게 표하는 환호와 경의의 행동이었습니다.

하지만 예수님은 개선장군처럼 백마를 타고 가지 않으시고 겸손과 섬김의 상징인 나귀 새끼를 타고 예루살렘성에 들어가셨습니다. 예수님의 구원은 사람들이 생각하는 구원이 아니라 예수님의 이름처럼 인류를 죄에서 구원하여 주는 십자가의 죄 사함의 구원이었습니다. 주님은 세상의 힘의 논리로 구원을 이루시는 것이 아니라 하나님 나라의 원리, 십자가의 죽으심으로 구원을 이루고자 하셨습니다.

때로는 교회를 다니는 성도들 또한 예수님을 당시 유대인들처럼 오해하며 받아들이는 경우가 있습니다. 정치적인 메시아로, 지금 자신의 문제를 해결해 줄 구원자로 여겼던 이들처럼 예수님이 지금 나의 돈 문제, 건강 문제, 자녀 문제를 다 해결해 주셔야 한다고 믿습니다. 심지어는 '내가 선교를 하니까 이 문제를 풀어 주세요', '내가 이렇게 주님을 섬기고 있으니까 예수님도 이렇게 해 주셔야 합니다'라고 생각하는 분도 있습니다.

예수님은 하나님의 구원의 뜻을 펼치기 위해 하나님께 이렇게 저렇게 해 달라고 요구하신 적이 없습니다. 단 한 번, 십자가를 지시기 전 겟세마네 동산에서 그 고통의 잔을 옮겨 달라고 기도하셨습니다. 하지만 그 기도조차 하나님의 뜻대로 이루어지게 해 달라는 기도로 마무리하셨습니다. 내 뜻대로 되지 않는다고 예수님을 떠나겠습니까? 지금 이 문제가 해결되지 않는다고 신앙을 버리겠습니까? 제자들도, 당시 유대인들도 예수님을 두고 다들 자기들만의 생각을 가지고 움직였습니다. 예수님을 이용해 한자리를 차지하려고 했지 예수님을 위해 살려고 한 자들은 없었습니다. 그러니 예수님이 십자가를 지실 때 찬송 소리가 저주와 조롱의 소리로 바뀌었고, 제자들도 한 명도 남김없이 도망을 갔던 것입니다.

예수님은 구원의 길을 걷기 위해 골고다 언덕을 십자가를 지고 가셨습니다. 군중의 반응에 흔들리지 않으시고 꿋꿋이 십자가 구원의 길을 한 걸음씩 옮기셨습니다. 구원은 세상 왕처럼 힘의 정복으로 이루어지는 것이 아니라 십자가의 희생으로 이루어지는 것이기 때문입니다. 그 주님이 오늘도 나를 위해서라면 천 번 만 번이라도 다시 그 길을 걸을 수 있다고 말씀하십니다. 그 이유는 사랑하시기 때문입니다.

위로의 왕

예수님은 예루살렘에 들어가셔서 가장 먼저 성전을 둘러보셨습니다. 예수님의 관심이 하나님의 전에 있다는 것을 보여 줍니다. 그리고 저녁이 되자 제자들과 함께 베다니에 가셨습니다. "예수께서 예루살렘에 이르러 성전에 들어가사 모든 것을 둘러보시고 때가 이미 저물매 열두 제자를 데리시고 베다니에 나가시니라"(막 11:11). 예루살렘에 가셨으면 예루살렘에 있는 한 거처에 들어가시면 될 텐데 왜 예루살렘을 벗어나 베다니라는 동네에 가셨을까요?

'베다니'(בית עניה)는 히브리어로 '집'이란 뜻의 '바이트'와 '고통, 슬픔'이란 뜻을 가진 '아니'의 합성어입니다. 합치면 '슬픔의 집'이라는 뜻입니다. 그곳은 예루살렘에서 20분 정도 걸으면 도달하는 곳입니다. 마태복음 26장에 베다니 나병환자 시몬이 소개되고 있습니다. 이곳은 주로 나병환자들이나 사회에서 격리되고 가난한 자들이 머물렀던 곳입니다.

나병은 부정한 병으로 취급받아 환자들끼리 모여 살았습니다. 당시 전통적인 유대 신학의 관점에서 나병환자들은 외면당하고 버림받았습니다. 그래서 그들을 성안은 물론이고 성 주변조차도 성을 방문하는 사람들에게 부정을 전가시킬까 하여 못 살게 하였습니다. 그들은 감람산 뒤편 베다니라는 동네에 모여 살았습니다. 동네 이름을 '슬픔, 고통의 집'이라고 짓는 사람이 어디 있겠습니까. 얼마나 고통과 슬픔이 맺혔으면 그렇게 불렀을까요.

예수님은 고통과 슬픔의 집에 머무셨습니다. 예수님의 마음은 가난하고 목마르며 소외당한 이들을 향해 있었기 때문입니다. 유대 사회에서 가장 천대받고 소외시되는 이들을 향한 예수님의 마음이 그곳으로 발걸음을 옮기게 했습니다. 그리고 주님은 그곳에서 주무셨습니다. 부모의 마음이 일이 안 풀리는 자녀, 고통당하는 자녀, 병으로 아파하는 자녀에게 더 가는 것처럼 말입니다.

'컴패션'(compassion)은 '예수님이 불쌍히 여기시다'라고 표현할 때 쓰는 영어 단어입니다. 이 말은 함께 아파하는 긍휼한 마음을 의미합니다. 고통받는 자와 끝까지 함께하시는 예수님의 마음이 바로 컴패션입니다. 위로가 필요한 분이 있습니까? 슬픔과 고통으로 가득 차 있는 분이 있습니까? "제 인생이 베다니입니다", "저희 집이 베다니예요"라고 하시는 분 있습니까? 그곳에 예수님이 계십니다. 베다니와 같은 우리 집에 예수님이 거하기를 원하십니다. 예수님은 왕이십니다. 겸손의 왕, 구원의 왕, 그리고 위로의 왕이십니다. 왕 되신 예수님이 우리의 인생에 찾아오셨습니다.

저는 심방할 때마다 성도님들의 가정과 일터 속에 예수님이 주인 되시고 왕이 되시도록 기도드립니다. 그리고 성령이 날마다 심방하시는 가정이 되도록 기도합니다. 그곳이 베다니라 할지라도 예수님이 함께하신다면 슬픔이 기쁨으로, 고통이 감사로 바뀌게 됩니다. 왕이 들어가십니다.

왕을 맞이하십시오.

ⅠⅠⅠ 아버지의 것이 내 것이 되려면

예수님은 예루살렘 성전에 들어가시기 전에 배가 고프셔서 무화과나무를 보고 열매를 따 먹으려 하셨습니다. 하지만 무화과나무에는 열매가 없었습니다. "멀리서 잎사귀 있는 한 무화과나무를 보시고 혹 그 나무에 무엇이 있을까 하여 가셨더니 가서 보신즉 잎사귀 외에 아무것도 없더라 이는 무화과의 때가 아님이라"(막 11:13).

이스라엘에서 흔히 볼 수 있는 나무가 무화과나무입니다. 보통 무화과나무는 3-4월경에 잎이 나서 7-8월경 맛있는 열매가 맺힙니다. 본문의 시기는 유월절이 가까운 4월이기 때문에 무화과나무의 열매들은 먹을 수 없는 것들이었습니다. 그럼에도 불구하고 예수님은 매우 시장하셨기 때문에 그 초록색의 작은 열매라도 찾으셨습니다. 그러나 그 무화과나무에는 그조차도 달려 있지 않았습니다. 이에 예수님은 그 무화과나무를 향해서 "이제부터 영원토록 사람이 네게서 열매를 따 먹지 못하리라"(막 11:14)라고 말씀하셨습니다.

무화과나무는 성경에서 종종 이스라엘을 상징합니다. 성경은 풍성한 열매를 맺는 무화과나무를 가리켜 하나님께 순종하여 번영하는 이스라엘로 표현하곤 했습니다. 반면, 불순종으로 인해 하나님의 심판을 받은 이스라엘은 더 이상 열매를 맺지 못하는 무화과나무로 표현했습니다.

성경에서 무화과나무 사건(막 11:12-14)은 15-18절에 기록된 예수님이 성전을 향해 의분을 일으키신 사건을 중심으로 샌드위치처럼 배열되어 있습니다. 즉 잎만 무성한 무화과나무는 당시 번드르르하게 보인 이스라엘과 성전의 모습을 상징합니다. 외형은 훌륭해 보이지만 실제로는 열매 없음을 보여 주는 것입니다. 결국 그 무화과나무를 향해 예수님은 저주를 하시게 되는데, 곧 뿌리째 말라 버리게 됩니다. 열매가 없는 무화과나무는 죽은 나무와 같습니다. 하나님의 성전 역시 기도하는 성전의 모습은 없고 겉만 번드르르하다면, 겉은 살아 있으나 실상은 죽은 것과 같습니다.

베드로가 무화과나무가 뿌리째 말라 버렸다고 예수님께 고하자 예수님은 제자들에게 성전의 본질의 회복이 어떻게 이루어지는지를 말씀해 주십니다. 즉 기도하는 전으로 회복하는 방법을 알려 주신 것입니다.

기도가 재미없고 신앙이 굳어 버린 분이 있습니까? 기도해도 5분 이상 기도할 제목이 없어서 금방 눈을 떠 버리는 분이 있습니까? 나의 기도가 하나님의 마음을 움직이고 있는지, 나의 신앙은 살아 있는지, 혹시 잎만 무성한 채 실상은 예수님께 드릴 열매 없는 신앙은 아닌지 살펴보아야 합니다. 우리의 기도가 어떻게 하면 회복될 수 있을까요?

믿음의 순수성을 회복하라

"예수께서 그들에게 대답하여 이르시되 하나님을 믿으라 내가 진실로 너희에게 이르노니 누구든지 이 산더러 들리어 바다에 던져지라 하며 그 말하는 것이 이루어질 줄 믿고 마음에 의심하지 아니하면 그대로 되리라"(막 11:22-23). '산을 옮긴다'라는 표현은 당시 유대 사회에서 심히 어려운 일이나 불가능한 일을 가리키는 말입니다. 산과 같은 문제가 내 앞에 놓여 있을 때 성경은 우리가 가져야 할 것과 가지지 말아야 할 것을 말해 줍니다. 가져야 할 것은 하나님을 믿는 믿음이고, 가지지 말아야 할 것은 의심입니다.

믿음은 산을 옮길 만한 능력이 있습니다. 심히 어려운 일이나 불가능해 보이는 일도 하나님을 믿는 믿음이 가능케 합니다. 문제는 내게 그런 믿음이 있느냐는 것입니다. 의심은 사탄이 성도들을 쓰러뜨리는 데 사용하는 강력한 도구입니다. 유사 이래로 사탄은 다음의 세 가지 전략으로 성도들을 공략했습니다. 소위 '세 가지 치명적인 마음'입니다. 방심, 낙심, 의심입니다. 이 세 가지 마음에는 공통점이 있습니다. 사람들이 하나님에게서 눈을 떼고 자기가 처한 상황만을 바라보도록 만드는 것입니다. 반면, 믿음은 하나님께 나의 시선을 고정하는 것입니다. 하나님이 내게 주신 말씀, 그 약속에 나의 시선을 고정하고 흔들리지 않는 것입니다. 의심은 우리의 시선을 여러 개로 분산시킵니다. 사공이 많으면 배가 산으로 가듯이, 하나님의 말씀을 경청하지 않고 다른 것에 나의 눈과 귀를 빼앗겨 버리면 산과 같은 문제 앞에서 속수무책으로 넘어질 수밖에 없습니다. 지금 나의 시선을 흩트리고 있는 것들은 무엇입니까? 말씀을 보고 들으며 서로 말씀으로 교제하고 격려하는 행동에서 멀어지게 만드는 것들은 무엇입니까?

한 초등학생의 기도문입니다. "하나님, 저를 한 학기 동안 지켜 주셔서 감사해요. 하나님, 제가 아무도 모르게 동생을 욕했던 적이 있어요. 이 죄를 용서해 주세요. 제 근처에는 말로만 하나님을 믿는 아이들과 안 믿는 아이들이 많습니다. 하나님이 말로만 믿는 아이들의 믿음을 키워 주시고,

안 믿는 아이가 하나님을 믿을 수 있게 도와주세요." 초등학생이 말로만 하나님을 믿는 아이들이 자기 주변에 많다는 것을 벌써 알다니, 제가 참 놀랐습니다. 이 정도면 부모님의 믿음이 어떤지도 자녀들이 금방 알 수 있지 않을까요?

어린아이와 같은 마음으로 하나님 앞에 나오십시오. 믿음의 순수성을 회복하십시오. 아이에게는 아버지와 어머니가 최고입니다. 넘어져 무릎을 다친 아이가 엉엉 울면서 병원부터 찾지 않습니다. 하나같이 아빠나 엄마를 찾습니다. 믿음은 하나님밖에 보이지 않는 것입니다. 그래서 어린아이와 같이 되지 않으면 천국에 들어가지 못한다는 예수님의 말씀이 이해가 됩니다. 어린아이처럼 아빠, 엄마를 절대적으로 찾는 마음을 가지라는 것입니다. "하나님을 믿으라. 하나님께 시선을 고정하라." 이것이 신앙과 기도 회복의 첫 번째입니다.

친밀한 관계 안에서 구하라

믿음은 기도로 연결됩니다. 하나님을 믿는 자는 기도하는 자입니다. 믿음과 기도는 항상 함께 갑니다. 하나님이 도와주실 것을 믿기 때문에 하나님께 구하는 것입니다. 성경은 분명하게 구하는 것은 받은 줄로 믿으라고 말합니다. "그러므로 내가 너희에게 말하노니 무엇이든지 기도하고 구하는 것은 받은 줄로 믿으라 그리하면 너희에게 그대로 되리라"(막 11:24).

이 말씀은 아무것이나 구하는 것은 다 이루어진다는 요술램프식 기도를 말하는 것이 아닙니다. 그 전제가 '하나님을 믿는 믿음'입니다. 즉 하나님이 어떤 분이신지를 알고 믿게 되면 내가 지금 기도하고 구하는 것에 대한 확신이 생깁니다. 나의 기도를 들어주시고 하나님의 선하신 계획대로 응답해 주실 하나님을 신뢰하게 됩니다. 그래서 구하는 것은 하나님이 주실 줄 믿으라고 주님은 말씀하십니다.

저는 사실 이 부분이 제일 어려운 것 같습니다. '하나님이 나의 필요를 아신다고 하셨는데, 왜 나의 기도가 필요한 것일까? 하나님이 그냥 주시면 안 될까?' 예수원 창립자인 대천덕 신부님의 말씀처럼 "기도는 노동처럼 힘든 일인데 왜 기도를 하라고 하실까?"라는 의문이 많았습니다. 성경 말씀에 그 답이 있습니다. 기도 전에 예수님이 먼저 하신 말씀이 "하나님을 믿으라"입니다. 기도가 선행되는 것이 아니라 믿음이 선행되어야 합니다. 하나님의 말씀을 들음으로 하나님에 대한 믿음이 생깁니다. 하나님이 어떤 분이신지, 하나님이 우리의 선한 아버지이심을 깨닫게 되는 것입니다. 저는 이것이 굉장히 중요하다고 생각합니다. 선한 아버지와의 관계 안에 들어가서 은혜를 누리는 것이 얼마나 중요한지 모릅니다. 그 안에 거하면 아버지의 것이 내 것이 되고, 나의 관심과 필요가 곧 아버지의 관심과 필요가 된다는 것을 알게 됩니다.

저는 하나님 아버지와의 관계가 깊어질수록 24절 말씀이 더욱 이해가 갑니다. "기도하고 구하는 것은 받은 줄로 믿으라"라는 말씀은 결국 하나님 아버지가 어떤 분이신지를 알 때에만 받아들일 수 있는 성경 말씀입니다. 나의 작은 신음 소리에도 응답하시는 아버지이십니다. 그런 아버지 하나님이 나의 기도를 외면하실 리 없고, 나의 기도를 무시하실 리 없습니다. 그분의 방법으로, 그분의 때에 가장 합당한 은혜로 채워 주십니다.

지금 한국 교회의 기도와 우리의 기도 횟수가 부족해서 어려움이 온 것이 아닙니다. 횟수나 시간이 부족해서라면 밤낮이라도 기도할 수 있습니다. 중심의 문제입니다. 진정으로 하나님을 알고, 하나님을 누리며, 하나님과의 관계성 안에서 기도가 이루어져야 합니다. 기도에 관한 신앙 서적도 많고 간증자가 넘쳐 나도 나와는 멀게 느껴지는 이유는 지금 내가 하나님과의 일대일 관계가 이루어지지 않았기 때문입니다. 친밀한 관계 속에서 이루어지는 대화를 사모하고, 그 대화 속에서 이루어지는 모든 내용이 기도가 되는 것이 온전한 기도입니다.

당시 무화과나무의 무성한 잎처럼 보이는 종교 행위는 거창하지만 실상 가장 중요한 열매가 없습니다. 마치 우리를 보는 듯합니다. 종교인이 아니라 신앙인이 되십시오. 종교 행위를 하지 말고 인격적으로 하나님을 사모하십시오. 친밀한 관계 속에서 하나님 아버지를 구하고 찾아보십시오. 누가 뭐라 하지 않아도 기도가 달라질 것입니다.

용서하라

예수님은 기도에 대해 말씀하시다가 난데없이 용서의 메시지를 전하십니다. 주기도문에서도 기도를 가르치신 후에 용서에 대해서 언급하십니다. 기도와 용서는 어떤 관계가 있을까요? "서서 기도할 때에 아무에게나 혐의가 있거든 용서하라 그리하여야 하늘에 계신 너희 아버지께서도 너희 허물을 사하여 주시리라 하시니라"(막 11:25).

우리가 드리는 기도의 마지막을 살펴보십시오. 항상 "예수님의 이름으로 기도합니다"라고 마무리합니다. 예수님의 이름으로 기도를 하는 이유는 예수님이 보증이 되시기 때문입니다. 우리는 하나님 앞으로 나아갈 때 예수님이 십자가에 피 흘려 죽으신 공로로 나아가는 것입니다. 자격 없는 내 힘이 아니라 오직 예수님의 보혈로 하나님 앞에 나아갈 수 있게 된 것입니다. 기도도 마찬가지입니다. 나의 공로가 아니라 화목제물로 죽으신 예수님의 공로로 우리가 기도할 수 있게 된 것입니다. 그래서 예수님의 이름이 보증이 됩니다.

그런데 나의 죄를 위해 희생하신 예수님의 이름으로 기도하는 우리가 타인의 죄를 용서하지 못하면서 예수님의 이름으로 기도하는 행위는 위선입니다. 하나님 앞에서 가증한 죄악이 됩니다. 그래서 기도할 때 누군가의 잘못과 허물이 생각나면 용서하고 화해하라고 주님은 말씀하십니다. 25절을 자세히 보면, 주님은 "서서 기도할 때에"라고 말씀하셨습니다. 서서 기도하는 것은 당시 유대인들이 즐겨 기도하던 자세입니다. 하나님이 기도하는 도중에 관계 속에서 파괴되고 힘든 사람을 생각나게 하신다는 것입니다. 그러면 나의 기도의 첫 번째 적용과 순종은 그 사람의 허물을 사하여 주고 용서해 주는 것이 되어야 하는 것입니다.

미국 위스콘신대학의 연구 논문에 의하면, 인간은 용서하지 못할 때 우울증, 고혈압, 위경련, 격렬한 분노, 편집증 등이 나타난다고 합니다. 복수는 자기 인생을 파괴하는 일입니다. 남을 미워할 때 자기 건강에 적신호가 옵니다. 뿐만 아니라 우리가 다른 사람을 용서하지 않으면 하나님이 함께하시지 않습니다. 기도 응답에 빨간불이 들어오는 것입니다. 용서는 하나님의 초청장이지만 복수는 사탄의 초청장입니다. 하나님은 용서의 마당에서 춤을 추십니다. 용서는 천국을 연출하지만 복수는 지옥을 연출합니다.

기도가 안되는 분들을 보면 인간관계 가운데 막히거나 어려움이 있는 분들이 상당수 있습니다. 누군가를 미워하고 증오하는 마음이 생겨나면 그 사람과 함께하는 것이 고통입니다. 가족이든, 직장 동료든, 교회 교우든 동일합니다. 가령 목회자가 미워지면 교회에서 예배드리는 것이 고통입니다. 배우자를 증오하고 미워하게 되면 집에 들어오기가 싫습니다. 부모님이 미워지면 자녀들이 집에 들어오자마자 자기 방으로 쑥 들어갑니다. 기도하는 집으로 삼으신 가정과 교회, 나 자신에게 기도를 파괴하는 미움이 들어와 있으면 안 됩니다. 그래서 미움과 증오를 용서와 화해로 바꿔야 합니다. 포용해 주고 수용해 주는 영적인 신축성이 필요합니다.

예수님의 이름을 걸고 신앙생활 하는 우리가 예수님의 이름으로 용서 못할 사람이 어디 있겠습니까. 예수님은 지금도 죄악투성이인 우리를 있는 모습 그대로 받아 주십니다. 그렇기 때문에 우리도 사랑하는 배우자를, 자녀들을, 동료와 이웃을, 교우들을 있는 모습 그대로 받아 주어야 합니다. 용서도 기도 가운데 일어난다는 것을 잊지 마십시오. 우리 모두 기도가 꿀맛이 되기를 축원합니다. 예수님이 열매를 찾으실 때 기꺼이 드릴 수 있는 생명나무가 됩시다. 믿음의 열매, 기도의 열매, 용서의 열매가 주렁주렁 맺히는 성도가 되기를 기도합니다.

16 | 아들을 향한 아버지의 먼저 사랑

_ 막 12:1-12, 28-34, 38-44

본문의 비유에는 포도원 농장의 주인, 농부, 종, 그리고 농장 주인의 아들이 등장합니다. 포도원 농장의 주인은 하나님을 상징하며, 농부들은 당시 종교 지도자들을 가리킵니다. 주인이 보낸 종은 이스라엘을 깨우치기 위해 사역했던 선지자들을 의미하며, 죽임을 당한 주인의 아들은 예수님을 뜻합니다.

||| 나를 사랑하시는 아버지의 이야기

농장의 주인은 포도원을 만들어 즙 짜는 망대를 짓고 농부들을 고용해 농사를 짓도록 했습니다. 시간이 지나 그들에게 소출 얼마를 받으려고 종을 보냈으나 농부들은 종을 때리고 빈손으로 보냈습니다. 3절부터 5절까지 주인은 농부들에게 계속적으로 종을 보냈습니다. 하지만 농부들은 보내는 종들마다 때리고 능욕했으며, 심지어 죽이기까지 했습니다. "또 다른 종을 보내니 그들이 그를 죽이고 또 그 외 많은 종들도 더러는 때리고 더러는 죽인지라"(막 12:5). 주인은 농부들의 악한 행동에 처음부터 진노하지 않았습니다. 그들이 회개할 것을 기대하면서 계속해서 다른 종을 보냅니다. 하지만 그들은 주인이 보낸 종들을 학대했습니다.

구약성경을 살펴보면 이 비유가 이해됩니다. 이스라엘을 향해 하나님은 많은 선지자를 보내셨습니다. 그 이유는 선지자들을 통해 하나님을 떠난 이스라엘이 돌아오기를 바라셨기 때문입니다. 하지만 백성들은 하나님의 말씀을 전한 선지자들을 학대하고 때렸으며, 심지어 죽이기까지 했습니다. 그들의 이야기가 듣기 싫었기 때문입니다.

대표적으로 예레미야 선지자를 보십시오. 그의 별명이 '눈물의 선지자'입니다. 자신의 때에 자신의 예언이 이루어지는 것을 경험하기 때문입니다. 예레미야는 하나님께 돌아가야만 살 수 있다고 거듭 외쳤지만, 유다의 왕을 비롯한 고관들과 백성들은 그의 말을 듣지 않았습니다. 심지어는 거짓 선지자들과 제사장들이 평안하다고 외칠 정도였습니다. 그러니 심판을 외친 예레미야는 조롱당하고 핍박을 당하게 된 것입니다.

무엇이 선지자의 메시지를 거절하게 했을까요? 죄성입니다. 죄로 물든 마음이 하나님의 말씀을 거절한 것입니다. 죄로 인해 어두워질 대로 어두워진 사람은 하나님의 음성을 깨달을 수도 없고 분별할 수도 없습니다. 의와 진리의 메시지는 오히려 눈엣가시처럼 여겨져 메신저는 고통을 당할 수밖에 없었습니다.

이처럼 하나님이 그분의 종들을 보내시는 이유가 있습니다. 이스라엘 백성을 사랑하시기 때문입니다. 그만큼 하나님께 돌아오라고, 우상 숭배를 끊고 언약 백성으로서의 정체성을 회복하라고 끊임없이 말씀하신 것입니다. 오죽하면 선지자 호세아는 하나님을 떠난 이스라엘을 의미하는 창기 고멜과 실제로 결혼까지 했습니다. 그는 온몸으로 하나님을 떠나 음란과 방탕을 저지르는 이스라엘 백성의 삶을 자신의 삶을 통해 경험해야 했습니다. 그의 외침이 피 맺힌 외침이 되지 않았겠습니까. 하지만 이스라엘은 하나님께 돌아오지 않았습니다.

구약 이스라엘의 역사를 보면, 특히 북이스라엘 여로보암왕 이후에 이스라엘의 많은 왕이 우상 숭배를 했습니다. 하나님은 그때마다 그들이 돌아오기를 원하셨기 때문에 선지자들을 보내셨습니다. 그래서 여로보암왕 시대에는 아히야 선지자, 바아사 시대에는 예후 선지자 등을 보내셨습니다. 하지만 이스라엘의 죄악이 그치지 않자 하나님이 심판으로 보여 주신 행동이 무엇입니까? 더 이상 선지자를 보내지 않으시는 것이었습니다. 그래서 바아사의 아들 엘라, 시므리, 그리고 오므리에 이르기까지 이스라엘에는 선지자가 없었습니다. 그러다 아합왕 시대에 비로소 엘리야 선지자가 등장합니다.

심판 중의 심판은 영적인 암흑 시대를 경험하는 것입니다. 하나님이 말씀을 통해 우리를 질책하시고 촉구하심이 아니라 하나님의 말씀 자체가 사라지는 것입니다. 하나님이 침묵하시고 내버려 두시는 것입니다. 그보다 더한 심판은 없습니다.

주변에 "기도합시다", "주일예배 갑시다"라고 권면하는 사람이 있는 것이 축복임을 깨달으십시오. 귀찮게 생각되고 모른 척하고 싶지만, 사탄역시 자꾸 우리에게 그와 반대되는 권면을 하고 있습니다. 생명과 사망의 줄이 우리를 각각 잡고 있는데, 우리가 잡아야 할 줄은 생명의 줄입니다. 나를 잡아 주고 있음에 감사해야 합니다. 《하나님의 대사》(규장, 2010)의 저자인 김하중 장로님의 말처럼, 늘 벼랑 끝에 서 있음을 알고 자칫 교만하여 길을 벗어나면 천길만길 떨어진다는 사실을 알아야 합니다.

죽은 시대를 깨우기 위해 하나님은 당신의 신실한 종들을 보내셨습니다. 하지만 오히려 사람들은 그들을 학대하고 죽였습니다. 주인은 그래도 끝까지 참았습니다. 그리고 마침내 결정했습니다. 주인은 포기하지 않고 그의 아들을 보냈습니다. "이제 한 사람이 남았으니 곧 그가 사랑하는 아들이라 최후로 이를 보내며 이르되 내 아들은 존대하리라 하였더니"(막 12:6). 하지만 농부들은 주인의 아들마저 무참히 죽였습니다.

우리를 사랑하시는 하나님의 이야기가 바로 성경입니다. 하나님이 세상을 사랑하사 독생자를 주셨건만, 우리는 그분을 매질하고 조롱하고 십자가에 못 박았습니다. 예수님은 이 비유를 통해 자신의 십자가 죽음을 미리 말씀하십니다. 십자가에서 죽임 당하신 하나님의 아들, 예수님을 비유를 통해 드러내십니다.

농부들이 주인의 아들을 죽인 이유가 무엇입니까? 탐욕입니다. 아들을 죽이면 모든 것이 자신들의 소유가 될 것이라는 욕심 때문이었습니다(막12:7). 주님은 지금 이 비유를 듣고 있는 종교 지도자들의 마음을 정확히 꿰뚫어 보고 이 말씀을 하신 것입니다. 예수님을 십자가로 내몬 사람들은 바로 당시 대제사장들과 서기관들이었습니다. 종교 권력을 쥐고 있었던 이들이 예수님을 죽인 것입니다.

포도원 주인은 농부들의 죄악 됨에 분노하여 농부들을 진멸하고 포도원을 다른 사람들에게 맡겼습니다. 결국 유대인들은 역사적으로 끔찍한 최후를 맞이하게 됩니다. 예루살렘은 로마에 의해 무너졌고, 유대인들의 자랑이었던 성전은 돌 위에 돌 하나 남김 없이 무너져 내렸습니다. 유대인들이 역사적으로 당한 고통은 이루 말할 수 없습니다. 예수님을 죽인 자라는 멍에를 메고 살육과 고통을 당해야만 했습니다.

문을 열고 받아들임

지금까지 짧은 예수님의 비유를 살펴보았지만, 사실은 성경 전체를 요약한 것과 같습니다. 구약에서부터 예수님의 죽으심까지 주님은 비유를 통해 말씀하셨습니다. 하나님은 그분의 종들을 보내시고 마침내 독생자 예수님까지 보내셨지만 우리의 탐욕과 욕심, 죄성이 눈을 가리어 받아들이지 않았습니다. 비유에 등장하는 악한 농부들이 당시 종교 지도자들만 가리키는 것일까요? 우리 안에는 하나님을 거부하는 죄성이 없을까요? 포도원 농부 비유는 바로 하나님을 거절하고 세상을 향한 우리의 모습을 보여 주고 있습니다.

본문의 비유를 묵상하며 계속적으로 한 단어가 생각났습니다. '받아들임'입니다. 주인이 보낸 종들과 아들까지 농부들은 받아들이지 않았습니다. 탐욕과 욕심이 눈을 가려 주인의 마음을 거절했습니다. 죄는 하나님의 초청을 거절하고 하나님을 등지는 것입니다. 하나님이 먼저 우리를 받아들이셨습니다. 그 하나님이 자신의 아들을 주셨고, 우리가 그 아들을 받아들이기를 원하십니다.

전도를 하거나 타 문화권에 복음을 전할 때 사람들이 가장 믿기 힘들어하는 것이 하나님이신 예수님이 인간의 몸으로 오셨다는 사실입니다. 신학 용어로 '성육신'입니다. 더군다나 예수님이 십자가에 달려 죽으셨음을 믿지 못합니다. 하나님이라면 그렇게 해서는 안 된다는 것입니다. 이것은 현대인들뿐만 아니라 예수님 당시 유대인들도, 심지어는 예수님을 따르는 제자들도 받아들이지 못했습니다.

예수님은 인간의 몸으로 오셔서 인간의 고통을 경험하셨습니다. 멀리 계신 하나님이 아니라 지금 나의 고통을 아시고, 이해하시며, 함께 손잡아 주시는 하나님이십니다. 그 예수님을 받아들이는 것이 신앙입니다. "볼지어다 내가 문밖에 서서 두드리노니 누구든지 내 음성을 듣고 문을 열면 내가 그에게로 들어가 그와 더불어 먹고 그는 나와 더불어 먹으리라"(계 3:20).

이 말씀을 가지고 아주 유명한 그림이 탄생합니다. 1853년 영국의 화가인 윌리엄 헌트(William Hunt)가 그린 〈세상의 빛〉이라는 작품입니다. 흔히 〈문밖의 예수님〉으로 알려져 있습니다. 그림을 자세히 보면 화가가 손잡이가 없는 문을 그렸습니다. 그 이유는 마음의 문은 자신이 안에서 열어야만 한다는 것을 표현하기 위해서입니다. 문 앞에는 엉겅퀴와 잡초가 많이 보입니다. 그동안 문이 열리지 않았다는 것을 보여 줍니다. 마음의 문을 열고 예수님을 받아들이십시오. 말씀을 있는 그대로 수용해 100배의 결실을 맺는 좋은 밭이 되십시오.

저의 외할머니는 시각 장애인으로 살다가 하나님의 부르심을 받으셨습니다. 시각 장애인인 외할머니를 도와서 길을 인도할 때 저는 멀리 있는 동선을 미리 알려 주지 않았습니다. 단지 "앞에 장애물이 있으니 조심하세요", "앞에 계단이 있으니 발을 올리세요"라고 말했습니다. 예수님을 받아들이고 예수님과 함께하는 인생이 이와 같습니다. 10년 후, 20년 후를 알지 못합니다. 단지 오늘 우리가 무엇을 해야 할 것인가를 보여 주시는 하나님께 믿음으로 순종하면서 오늘을 살면, 하나님이 내일을 인도하셔서 마침내 내게 약속하시고 계획하신 그곳에 도착하게 하실 것입니다.

||| 아버지의 먼저 사랑

서기관 중에 한 사람이 예수님께 "모든 계명 중에 첫째가 무엇이니이까"(막 12:28)라는 질문을 던졌습니다. 당시 유대인의 율법에는 총 613개의 계명이 있었습니다. 그중에 248개는 긍정 명령이고, 365개는 부정 명령이었습니다. 그것을 집약해 놓은 것이 구약의 십계명입니다. 여기서 숫자 248은 사람의 뼈마디를 뜻하고, 365는 1년을 뜻합니다. 이것은 1년 내내 하나님이 '하지 말라'고 하신 계명을 기억하고 매일 하나님이 명령하신 율법을 온몸으로 실천하라는 의미입니다. 율법이 많다 보니 당연히 "어느 계명이 우선순위이며 더 중요한가?"라는 논쟁이 있었습니다.

예수님은 서기관의 질문에 분명하게 답하셨습니다. "첫째는 이것이니 이스라엘아 들으라 주 곧 우리 하나님은 유일한 주시라 네 마음을 다하고 목숨을 다하고 뜻을 다하고 힘을 다하여 주 너의 하나님을 사랑하라 하신 것이요 둘째는 이것이니 네 이웃을 네 자신과 같이 사랑하라 하신 것이라 이보다 더 큰 계명이 없느니라"(막 12:29-31). 예수님은 신명기와 레위기의 말씀을 인용하여 하나님 사랑과 이웃 사랑에 대해서 말씀하셨습니다.

예수님의 이 말씀은 성도가 세상 사람과 다른 결정적인 차이점을 보여 줍니다. 뿐만 아니라 기독교 신앙의 가장 핵심이 되는 근본적인 원리와 계명입니다. 결국 나의 신앙을 보면서 다음과 같은 두 질문을 던질 수 있습니다. "나는 얼마나 하나님을 사랑하는가?", "나는 얼마나 이웃을 사랑하는가?"

주님을 배반하고 떠난 베드로를 찾아가신 예수님이 갈릴리 바닷가에서 하신 질문을 기억합니까? 그것은 "네가 나를 믿느냐?"가 아니었습니다. "네가 나를 사랑하느냐?"였습니다. 예수님은 이것만 물으셨습니다. 하나님을 사랑합니까? 내가 하나님을 사랑하는 것을 어떻게 증명할 수 있습니까?

"나를 사랑하고 내 계명을 지키는 자에게는 천 대까지 은혜를 베푸느니라"(신 5:10). 하나님을 사랑함은 하나님의 계명을 지킴을 말합니다. 놀랍게도 신명기에서는 '하나님을 사랑하라'는 말과 '계명과 말씀을 순종하는 것'이 같이 움직입니다. 사랑은 사랑하는 대상의 말에 귀 기울이고 따르는 것입니다. 하나님을 사랑하되 마음과 목숨과 뜻과 힘을 다하여 사랑하라고 하나님은 말씀하셨습니다. 이것은 영, 혼, 육을 다하여 사랑하라는 뜻입니다.

말씀을 듣되 지식으로만 동의해서는 안 됩니다. 마음으로만 감동되어서도 안 됩니다. 신앙은 육체까지 움직여야 합니다. 부부가 사랑한다면서 몸은 다른 사람에게 있다면 그 사랑은 거짓입니다. 이처럼 몸이 예배당에 와 있어야 하고, 몸이 순종에까지 이르러야 합니다. 정서적으로도 마찬가지입니다. 자녀의 아픔을 나의 아픔으로 느끼듯이, 하나님을 사랑한다면 하나님의 눈물이 나의 눈물이 되어야 합니다. 말씀과 삶은 함께 가는 것입니다.

성경을 통해 우리가 발견해야 하는 것은 살아 계신 하나님을 알고 그분과 더욱 깊은 사랑에 빠지는 것입니다. 우리 삶의 가장 중요하고 근본적인 목적은 우리의 창조주이시며 살아 계신 하나님을 더 알아 가는 것입니다. 그리고 그분과 더욱더 깊이 사랑에 빠지는 것입니다.

사실 우리가 하나님을 사랑할 수 있는 이유는 하나님이 먼저 우리를 사랑하셨기 때문입니다. "우리가 사랑함은 그가 먼저 우리를 사랑하셨음이라"(요일 4:19). 죄로 물든 인간은 하나님을 알 수 없기에 사랑할 수도 없습니다. 예수 그리스도의 십자가 죽으심의 공로로 우리는 하나님과 연결되었습니다. 예수 그리스도를 믿는 자마다 하나님을 아버지라 부를 수 있는 놀라운 특권도 주어졌습니다. 신앙은 그 어느 것 하나 땅에서 시작한 것이 없습니다. 독생자 예수님도, 하나님의 사랑도 모두 하나님께로부터 왔습니다. 하나님의 사랑을 받아들였기에 우리도 사랑을 알고 하나님을 사랑할 수 있게 된 것입니다.

예수님은 사람 관계에서의 사랑을 언급하시기 전에 먼저 하나님과의 사랑을 말씀하셨습니다. 내가 아닌 타인, 이웃을 사랑할 수 있는 힘은 하나님의 사랑 안에 거할 때 부어지는 것입니다. 하나님 사랑이 이웃 사랑의 원동력입니다.

ⅠⅠⅠ 아버지의 형상이기에

누군가를 미워하고 증오하는 마음이 생긴 분이 있습니까? 사람의 형상에는 하나님의 형상이 깃들어 있습니다. 예수님은 본문의 말씀을 하시기 전에 바리새인들에게 시험을 받으셨습니다. 마가복음 12장 13절부터 나오는 로마에 세금을 바치는 문제입니다. 바리새인들과 헤롯당은 계략을 꾸미며 예수님 앞에 가서 가이사에게 세금을 바치는 것이 옳은지, 옳지 않은지 물었습니다. 당시 가이사는 로마의 황제입니다. 이스라엘은 로마의 속국으로 사람마다 인두세라 하여 세금을 내야 했습니다.

예수님이 어느 답을 하시든 그들의 덫에 걸려들게 되어 있었습니다. 세금을 바치는 것이 옳다고 한다면 유대인들에게 미움을 받아야 하고, 세금을 바치는 것이 옳지 않다고 한다면 로마에 신고를 당할 것이 뻔했습니다. 그들의 마음을 아신 예수님은 데나리온 하나를 가져오라고 말씀하셨습니다. 데나리온은 당시 로마의 화폐 동전입니다. 데나리온에는 로마 황제의 초상이 그려져 있고 '신의 아들'이라는 글귀가 새겨져 있습니다. 예수님은 동전을 보며 "이 형상과 이 글이 누구의 것이냐?"라고 물으셨고, "가이사의 것이니이다"라는 답변에 이렇게 말씀하셨습니다. "가이사의 것은 가이사에게, 하나님의 것은 하나님께 바치라"(막 12:17).

이 말씀은 황제의 이미지가 새겨진 동전은 황제에게 바치고, 하나님의 이미지가 새겨진 그들 자신은 헌신과 함께 하나님께 바치라는 뜻입니다. 세금 문제로 예수님께 시비를 걸려고 했던 이들에게 하나님의 형상이 새겨진 우리의 삶을 온전히 하나님께 드릴 것을 말씀하신 것입니다.

하나님의 형상이 사람에게 깃들어 있기에 우리는 사람을 사랑해야 합니다. 우리 자신을 사랑하는 것같이 가족을 사랑하고, 이웃을 사랑하고, 성도들을 사랑하십시오. 사랑은 주님의 명령입니다. 내게 주어진 사람을 다 사랑할 수 없어도 테레사 수녀의 말처럼 한 번에 한 사람이라도 사랑할 수 있어야 합니다. 내 삶의 반경에 들어온 영혼들만이라도 사랑할 수 있어야 합니다. 그러면 그 영혼이 살아납니다. 오늘날 교회의 문제점이 무엇일까요? 신구약 성경 전체의 골수인 "사랑하라"라는 계명을 지키지 못하는 것입니다. 사랑이 메마른 것입니다.

고린도전서 13장 사랑의 본질에 대한 말씀처럼 사랑은 오래 참고, 온유하며, 시기하지 아니하며, 자랑하지 아니하며, 교만하지 아니하며, 무례히 행하지 아니하며, 자기의 유익을 구하지 아니하며, 성내지 아니하며, 악한 것을 생각하지 아니하며, 불의를 기뻐하지 아니하며, 진리와 함께 기뻐하고, 모든 것을 참으며, 모든 것을 믿으며, 모든 것을 바라며, 모든 것을 견디는 것입니다(고전 13:4-7). 이 사랑을 하나님이 먼저 나에게 보이셨습니다. 이 사랑을 예수님이 하셨습니다. 십자가에 죽기까지 참고 견디신 것은 하나님이 우리를 사랑하시는 그 사랑을 온전히 이루시기 위해서였습니다. 사탄은 모든 것을 흉내 내도 사랑만큼은 흉내 낼 수 없습니다. 사랑은 하나님께 속한 것이기 때문입니다.

사랑을 연습하십시오. 사랑할 수 없는 사람이라 할지라도 가슴에 품고 나아가십시오. 사랑은 상대방을 있는 그대로 용납하는 것입니다. 하나님이 나를 대하신 것처럼 타인을 대하는 것이 사랑입니다.

아들의 자전거는 보조 바퀴가 달린 네발자전거였습니다. 어느 날 두발자전거를 타야 할 때가 되어 보조 바퀴를 뗐습니다. 그런데 얼마나 무서워하던지 넘어지려 하면 소리를 지르고 겁을 내는 아들의 모습을 보면서 하나님과 저의 모습을 보는 듯했습니다. 때로는 하나님이 이제 우리가 해야 할 일들을 하도록 내버려 두실 때가 있습니다. 넘어지면 무릎이 까지고, 멍이 들고, 피가 난다는 것을 아시지만 그렇게 훈련시키실 때가 있습니다.

하나님이 우리를 어떤 영역에서 훈련시키시는 이유는 우리를 위한 더 좋은 것을 예비하셨기 때문입니다. 그것을 누리기 위해서는 먼저 넘어지고 피멍이 드는 일을 감수해야 합니다. 어떤 아버지가 아들이 넘어지는 모습을 보고 기뻐하며 박수하겠습니까. 아버지의 박수는 아들이 자전거를 타고 신나게 달릴 때 터져 나옵니다. 그 기쁨을 바라고 지금 넘어져 피멍 드는 아픔을 아버지도 함께 경험하는 것입니다. 사랑할 수 없는 사람을 사랑하는 것도 이와 같지 않을까요? 하나님은 힘들고 어려워도 우리가 먼저 사랑하기를 원하십니다. 우리가 사랑하라는 말씀을 순종한다면 하나님이 마치 손을 놓아 버리신 것처럼 보이지만 뒤에 서서 흐뭇하게 기뻐하시는 아버지 하나님의 박수 소리를 듣게 될 것입니다.

||| 아버지로 가득 차 있다면

서기관들과 가난한 과부의 헌금 이야기는 성도들이 가장 많이 오해하고 있는 말씀 중의 하나입니다. 헌금을 독려하기 위해 흔히 이 말씀이 많이 사용되곤 합니다. 외견상 헌금에 대해 다루는 듯 보이지만, 실상은 아주 중요한 신앙의 본질을 말합니다. 본문은 두 부류를 대조적으로 등장시키고 있습니다. 서기관들과 과부입니다. 두 부류는 당시 유대 사회에서 매우 대조적인 신분과 지위에 있었습니다. 서기관들은 사람들에게 존경을 받았으며, 과부는 멸시를 받았습니다.

먼저, 서기관은 원래 문서를 기록하고 관리하는 직무를 담당하는 사람이었습니다. 영어로 'secretary'라고 하며 '비서'와 같은 뜻으로 쓰이기도

합니다. 그들은 계약서를 베껴 쓰거나 문서나 편지를 작성하고 받아 적는 일을 했습니다. 점차 그들은 율법을 필사하고, 보존하며, 해석하고, 가르치는 역할도 담당했습니다. 이런 역할 때문에 서기관들은 성경을 연구하고 가르치는 학사나 학자라고 불렸습니다. 구약의 에스라라는 학자가 대표적인 인물입니다.

예수님의 비판의 대상이었던 서기관들은 처음부터 잘못된 신앙을 가진 사람들은 아니었습니다. 성경이 우리 손에 들리기까지 성경을 보존하고 관리했던 이들이 서기관들입니다. 당시에는 인쇄술이 발전되지 않았기 때문에 파피루스라고 불리는 갈대로 만든 종이나 동물의 가죽에 글을 새겨 보관했습니다. 여기에 말씀을 필사하기 위해 서기관들이 얼마나 많은 피땀을 흘렸는지 모릅니다. 등이 휘어져 장애를 갖게 된 사람도 있었고 작은 글씨를 새기느라 눈이 먼 사람도 있었습니다.

서기관들은 일정 수입이 없었기 때문에 기부로 생계를 유지해야 했습니다. 그들은 자신들의 높은 법적 지위와 신분을 과시했으며, 그것을 이용해 과부들의 재산을 관리해 준다는 명목으로 약탈했습니다. 예수님은 그들을 보시며 외식이라고 말씀하셨습니다. "그들은 과부의 가산을 삼키며 외식으로 길게 기도하는 자니 그 받는 판결이 더욱 중하리라 하시니라"(막 12:40). '외식'은 겉과 속이 다르다는 뜻입니다. 역사적으로 훌륭한 역할을 감당한 이들이 시간이 지나면서 탐욕과 욕심으로 자신의 자리를 드러내기 시작한 것입니다. 겉으로 보기에는 기도도 열심히 하고 율법을 알고 지킨다고 여겨지는 이들이지만, 속마음은 명예욕, 물질욕, 세상 탐욕으로 가득 차 있었습니다. 예수님은 이들이 장차 하나님께 중한 판결을 받게 될 것이라 말씀하셨습니다.

다음으로 과부가 등장합니다. 그런데 그냥 과부가 아니라 가난한 과부입니다. 서기관들에게 착취를 당하고 사회적으로도 손가락질을 받아야 했던 당시의 과부는 가장 낮은 지위에 해당했습니다. 이것이 바로 성경에서 고아와 과부를 돌보라고 하는 이유입니다. 대표적으로 룻기를 통해 과부의 처지를 이해할 수 있습니다.

이처럼 하루하루 생계가 힘들었던 가난한 과부가 예수님의 주목을 끌게 됩니다. 예수님은 서기관들의 외식에 대해 심판의 말씀을 하시면서 가난한 과부의 헌금에 대해서는 칭찬을 하셨습니다. 그러니 본문의 말씀은 단순히 헌금에 대한 문제가 아니며, 우리는 여기서 서기관들과 부자들의 외식된 행위를 보면서 가난한 과부가 드린 헌금이 어떤 의미인지를 살펴야 하는 것입니다.

과부가 드린 두 렙돈의 가치

당시 성전 안에는 제사를 드리러 오는 자들이 드리는 헌금을 모으는 궤 13개가 '여인의뜰'이라는 곳에 있었습니다. 여기에 모인 헌금은 성전 유지와 구제를 위해 사용되었습니다. 종교 지도자들은 헌금 궤 앞에서 사람들이 헌금을 하는 모습을 지켜보기도 했는데 예수님도 함께 보고 계셨습니다. "예수께서 헌금함을 대하여 앉으사 무리가 어떻게 헌금함에 돈 넣는가를 보실새 여러 부자는 많이 넣는데"(막 12:41). 돈이 많은 부자들은 헌금함에 돈을 많이 넣었습니다. 여기에 사용된 '넣는데'라는 동사는 문법적으로 미완료시제입니다. 계속해서 돈을 떨어뜨렸다는 의미입니다.

당시 헌금함은 놋쇠로 만들어져 있었고, 사람들이 손을 넣어 돈을 빼내는 것을 방지하기 위해 입구가 나팔 모양으로 길쭉하게 되어 있었습니다. 동전을 넣으면 바닥 놋쇠에 동전이 부딪치면서 소리가 났습니다. 부자들이 계속적으로 돈을 떨어뜨렸다는 말은 의도적으로 주변 사람들을 의식하며 자신의 헌금 양을 과시하기 위해 소리를 내며 돈을 떨어뜨렸다는 의미입니다.

반면에 가난한 과부는 두 렙돈을 드렸습니다. "한 가난한 과부는 와서 두 렙돈 곧 한 고드란트를 넣는지라"(막 12:42). 가난한 과부가 넣은 헌금은 고작 두 렙돈입니다. 두 렙돈은 당시 화폐 가치에서 가장 낮은 돈입니다. 오늘날로 환산하면 2천 원 남짓 됩니다. 성경을 자세히 보면 부자들이 낸 헌금에 대해서는 성경이 얼마인지를 언급하지 않습니다. 가난한 과부의 두 렙돈만 이야기합니다. 성경이 가난한 과부의 두 렙돈의 헌금만을 기록한 이유는 지금 하나님이 보시는 기준은 우리가 보는 기준과 다르다는 것을 보여 주기 위함입니다.

부자들은 돈을 많이 헌금했지만 가난한 과부는 겨우 두 렙돈, 2천 원도 안 되는 돈을 헌금했습니다. 하지만 예수님이 보시기에는 지금 가난한 과부의 헌금이 다른 누구보다도 많았습니다. "예수께서 제자들을 불러다가 이르시되 내가 진실로 너희에게 이르노니 이 가난한 과부는 헌금함에 넣는 모든 사람보다 많이 넣었도다"(막 12:43). 예수님의 계산법이 우리와 뭐가 다른 것일까요? 예수님은 가난한 과부가 드린 헌금이 그녀의 전부였다는 것을 아셨습니다(막 12:44). 그렇기에 그녀의 헌금이 다른 누구보다 더 큰 가치를 지닌다고 말씀하신 것입니다.

가난한 과부의 자리에 서서 말씀을 한번 살펴보십시오. 당시 성전은 이전에 예수님이 노끈으로 채찍을 만드사 양이나 소를 다 내쫓으시고 돈 바꾸는 사람들의 돈을 쏟으시고 상을 엎으셨던 곳입니다. 그만큼 성전의 온전한 기능을 상실한 채 강도의 소굴이 된 곳입니다. 하나님 앞에 나와 자신의 죄를 자백하고 하나님의 한없는 은혜와 사랑을 받아야 하는 장소, 하나님이 꿈꾸시던 성전의 모습은 온데간데없고 돈으로 평가되고 외모로 사람을 취하는 물질과 탐욕의 장소가 되었습니다.

하지만 이런 성전이라 할지라도 가난한 과부는 하나님께 예배하기를 원했고, 그 하나님께 빈손으로 나아갈 수 없어서 자신이 가진 전부인 두 렙돈이라는 헌금을 가지고 왔던 것입니다. 과부의 두 렙돈은 어쩌면 집에서 울고 있는 아이들을 먹여 살릴 마지막 밀가루를 살 돈일지도 모릅니다. 하루하루 먹고살기도 힘든 이 여인에게 두 렙돈은 생명과 같은 돈입니다. 하지만 그런 돈일지라도 하나님 앞에 드리기를 원했습니다. 여인은 부자들과 달리 돈을 그냥 가지고 오지 않았을 것입니다. 품에 꼭 안고 왔을 것입니다. 그리고 떳떳하게 돈을 떨어뜨리는 부자들과는 달리 떨리는 마음으로 헌금 궤 안에 돈을 넣었을 것입니다.

본문에 계속적으로 반복되는 단어가 있습니다. '가난'이라는 단어입니다. 사람들의 눈에는 돈이 없고 가진 것이 없는 이 과부가 가난해 보였을 것입니다. 그런데 성경은 진짜 가난한 사람이 누구인가를 드러냅니다. 그것은 하나님의 은혜에 대한 감격과 감동이 없이 외형적인 종교인으로 굳어 버린 당시의 서기관들과 부자들입니다. 하나님이 보시기에 가난한 사람은 그들입니다. 하나님이 보시는 것은 '얼마인가'가 아니라 '어떤 마음인가'입니다.

점점 신앙의 본질을 잃어 가고 있지는 않습니까? 전부보다는 일부를, 순전함보다는 외식을, 어떤 마음인가보다는 얼마를 헤아리고 있지는 않습니까? 예수님은 자신이 가진 전부가 고작 두 렙돈이라 할지라도 하나님 앞에 나아와 하나님께 드리는 것을 기쁨으로 여기며 떨리는 손으로 전부를 넣었던 과부의 모습을 보고 싶어 하십니다. 그 하나님의 마음이 느껴집니까?

예수님은 세상의 평가와 인정에 목말라 그와 같이 되고자 올라가려고 발버둥 치는 우리의 모습을 보면서 우리의 학력이나 가진 재산의 총량이나 어떤 헌신을 드렸는가를 셈하지 않으십니다. 이 과부처럼 하나님 앞에 나오는 것이 기쁘고 하나님 아버지의 품에서 자신의 것을 그분께 드릴 수 있다는 것에 감격하는 마음을 셈하고 계십니다.

우리의 마음이 하나님 아버지로 가득 차 있습니까? 하나님 아버지께서 주시는 은혜와 사랑에 감격하여 계산되지 않는 감사와 헌신이 내 신앙에 들어와 있습니까? 가난한 과부가 보인 행동은 단순한 헌금의 의미를 넘어서 하나님을 전폭적으로 신뢰하는 행동이었습니다. 자신의 생계를 하나님께 맡긴 것이고, 그 하나님이 자신을 채워 주실 것이라는 믿음이었습니다.

우리는 돈, 학력, 명예를 잡지 말고 십자가를 잡아야 합니다. 십자가를 묵상하고 십자가를 살아 내야 본질이 흐트러지지 않는 신앙을 살아 낼 수 있습니다. 우리의 신앙이 올곧기를 기도합니다. 처음과 끝이 십자가가 되기를 기도합니다. 신앙의 본질을 살아 내는 성도가 됩시다.

17 | 아들은 고난 가운데 자란다 _ 막 13:1-13, 14:1-11

태풍 링링이 왔을 때 강풍으로 간판이 떨어져 나가고 나무가 뽑히기도 했습니다. 심지어는 교회 십자가 첨탑이 바람으로 넘어지기도 했습니다. 목양실이 교회 4층에 있었던 당시, 천장 창문으로 교회 십자가 첨탑이 보였습니다. 바람이 불 때마다 십자가 첨탑이 쓰러질까 봐 얼마나 조마조마하게 쳐다보았는지 모릅니다.

||| 그날을 준비하는 삶

태풍을 겪으면서 본문의 말씀이 더 마음에 와닿았습니다. "예수께서 성전에서 나가실 때에 제자 중 하나가 이르되 선생님이여 보소서 이 돌들이 어떠하며 이 건물들이 어떠하니이까 예수께서 이르시되 네가 이 큰 건물들을 보느냐 돌 하나도 돌 위에 남지 않고 다 무너뜨려지리라 하시니라"(막 13:1-2). 물론 예수님은 자연재해로 인해 성전이 무너지는 것이 아니라 후에 이 성전이 로마에 의해 침탈당하고 무너지게 될 것임을 말씀하신 것입니다. 실제로 주후 70년, 로마의 장군 티투스에 의해 예루살렘성은 함락당하고 성전은 무참하게 약탈을 당합니다. 로마 군사들은 예루살렘 성전 벽의 돌과 돌 사이가 금으로 되어 있다고 믿어서 돌을 다 무너뜨렸습니다. 예수님의 말씀 그대로 된 것입니다.

제자들은 예수님의 이 말씀을 들은 후에 조용히 예수님께 나아와 어느 때에 이런 일이 일어날 것인지에 대해 물었습니다. "우리에게 이르소서 어느 때에 이런 일이 있겠사오며 이 모든 일이 이루어지려 할 때에 무슨 징조가 있사오리이까"(막 13:4). 제자들이 예수님께 진지하게 묻는 이유가 있습니다. 유대인들에게 있어서 예루살렘 성전은 신성시되었기 때문입니다. 성전은 곧 하나님이라고 생각했던 이들에게 성전의 무너짐은 곧 마지막 때와 같은 일로 여겨졌습니다. 실제로 로마가 예루살렘을 점령했을 때 성전의 뜰은 안전하다고 생각한 백성들이 그 안에 피신해 있다가 무참히 불에 타 죽은 일도 있었습니다. 제자들의 질문에 예수님은 마지막 때에 일어날 일들을 말씀해 주셨습니다. 이것은 당시에 일어나는 일이기도 하고, 동시에 우리에게 일어나는 일이기도 합니다.

지금의 때를 흔히 '말세지말'이라 표현합니다. 말세 중에서도 끝을 달리고 있다고 생각하기 때문입니다. 성경에서 말세라고 말할 때는 예수님이 오신 이후부터를 말합니다. 지금은 말세 중에서도 그 징조가 분명하고도 짙은 시대입니다. 말세라고 할 때 우리가 알아야 할 것은 끝이 있다는 것입니다. 개인의 종말은 죽음이지만, 우주와 역사의 종말은 예수님이 다시 이 땅에 오시는 재림 때입니다. 예수님은 분명히 말씀하셨습니다. "그때에 인자가 구름을 타고 큰 권능과 영광으로 오는 것을 사람들이 보리라"(막 13:26).

구약과 신약의 주제는 '오시리라'라는 단어로 함축할 수 있습니다. 구약은 "메시아가 오시리라", 신약은 "예수 그리스도가 오셨고, 다시 오시리라"라고 할 수 있습니다. 예수님은 다시 이 땅에 오리라고 말씀하셨습니다. 초림에는 어린양과 같이 십자가에서 제물이 되어 죽으셨지만, 재림에는 사자와 같이 그분의 백성을 모으시고 사탄과 그의 무리를 심판하실 것입니다.

예수님의 재림이 가까워지는 마지막 때가 될수록 더욱 선명하게 나타나는 징조들이 있습니다. 우리가 바람이 불고 번개가 치면 큰비를 예상하는 것이 마땅한 것처럼, 지금의 징조들을 보면서 마지막이 가까이 오고 있다는 것을 알고 준비해야 할 것입니다. 마가복음 13장은 '소묵시록' 혹은 '요한계시록의 축약판'이라 불리는 장입니다. 예수님이 말씀하시는 마지막 때와 징조는 어떤 것들일까요?

거짓의 미혹

마지막 때가 될수록 예수라고 자칭하며 다니는 이들이 많을 것이라고 예수님은 말씀하셨습니다. "예수께서 이르시되 너희가 사람의 미혹을 받지 않도록 주의하라 많은 사람이 내 이름으로 와서 이르되 내가 그라 하여 많은 사람을 미혹하리라"(막 13:5-6). 실제로 예수님이 부활 승천하신 후 얼마 지나지 않아 주후 44년경에 '드다'라는 사람이 자신이 바로 재림 예수라고 주장했습니다. 사람들이 여기에 많이 현혹되어 사도행전 5장 36절에도 그의 이름이 나올 정도입니다.

그때나 지금이나 자칭 예수라는 자들, 소위 이단이 상당했습니다. 사탄의 평생 소원이 있다면 그것은 예수님을 복제하는 것입니다. 지금 이단들을 보면 기독교 용어 중에 중요한 단어들을 다 가져다가 쓰고 있습니다. 하나님의교회라는 이단을 보십시오. 하나님의교회라는 이름만 보면 얼마나 좋은 이름입니까. 하지만 그 하나님이 성경의 하나님이 아니라 사람이 하나님이 된 것입니다. 신천지를 보십시오. 성도가 사모해야 할 새 하늘과 새 땅이 신천지인데, 성경을 교묘하게 틀어 가르쳐서 교주가 성령 보혜사가 되고 예수님이 됩니다. 구원파, 여호와의증인도 마찬가지입니다. 이단에 미혹된 이들을 보면 연예인도 상당하고 교수, 의사, 박사들도 있습니다. 이단에 들어간 이유는 그들이 어리석어서가 아니라 주의하고 경계하지 않았기 때문입니다. '나는 괜찮을 거야', '내 자녀는 아무 이상이 없을 거야'라고 생각하기 때문입니다.

거짓의 미혹을 이기는 길은 예수님이 말씀하신 것처럼 주의하는 것입니다. '미혹'이라는 단어는 원어적으로 '길을 잃다, 벗어나다'라는 뜻입니다. 정도에서 이탈하는 것을 의미합니다. 사탄은 거짓의 아비입니다. 거짓이 그의 정체성이라는 뜻입니다. 이단들을 보면 결국 계속적으로 자신의 교리를 바꿉니다. 심지어는 부모에게도 거짓말을 하라고 합니다. 거짓 자체가 이단이 사탄에게 속해 있음을 그대로 보여 주는 것입니다.

가짜가 있다는 것은 진짜가 있기 때문입니다. 진품이 내 안에 있는데 유사품에 현혹되어서는 안 됩니다. 지금의 교회 공동체를 사랑하고 아끼십시오. 그리고 교회에서 실행하는 예배와 훈련에 집중하십시오. 미혹이라는 단어 자체가 '정도에서 벗어난다'라는 뜻임을 잊어서는 안 됩니다.

전쟁과 재난

마지막 때의 또 다른 징조는 전쟁과 재난에 관한 것입니다. "난리와 난리의 소문을 들을 때에 두려워하지 말라 이런 일이 있어야 하되 아직 끝은 아니니라 민족이 민족을, 나라가 나라를 대적하여 일어나겠고 곳곳에 지진이 있으며 기근이 있으리니 이는 재난의 시작이니라"(막 13:7-8).

인류의 역사는 전쟁의 역사입니다. 지난 인류 역사 속에 1만 4,530번의 전쟁이 기록되어 있습니다. 그런데 이 전쟁이 빈도가 잦아지고 규모가 커져 갑니다. 지금도 한반도는 남북한으로 갈라져 전쟁을 잠시 멈춘 휴전의 상황입니다. 하지만 북한은 최근까지 미사일을 계속 쏘면서 전쟁의 위협을 더해 가고 있습니다. 이스라엘을 중심으로 한 중동은 더합니다.

대한민국은 더 이상 지진의 안전지대가 아닙니다. 이웃 나라인 일본에게만 해당되는 이야기로 알았지만 경주, 포항을 비롯한 곳곳에서 지진의 소식이 들려옵니다. 18세기에는 지진이 세계에 걸쳐 640회 일어났다고 합니다. 19세기에는 2,119회, 20세기에는 보고된 횟수만 무려 1만 회에 달합니다. 횟수와 강도가 점차 강해지고 있습니다. 예수님은 이런 징조가 곳곳에 일어나겠고, 이것이 재난의 시작이라고 말씀하셨습니다. 예수님 당시에도 동일한 징조가 있었지만, 지금은 비교할 수 없을 만큼 강해지고 있습니다. 때를 살펴야 할 것입니다.

8절에 사용된 '재난'이란 단어는 영어로 'birth pains'인데 '산통'을 의미합니다. 어머니는 아이를 갖고 마지막 열 달째가 되면 아기를 낳기 위한 산통을 겪습니다. 산통이 반복적이고 주기가 짧아지면 아기가 나올 신호인 것처럼, 예수님이 오실 때가 더 가까이 왔다는 것을 지금의 시대가 보여 주는 것입니다. 이런 재난은 세상 사람들의 눈에는 단순한 재난처럼 보이지만, 성경 역사의 눈을 가진 우리에게는 예수님이 다시 오시는 새로운 시대를 낳기 위한 진통입니다.

성도는 이럴 때 두려워해서는 안 됩니다. 이런 전쟁이나 재난이 하나님의 섭리 가운데 일어나는 일이기 때문입니다. 7절 "두려워하지 말라 이런 일이 있어야 하되"라는 말씀에 사용된 동사는 영어로 'must come to pass'라는 단어입니다. 이 말은 '이런 일이 반드시 일어나야 하되, 이 세상의 모든 일을 하나님이 주관하고 계신다'라는 유대의 묵시적 개념에서 유래된 말입니다. 성도가 이 땅의 재난 속에서도 두려워하지 말아야 할 이유는 우리에게 약속된 영원한 생명이 있기 때문입니다.

7절과 13절에 각각 사용된 '끝'이란 단어는 영어로 'end'입니다. 이 말은 '끝'이라는 의미도 되지만 '목적, 목표'라는 뜻도 됩니다. 성도의 끝은 끝이 아니라 시작이기 때문입니다. 예수 믿는 우리에게 이 땅의 끝은 또 다른 시작입니다. 영원한 생명, 천국을 향한 시작이기에 끝이라고 맺지 않습니다. 우리는 다 천국에서 다시 만날 사람들입니다. 천국에 본향을 둔 우리는 이 땅에 속한 것들로 두려워하지 않습니다. 두려움은 하나님을 믿지 못한 결과입니다. 세상을 두려워하지 마십시오. 오직 믿음으로 지금을 이겨 내야 합니다.

박해와 핍박

"너희는 스스로 조심하라 사람들이 너희를 공회에 넘겨주겠고 너희를 회당에서 매질하겠으며 나로 말미암아 너희가 권력자들과 임금들 앞에 서리니 이는 그들에게 증거가 되려 함이라"(막 13:9). 사도 바울은 예수님을 전하다가 숱한 박해와 핍박을 받았고 감옥에도 자주 갇혔습니다. 그는 감옥에서 어떤 생각을 했을까요? 복음이 마침내 로마까지 전해져야 한다는 하나님의 말씀을 붙들고 감사함으로 감옥에서 찬양하며 기도하고 있지 않았을까요? 하나님의 복음은 결코 멈추지 않음을, 오랜 시간 갇혀 있음에도 불구하고 그분의 인도하심을 신뢰하며 예배드리지 않았을까요?

사도 바울은 비록 몸은 갇혀 있었지만 그의 눈은 열방을 향해 있었습니다. 초대교회의 신실한 성도들은 이런 삶을 살았습니다. 전쟁과 재난, 이단의 미혹들이 곳곳에서 교회를 어지럽게 했지만 신실한 주의 성도들은 예수님의 죽으심과 부활의 복음을 핍박과 박해 속에서 담대하게 전했던 것입니다.

예수님은 성도들을 향해 두 가지의 약속을 주셨습니다. 하나는 성령의 약속, 또 하나는 구원의 약속입니다. "사람들이 너희를 끌어다가 넘겨줄 때에 무슨 말을 할까 미리 염려하지 말고 무엇이든지 그때에 너희에게 주시는 그 말을 하라 말하는 이는 너희가 아니요 성령이시니라"(막 13:11). "또 너희가 내 이름으로 말미암아 모든 사람에게 미움을 받을 것이나 끝까지 견디는 자는 구원을 받으리라"(막 13:13). 성령이 성도를 도와주십니다. 어려움 속에서 십자가를 끝까지 붙들도록 힘을 주시고 도우시는 하나님이 바로 성령이십니다. 그 성령이 우리를 끝까지 견디게 하실 것입니다. 견디고 인내하는 자에게 예수님은 구원을 주겠다고 약속하셨습니다.

그런데 13절을 자세히 보십시오. 예수님의 이름으로 말미암아 모든 사람에게 미움을 받는다고 예수님은 말씀하셨습니다. 예수님을 믿으면 잘

되고 일이 척척 풀리기만 하는 것이 아니라 미움과 박해를 받을 수 있습니다.

강력한 이슬람 정부가 이끄는 파키스탄은 국가의 존재 이유가 이슬람 포교입니다. 그래서 예수 믿는 신실한 성도들이 핍박을 받습니다. 샤바즈 바티(Shahbaz Bhatti) 장관은 그리스도인인데, 오래전부터 탈레반의 살해 위협 속에서 신앙을 지키며 살아오다 아침 출근길에 총에 맞아 순교했습니다. 바티 장관은 리더십에 대해서 묻는 한국의 한 목사님에게 "리더는 고난 가운데 자라는 것입니다"라고 답한 적이 있습니다.

오늘날 한국 교회와 성도들이 가지고 있는 것은 너무 많습니다. 하지만 우리가 가진 것들 중에 과연 어떤 것이 고난과 핍박을 이기게 만들 수 있을까요? 복음의 능력을 회복할 때이고, 종교개혁자들이 부르짖었던 성경, 은혜, 믿음의 가치로 다시 돌아가야 할 때입니다. 저는 어르신들을 보면 참 마음이 뭉클합니다. 어르신들의 머리는 백발이 되었고, 얼굴에 주름이 있고, 손과 발에는 세월의 흔적들이 곳곳에 보입니다. 저는 어르신들의 이런 모습이 전혀 이상하게 느껴지지 않습니다. 주름과 고된 손과 발의 모습은 지나온 세월이 평탄했다고만 말해 주지 않고, 그들의 견딤을 보여 줍니다.

견디십시오. '견딘다'라는 말은 원어적으로 '참을성 있게 기다린다', '반대를 무릅쓰고 신념을 지킨다'라는 뜻입니다. 성도가 끝까지 견딜 수 있는 이유는 예수님이 우리를 사랑하시기 때문입니다. 그리고 그 힘을 공급하시기 때문입니다. 세상에서 오는 파도보다 하나님의 사랑이 더 큽니다. 하나님의 사랑을 매일 공급받고 채워 세상이 주는 두려움을 이겨 내는 진짜 성도가 되기를 기도합니다.

||| 예수님도 고난의 날을 준비하셨다

"예수께서 베다니 나병환자 시몬의 집에서 식사하실 때에 한 여자가 매우 값진 향유 곧 순전한 나드 한 옥합을 가지고 와서 그 옥합을 깨뜨려 예수의 머리에 부으니"(막 14:3). 베다니는 앞서 설명했듯이 '슬픔의 집'이란 뜻의 마을로서, 나병환자들이 집단촌을 이루며 살았습니다. 예수님께 치유를 받은 나병환자 시몬이 이곳에서 감사의 뜻으로 예수님을 모시고 식사 대접을 했습니다. 그때 무명의 여인이 비싼 향유 옥합을 깨뜨려 예수님의 머리에 붓습니다. 예수님은 그녀의 행동에 감동을 받아 이렇게 말씀하셨습니다. "내가 진실로 너희에게 이르노니 온 천하에 어디서든지 복음이 전파되는 곳에는 이 여자가 행한 일도 말하여 그를 기억하리라"(막 14:9). 얼마나 복된 일인지 모릅니다.

반면, 이 여인의 행동을 낭비라고 생각한 몇몇 사람들은 이것이 허비라고 말했습니다. "어떤 사람들이 화를 내어 서로 말하되 어찌하여 이 향유를 허비하는가"(막 14:4). 그 어떤 사람들의 무리 중에는 가룟 유다가 있었습니다. 그는 예수님의 열두 제자 중에 한 명으로 돈궤를 맡은 자입니다. 돈궤를 맡았기 때문에 계산이 빨랐을 것입니다. 그녀의 행동을 낭비와 허비라고 말한 그가 다음에 보인 모습이 10-11절에 나옵니다. "열둘 중의 하나인 가룟 유다가 예수를 넘겨주려고 대제사장들에게 가매 그들이 듣고 기뻐하여 돈을 주기로 약속하니 유다가 예수를 어떻게 넘겨 줄까 하고 그 기회를 찾더라"(막 14:10-11).

성경을 읽으면서 벌써 눈치를 챘겠지만, 저자인 마가가 의도적으로 지금의 사건들을 배치했다는 것을 알 수 있습니다. 향유 옥합을 깨뜨린 여인의 장면을 중심으로 처음과 끝에서 예수님을 팔아넘기고 죽이려는 시도가 담긴 장면들을 다루고 있습니다. 마가가 연출하고 싶은 의도는 무엇일까요? 먼저 가룟 유다를 살펴보겠습니다.

가룟 유다

가룟 유다라는 이름을 듣는 사람 치고 그에 대해 좋은 인상을 가진 사람은 없을 것입니다. 마가복음 14장 21절에서 예수님은 "그 사람은 차라리 나지 아니하였더라면 자기에게 좋을 뻔하였느니라"라고 말씀하셨습니다. 세상에 이만큼 불행한 사람이 어디 있겠습니까.

성경에는 가룟 유다가 언급되는 곳마다 이상하게도 돈 문제가 함께 다닙니다. 그는 돈궤를 맡은 자로 머리가 좋았습니다. 계산도 빠르고 돈에 무척 밝은 사람이었습니다. 그의 돈에 대한 욕심은 그칠 줄을 몰랐습니다. 급기야 자신의 스승인 예수님까지 팔아넘길 정도였습니다. 그가 처음부터 이런 사람은 아니었을 것입니다. 열정도 있고 머리도 좋으니 당연히 돈궤를 맡은 자가 되었을 것입니다. 하지만 시간이 지나며 예수님을 따라다녀 보니 자신의 생각과 예수님의 가르침이 너무나 달랐습니다. 다른 제자들은 예수님을 버리고 도망쳤지만, 가룟 유다는 예수님을 팔아 버리고 이득을 취합니다.

가룟 유다는 돈을 사랑하다가 망한 사람입니다. 예수님을 따라다니다 예수님을 대적들의 손에 은 30에 팔아넘겼습니다. 은 30은 율법에 의하면 노예에게 지불된 표준 임금입니다. 예수님을 노예의 몸값으로 유대 종교 지도자들에게 팔아넘긴 것입니다.

인생을 살다 보면 우리가 정말 어떤 사람인지, 우리의 마음 깊숙이 숨은 동기가 무엇인지가 드러날 때가 있습니다. 유다의 경우가 그렇습니다. 그는 향유 옥합을 깨뜨린 여인의 모습을 보면서 "웬 낭비인가"라고 말하며 합리적인 비판을 내놓지만, 그의 마음속에 무엇이 있는지를 성경은 정확하게 말합니다. "제자 중 하나로서 예수를 잡아 줄 가룟 유다가 말하되 이 향유를 어찌하여 삼백 데나리온에 팔아 가난한 자들에게 주지 아니하였느냐 하니 이렇게 말함은 가난한 자들을 생각함이 아니요 그는 도둑이라 돈궤를 맡고 거기 넣는 것을 훔쳐 감이러라"(요 12:4-6).

가룟 유다는 돈궤를 맡으면서 자주 돈을 훔쳐 쓰곤 했습니다. 향유 옥합을 깨뜨린 여인의 모습을 책망하면서 그가 한 말을 보십시오. 300데나리온에 팔 수 있다고 말합니다. 스승이신 예수님도 가만히 계시는데 제자인 그가 여인의 행동을 계산을 해 가면서 평가를 합니다. 성경이 그를 향해 말하고 있는 바가 정확합니다. "그는 도둑이라."

예수님은 수 차례 가룟 유다에게 회개할 기회를 주시지만, 그는 사탄에게 마음을 빼앗겨 결국 불행한 최후를 맞이하게 됩니다. 탐심이 가져온 비극입니다. 가룟 유다의 관점을 보십시오. 이 관점은 세상의 관점인데, 이 관점이 우리 안에도 있을 수 있습니다. 자신의 것도 아니면서 남의 헌신을 탐욕의 눈으로 평가하는 모습입니다.

가룟 유다의 관점으로 보면 옥합을 깨뜨린 여인을 도저히 이해할 수 없습니다. 그 돈으로 다른 것을 해도 된다는 마음은 하나님이 주시는 마음이 아닙니다. 그렇다면 이 여인의 마음은 어떤 마음이었을까요?

마리아

마가복음에서는 향유 옥합을 깨뜨린 이 여자의 이름을 밝히지 않습니다. 하지만 요한복음은 이 여인이 나사로의 누이인 마리아라고 그 이름을 밝힙니다(요 12:3). 마가복음에서 이 여인의 이름을 밝히지 않은 이유는 마리아가 성경 본문의 핵심이 아니기 때문입니다. 9절을 다시 보십시오. 예수님은 복음이 전파되는 곳에는 이 여자가 행한 일도 말하여 그를 기억하게 하겠다고 말씀하셨습니다. 즉 복음과 향유 옥합을 깨뜨린 이 여인의 행동은 깊은 관련이 있습니다.

예수님이 베다니 나병환자 시몬의 집에서 식사하고 계실 때 나사로의 누이 마리아가 들어왔습니다. 그녀의 손에는 값비싼 향유 한 옥합이 들려 있었습니다. 제자들은 그 향유의 가치가 300데나리온 이상일 것이라고 말합니다. 하루 품삯이 1데나리온이므로 300데나리온은 일반 노동자의 1년 품삯에 해당하는 큰돈입니다. 그럼에도 마리아는 그렇게 비싼 향유 옥합을 아낌없이 깨뜨려 예수님의 머리에 부었습니다. 이스라엘 처녀들은 향유를 혼숫감으로 준비했다고 합니다. 이것을 마련하는 데 마리아는 오랜 시간 수고했을 것입니다. 시집갈 밑천을 예수님께 드렸다면 전부를 드린 것입니다.

마리아가 예수님께 부은 나드 향유는 대체로 죽은 사람의 장례를 위해 사용되던 향유입니다. 당시에는 사람의 시신에 향유를 바름으로 시체의 방부 처리를 하는 풍습이 있었습니다. 예수님은 그동안 제자들에게 여러 번 십자가의 죽음을 예고하셨습니다. 하지만 아무도 거기에 관심을 가지지 않았습니다. 오히려 그들은 예수님이 왕이 되시면 어떤 자리를 차지할 것인가에 관심이 많았습니다. 예수님의 죽음 예고는 관심 밖이었습니다. 하지만 마리아는 마음에 담고 있었던 것입니다.

마가복음 14장 중반부터 이제 예수님의 십자가 고난이 시작됩니다. 잡혀가시고, 심문당하시며, 모진 고난이 시작되는 것입니다. 마리아는 예수님과의 시간이 마지막이라는 것을 깨닫고 자신이 가진 전부를 깨뜨린 것입니다.

마리아의 향유 옥합 깨뜨림은 예수님의 복음과 깊은 관련이 있습니다. 옥합은 귀한 것을 보관하기 위해 사용되는 물건입니다. 마리아는 그런 옥합을 살짝 뚜껑만 연 것이 아니라 깨뜨렸습니다. 이것은 예수님이 자신에게 가장 소중한 분이심을 고백하는 행위입니다. 다시는 그 옥합을 쓸 수 없기 때문입니다. 그녀가 자신의 전부를 드린 것처럼 예수님은 자신의 몸을 깨뜨리심으로 희생제물이 되셨습니다. 그녀의 행위는 복음을 드러내는 사건이 됩니다.

요한복음에는 그녀가 자기 머리털로 예수님의 발을 닦았다고 기록되어 있습니다. 여인의 머리털은 고귀함과 정결함의 상징입니다. 여인이 머리털을 푸는 것은 자신의 전부를 드리거나 혹은 자신이 죄인 됨을 고백할 때 하는 행위입니다. 자신은 죄인이며 예수님은 구원자 메시아가 되심을 고백하는 장면이 향유 옥합을 깨뜨린 사건에 포함됩니다. 예수님의 십자가 예고를 누구보다도 마음에 담아 놓은 마리아가 향유 옥합을 깨뜨림으로 복음을 드러낸 것입니다.

||| 성도는 헌신하며 자란다

가룟 유다의 눈, 세상의 눈으로 보면 이 여인의 행동은 낭비입니다. 하지만 복음의 눈, 예수님의 눈으로 보면 이 여인의 모습은 헌신이 무엇인지를 드러냅니다. 헌신에 대해서 제대로 보여 준 하나의 사건이 또 있습니다. 창세기 22장에 나오는 아브라함이 아들 이삭을 번제물로 바치는 장면입니다. 하나님은 아브라함에게 독자 이삭을 번제물로 바치라고 말씀하셨습니다. 아브라함은 주저 없이 아침 일찍부터 일어나서 준비했고, 이삭을 데리고 모리아산으로 떠났습니다. 그 산에서 아브라함이 이삭을 칼로 내리치려 할 때 하나님이 아브라함을 부르셨습니다.

저는 성경을 읽을 때 창세기 22장이 너무나 힘들었습니다. 하나님이 사람을 인신제물로 바치라 하시니 말입니다. 당시 이방의 신들이 요구하던 인신제물을 하나님이 말씀하셨다는 것 자체가 믿기 힘들었습니다. 또한 '이것이 과연 아브라함에게 주어진 순종의 테스트였을까?'라는 생각을 했습니다. 우리가 흔히 알고 있는 것처럼 가장 소중한 것을 바치고 헌신하면 하나님의 축복이 임한다는 식으로 이 본문을 정리해야 하나 생각하니 고통스러웠습니다. '만약 하나님이 나에게 아들을 제물로 바치라고 하신다면? 그리고 그것이 순종 테스트처럼 나를 시험하시는 코스라면 나는 과연 그런 하나님을 믿을 수 있을까?' 하며 의심스러웠습니다.

그런데 창세기 22장에 나오는 아브라함의 헌신은 아브라함의 순종 테스트로 맺어지는 대목이 아닙니다. 하나님은 여기서 하나님 아버지께서 아들 예수님을 이 땅에 보내심이 어떤 행동인가를 아브라함을 통해 우리에게 보여 주신 것입니다. 모리아산의 이 장면은 후에 제물이 되어 죽으

250

실 예수님의 모습을 보여 주는 것입니다. 이사야 선지자는 예수님의 이런 모습을 이미 오래전에 예언했습니다(사 53:2-7). 아들을 죽음으로 내몰 때 그 아들도 고통스럽지만 그 광경을 지켜보는 아버지의 마음이 어떠하겠습니까.

고대 시대에 쌍방이 계약을 할 때에는 짐승을 갈라 놓고 그 사이를 지나가게 함으로써 계약이 무효가 될 경우 이렇게 될 것임을 서로가 확인하게 했습니다. 하지만 창세기 15장에서 하나님이 아브라함과 언약을 맺으실 때는 어떻습니까? 아브라함이 짐승의 갈라진 사이를 지나간 것이 아니라 하나님이 지나가셨습니다. 보통 약소국이나 약한 자가 강대국이나 강한 자 앞에서 굴욕적인 계약을 맺을 때 그처럼 하는데 하나님이 특별히 그 사이를 지나가신 것입니다. 이것은 이 언약의 주체가 하나님이심을 보여 주는 것과 동시에 언약을 신실하게 지키기로 하나님이 먼저 서약하신 것입니다. 그래서 히브리어로 '계약을 맺다', '언약을 맺다'는 '쪼개다'라는 뜻을 가집니다. 하나님이 이를 보여 주신 것은 "네가 비록 약속을 어겨도 나는 이 약속을 끝까지 지키겠다"라는 약속입니다. 아브라함이 약속한 것이 아닙니다. 하나님이 약속하셨습니다.

우리는 나 자신이 결심한 것, 헌신한 것을 밥 먹듯이 어기고 파기한다는 것을 누구보다도 잘 압니다. 우리는 계약 파기자입니다. 주님을 위해 살겠다고 하지만 너무나 이기적입니다. 내 식대로 안 되면 비합리적이라고 생각하고 내가 모든 것의 중심이 되는 것이 나의 죄 된 모습입니다. 그런데도 우리는 뻔뻔하게 하나님의 보좌 앞에 나아가서 예배드립니다. 매일 계약을 파기하는 우리가 하나님의 보좌 앞에 나아갈 수 있는 이유는 우리는 계약을 파기하지만 계약을 파기함으로 쪼개져야 하는 벌을 예수님이 우리 대신 받아 쪼개지셨기 때문입니다. 우리는 십자가의 은혜 때문에 예배의 자리에 있을 수 있는 것입니다.

유명한 신학자이자 교회 역사가인 K. S. 라투레트(K. S. Latourette)는 교회 역사를 연구하면서 중요한 결론을 얻었습니다. "교회를 지켜 온 사람들, 그들은 신학자가 아니다. 정치가도 아니다. 부유한 사업가도 아니다. 심지어 목회자도 아니다. 이름 없이 인정 없이 주의 제단에 사랑을 바친 수 없이 많은 성도들, 바로 그들이 에클레시아의 주인들이었다." 예수님을 믿는 성도들은 헌신이 무엇인지 압니다. 왜냐하면 하나님이 먼저 그렇게 하셨기 때문입니다. 향유 옥합을 깨뜨린 여인의 모습이 낭비라고 생각합니까? 가룟 유다는 그렇게 말할지 모르지만 우리는 이것이 헌신이라고 말할 것입니다.

18 | 아버지의 잔칫상에 참여하라 _ 막 14:22-42

성찬은 예수님이 친히 세우신 예식입니다. 재료는 떡과 포도주이지만 이것은 예수님의 몸과 피를 상징합니다. 떡과 포도주를 먹고 마시는 자마다 예수님의 찢기신 살과 흘리신 피를 기억하라는 예식입니다. 초대교회는 예수님이 명하신 성찬예식을 모임 때마다 행했습니다. 성찬은 예배의 중심이었습니다. 사도행전 2장에 나오는 초대교회의 모습을 보면 성도들은 아름다운 교제 속에 함께 먹는 일에 힘썼다는 것을 알 수 있습니다.

초대교회의 모습을 보여 주는 당시 총독의 서신을 보면 더 자세히 알 수 있습니다. 소아시아 비두니아의 총독인 플리니 2세가 자신의 관할지역에 있는 그리스도인들의 동향에 대해 로마 황제 트라얀에게 보낸 내용입니다. "그리스도인들의 신앙은 해롭지 않은 미신으로 보입니다. 그들은 새벽에도 모여 시를 교독하며 찬송을 하고 그리스도를 신처럼 경배합니다. 그들은 도적질이나 강도질을 하지 않고, 간음하거나 약속을 깨지 않으며, 붙잡혀도 진리를 부인하지 말자고 서약합니다. 저녁에도 가정에 모여서 포도주와 떡을 먹고 사랑을 약속합니다. 그들은 사랑을 위해 죽는 것을 두려워하지 않는 무리입니다."

종교개혁자 존 칼빈은 "말씀이 선포되고 성찬이 제대로 행해지는 교회가 정확한 교회다"라고 말했습니다. 《웨스트민스터 소요리문답서》에서는 은혜의 방편 세 가지를 소개합니다. 말씀과 기도, 그리고 성례입니다. 성례는 세례와 성찬을 의미합니다.

||| 만찬에 참여하는 축복

예수님의 성만찬은 사복음서 모두에 기록되어 있습니다. 이 만찬이 중요한 이유는 성도들이 일평생 행해야 하는 예식이고, 또 이것이 장차 임할 하나님 나라의 만찬을 보여 주기 때문입니다. 성찬이 주는 유익은 무엇일까요?

새기라

예수님은 이스라엘의 주요 절기인 유월절에 제자들과 함께 만찬을 가지셨습니다. 유월절은 포로 된 땅, 애굽에서 풀려난 해방 기념절입니다. 이 절기에는 그날을 기억하면서 쓴 나물, 양고기, 누룩을 넣지 않은 빵을 먹습니다. 쓴 나물은 애굽에서 살던 시절의 쓰디쓴 고통을 생각하면서 먹는 음식입니다. 양고기를 먹는 이유는 강퍅한 바로의 마음을 돌이키기 위해 하나님이 애굽에 내리신 10가지 재앙 중 마지막 재앙인 장자의 죽음과 관련이 있습니다. 어린양의 피를 집의 문설주와 인방에 바른 집은 죽음의 천사가 넘어갔는데 그 일을 기억하기 위해서입니다. 그래서 유월절을 영어로 'pass over'라고 합니다. '지나갔다'는 의미입니다. 누룩 없는 빵은 당시 애굽을 빠져나올 때 시간적 여유가 없었기 때문에 누룩 없는 빵을 황급히 만들어 먹은 일을 기념하여 먹었습니다.

예수님은 십자가에 못 박힐 시간이 다가오고 있음을 아시고 제자들에게 유월절 식사를 준비하도록 하셨습니다. 그리고 제자들에게 준비된 떡과 포도주를 나눠 주시면서 말씀하셨습니다. "그들이 먹을 때에 예수께서 떡을 가지사 축복하시고 떼어 제자들에게 주시며 이르시되 받으라 이것은 내 몸이니라 하시고 또 잔을 가지사 감사 기도 하시고 그들에게 주시니 다 이를 마시매 이르시되 이것은 많은 사람을 위하여 흘리는 나의 피 곧 언약의 피니라"(막 14:22-24).

떡과 포도주는 예수님의 살과 피를 상징합니다. 예수님은 포도주를 나눠 주시며 이것은 나의 피, 언약의 피라고 말씀하셨습니다. 죄로 인해 죽어야 하는 우리 대신 예수님이 그 자리에서 찢기시고 피 흘리셨습니다. 흠 없는 예수님이 이 땅의 모든 죄를 뒤집어쓰시고 십자가에 오르셨습니다. 성찬을 대하면서 우리는 나를 위해 죽으신 예수님을 기억하고 마음에 새겨야 합니다.

우리는 매일 매 순간 십자가를 묵상해야 하지만 일상에 바빠 제대로 묵상할 시간이 없습니다. 성찬을 통해 우리는 십자가에서 피 흘려 돌아가신 예수님을 바라보아야 합니다. 예수님이 눈에 보이지 않는다고 해서 보지 못하는 것이 아닙니다. 우리에게 있는 믿음의 눈으로 예수님을 의식하며 성찬을 대해야 하는 것입니다. 그리고 성찬을 대하면서 우리는 다른 사람이 아니라 바로 내가 죄인임을 고백해야 합니다. 내 죄를 위해 죽으신 예수님을 성찬을 통해 만나야 합니다.

감사하라

예수님은 제자들에게 떡과 잔을 나누면서 감사하셨습니다(막 14:23). '성례'를 영어로 '유카리스트'(Eucharist)라고 합니다. '유카리스트'는 '감사하다'라는 뜻을 가진 헬라어 '유카리스토스'(εὐχάριστος)에서 유래되었습니다. 이 단어의 의미만 살펴보아도 성찬은 하나님의 은혜에 감사함으로 참여하기 위한 예식임을 알 수 있습니다. 지금까지 인도하시고 앞으로의 삶을 인도하실 하나님을 기억하며 감사해야 합니다. 감사는 발견하는 것입니다. 감사는 하나님이 이미 우리에게 주신 것들을 볼 줄 아는 눈을 여는 데서 시작합니다.

목회자로서 성찬을 대하면서 느끼는 것은 성도들이 예전 같지 않다는 것입니다. 어떤 교회는 성찬식 때 예수님의 십자가를 성도들이 생생하게 보고 느끼도록 스크린에 영화 〈패션 오브 크라이스트〉에 나오는 예수님의 십자가 고난 장면을 보여 주거나 채찍질 소리를 실감 나게 들려줍니다. 하지만 이제 성도들은 예전처럼 감동받거나 감격하지 않는 것 같습니다. 기독교의 가장 중요한 핵심인 십자가의 복음이 더 이상 복음으로 들리지 않는 것 같습니다. 나를 위해 죽으신 예수님의 희생이 더 이상 내게 새로운 그 어떤 의미를 부여하지 않는, 굳어져 가는 우리의 마음을 보게 됩니다.

성찬을 통해 우리는 하나님께 감사할 수 있어야 합니다. 대단한 헌신을 요구하는 것이 아닙니다. 하나님의 사랑과 예수님의 십자가 희생을 기억하면서 감사하자는 것입니다. 대신 그 감사에는 진심이 담겨야 합니다.

나누라

성찬을 통해 우리는 감격, 결단, 서원이 생깁니다. 나를 위해 죽으신 예수님의 사랑을 깨닫고 나면 내가 얼마나 소중한지를 알게 됩니다. 내가 얼마나 소중한지를 알게 되면 이 마음이 타인에게 확대됩니다. 내가 아닌 이웃을 사랑하고 섬기는 자가 되는 것입니다.

예수님은 자신을 팔아넘기는 가룟 유다라 할지라도 회개의 기회를 주셨습니다. 교부 요한 크리소스톰(John Chrysostom)은 "예수께서 발을 씻기실 때 가룟 유다의 발을 제일 먼저 씻기셨다"라고 말했습니다. 이것이야말로 예수님이 말씀하신 참사랑이며, 성찬의 확대 적용입니다. 사랑으로 가정과 교회를 섬기고 있는지 돌아보십시오. 보내심을 받은 십자가의 전달자로서의 사명을 일상에서 감당하고 있는지 돌아보십시오.

예수님이 떡을 떼어 나누신 것처럼 우리도 생명의 떡이신 예수님을 나눠야 합니다. 전도에도 참여해 보고, 복음을 직접 전해 보기도 하고, 단기 선교에도 함께 참여해 보십시오. 무엇보다 복음을 받아들이지 않는 주위의 영혼들을 위해 기도해 보십시오. 놀라운 기적이 일어날 것입니다. 성찬은 성도만이 누릴 수 있는 축복이요 특권입니다. 성찬은 단지 작은 조각의 떡과 한 모금의 포도즙이지만, 영혼에 미치는 영향은 대단합니다.

오래전 어느 교회의 당회 기록을 보면 이런 내용이 적혀 있습니다. "아무개 장로는 세 차례나 주일을 무단 범하였으므로 6개월간 근신케 하고 수찬 정지에 처함." '수찬 정지'라는 말은 성찬식에 참여하지 못한다는 뜻입니다. 당회의 권징입니다. 요즘 사람들은 이런 일에 웃을지도 모릅니다. 그런데 예전에는 그렇지 않았습니다. 성찬에 참석하지 못하는 것을 애석해하고 안타까워하면서 금식하고 회개했습니다. 그만큼 성찬이 중요했습니다. 예수님이 귀하게 여기시는 것을 귀히 여길 줄 아는 자가 복됩니다. 성찬은 아주 특별한 은혜의 시간입니다.

ⅠⅠⅠ 깨어 있어 기도해야 하는 이유

기독교는 '기도교'라고 불릴 정도로 기도를 많이 강조합니다. 하지만 많은 성도가 기도를 모를 뿐만 아니라 기도하지 않습니다. 하루에 30분 이상 기도하는 성도가 과연 몇 명이나 될까요? 예수님은 제자들과 함께 다니시면서 특별한 제자훈련을 하지 않으셨습니다. 하지만 기도하는 법에 대해서는 여러 차례 가르치셨습니다. 성전은 기도의 집이라고 말씀하시기도 하셨고, 예수님이 직접 가르쳐 주신 기도문인 주기도문까지 주셨습니다.

예수님의 하루는 기도에서 시작해서 기도로 마쳤다고 해도 과언이 아닙니다. 새벽 미명에 한적한 곳으로 가서 기도하셨고, 하루 일과를 마치시고 난 뒤에도 기도의 자리를 찾으셨습니다. 공생애를 시작하기 전에는 40일 금식 기도로 준비하셨고, 십자가 고난의 길을 앞두고도 예수님은 진액을 쏟는 기도를 하셨습니다. 우리는 어떠합니까? 기도 없이 무언가를 이루었다면 이룬 것이 아닙니다. 기도 없이 잘되고 있다면 그것은 결코 잘되고 있는 것이 아닙니다. 예수님이 승리하신 것은 기도에서 시작하셨고 기도로 마치셨기 때문입니다.

복음서를 보면 예수님이 흘리신 눈물을 기록한 내용이 세 번 나옵니다. 요한복음 11장에서 나사로가 죽었을 때, 누가복음 19장에서 예루살렘성의 멸망을 생각하셨을 때, 그리고 겟세마네 동산에서 기도하실 때입니다. 예수님의 눈물이 있는 겟세마네 동산으로 초대합니다. 그리고 예수님의 기도를 배웁시다.

예수님이 가신 기도의 장소는 겟세마네입니다. 이곳은 예루살렘에서 걸어서 20분 정도에 위치한 감람산에 있는 한 동산입니다. 감람산에는 감람나무(올리브나무)라고 불리는 나무들이 많이 자라나 있습니다. 이곳에는 올리브기름을 짜내는 틀이 곳곳에 있습니다. 그래서 겟세마네는 '기름을 짜다'라는 뜻을 가지고 있습니다. 지금도 그 장소를 가면 감람나무를 볼 수 있습니다. 그중에는 무려 2천 년의 나이를 가진 나무도 있습니다. 예수님이 기도하신 현장에 함께 있었던 나무일 수도 있을 것입니다.

기름을 짜는 곳인 겟세마네에서 예수님은 자신을 짜내듯이 혼신을 다해 기도하셨습니다. 의사 출신 누가는 예수님의 기도를 이렇게 말합니다. "예수께서 힘쓰고 애써 더욱 간절히 기도하시니 땀이 땅에 떨어지는 핏방울같이 되더라"(눅 22:44). 땀이 핏방울같이 되는 현상은 피부의 모세혈관이 터져 땀구멍으로 땀과 피가 함께 나올 때 나타납니다. 예수님의 기도가 편안한 기도가 아니라 혼신의 힘을 다한 기도임을 알 수 있습니다. 예수님은 십자가의 고통 앞에서 그 고통과 고난을 이겨 내시기 위해 간절히 기도하셨습니다. 기도 없이 그 고통을 이길 수 없었기 때문입니다.

예수님은 기도의 자리에 제자들을 데리고 가셨습니다. 그리고 함께 기도할 것을 부탁하셨습니다. "내가 기도할 동안에 너희는 여기 앉아 있으라"(막 14:32). '앉아 있으라'라는 말은 기도하고 있으라는 뜻입니다. 하지만 제자들은 자고 있었습니다. 예수님은 앞으로 닥칠 어려움이 어떤 것인지를 아셨기에 제자들에게 기도를 부탁하셨지만, 제자들은 육신의 피곤함을 이기지 못하고 잠들었습니다(막14:37-38).

성경에 "깨어 있으라"라는 말씀이 자주 등장합니다. 이 말은 영적으로 깨어 있으라는 표현입니다. 그런데 깨어 있다는 표현과 함께 본문에 쓰인 것이 기도하는 것입니다. 즉 깨어 있다는 것은 기도하고 있다는 것을 말합니다. 성도가 깨어 있지 않으면 시험에 들게 됩니다. 시험은 덫을 말합니다. 사탄이 주는 덫과 유혹에 빠져 넘어지는 것입니다. 그래서 우리는 기도해야 합니다.

대표적으로 베드로를 예로 들 수 있습니다. 그는 예수님의 죽으심에 대한 예고를 들으면서 "다 버릴지라도 나는 그리하지 않겠나이다"(막 14:29) 하고 장담했습니다. 하지만 예수님은 베드로에게 "오늘 이 밤 닭이 두 번 울기 전에 네가 세 번 나를 부인하리라"(막 14:30)라고 말씀하셨습니다. 시간과 부인하는 횟수까지 정확하게 말씀하십니다. 사실 베드로만 아니라 31절을 보면 모든 제자가 베드로와 같이 예수님을 배신하여 떠나지 않겠다고 말했습니다. 하지만 그 말을 한 지 반나절도 채 안 되어 베드로를 포함한 모든 제자가 도망을 갔습니다. 어떤 청년은 옷을 벗은 채로 도망갔습니다(막 14:52). 성경학자들은 그가 바로 마가복음을 기록한 마가 자신이었다고 말하기도 합니다.

베드로는 예수님이 잡혀가실 때 정확하게 예수님의 말씀대로 세 번이나 예수님을 부인하게 되고, 그때 닭이 웁니다. 베드로는 예수님의 말씀이 생각나 통곡하며 울었습니다. 당시 베드로가 통곡했던 곳을 기념해서 베드로통곡교회가 세워져 있습니다. 그 교회 꼭대기에 닭 형상의 조형물이 있습니다. 베드로 하면 닭이 생각나는 것은 예수님의 말씀 때문입니다. 전승에 의하면, 그 후로 베드로는 닭 울음소리만 들리면 예수님의 말씀이 생각나서 울었다고 합니다.

목회자로서 성도들을 보면서 때로는 안타까울 때가 있습니다. 사업이 어렵고, 가정도 힘들고, 문제가 여기저기서 터져 나오는데 기도의 자리에 나오지 않는 것입니다. 하지만 제가 성도를 안타까워하듯 하나님도 저를 보며 안타까워하신다는 것을 깨닫게 되었습니다.

본문의 말씀을 접하면서 "나는 그 상황이 되면 안 그럴 거야"라고 자신 있게 말할 수 있을까요? 수많은 기도의 동기부여와 부르심을 받았지만 잠들어 있어서 맞이한 시험이 얼마나 많은지 모릅니다. 국가적으로도 어려움을 겪고 있는 이때 이미 수년 전부터 나라를 위해 기도하라는 부르심이 있었지만 교회와 성도들은 잠들어 있었습니다. 환난과 위기가 닥쳤는데도 마치 비커 속의 개구리처럼 서서히 삶아져 죽을 때까지 온도가 상승하는지 체감하지 못하는 영적 둔감함을 가진 것이 우리입니다. 예수님은 그런 우리에게 "자느냐 네가 한 시간도 깨어 있을 수 없더냐"(막 14:37)라고 절박하게 말씀하십니다.

하늘의 줄을 잡으라

예수님은 십자가의 극심한 고통을 앞에 두고 이런 기도를 드리셨습니다. "이르시되 아빠 아버지여 아버지께는 모든 것이 가능하오니 이 잔을 내게서 옮기시옵소서 그러나 나의 원대로 마시옵고 아버지의 원대로 하옵소서 하시고"(막 14:36).

예수님은 십자가의 고통이 어떤 것인지 아셨습니다. 육신의 고통만이 아니라 하나님 아버지와 단절된 영혼의 고통, 그리고 그동안 아낌없이 사랑했던 이들로부터 버림받는 고통을 보신 것입니다. 하지만 예수님은 나의 원대로 마시옵고 아버지의 원대로 되기를 기도하셨습니다. 십자가의 고난의 잔을 마셔야만 하나님의 구원 계획이 완성된다는 것을 아셨기에 그렇게 되기를 기도하신 것입니다.

하나님께 답이 있다고 분명하게 말할 수 있습니까? 교회를 다니며 나름 직분도 받고 예배를 드리고 있지만 내 인생의 모든 문제의 답이 하나님께 있다고 고백할 수 있습니까? 우리가 기도를 배울 때 나의 어려움을 하나님께 고백하고 도움을 요청드리지만, 하나님의 방법과 하나님의 시간이 가장 정확한 답이라는 것을 인정하고 기다리며 신뢰하는 것도 배워야 합니다.

신앙생활 하면서 주위에서 가장 부러워해야 할 사람이 누구일까요? 바로 하나님과 소통이 잘되는 사람입니다. 바다가 우리에게 풍요함을 주기도 하지만 때로는 폭풍을 몰고 와 다 휩쓸어 갈 때도 있습니다. 인생에 쓰나미와 같은 파도가 없는 사람이 누가 있겠습니까. 땅의 줄을 잡고 있는 사람을 부러워하지 말고, 하늘의 줄을 잡은 사람을 부러워하십시오. 하나님과 소통이 잘되는 자, 기도가 잘되는 자가 되는 것이 정말 중요합니다.

제가 청라은혜교회에서 가장 먼저 공을 들여 세운 것이 중보기도부와 금요성령집회입니다. 한마디로 기도의 자리를 회복하고 기도의 사람들을 세우는 일입니다. 교회는 만민이 기도하는 곳이기 때문에 기도가 회복되면 자연스레 다른 것들이 회복되기 때문입니다. 지금의 문제도 기도의 제목거리이지 더 이상 문제가 될 수 없습니다.

신앙생활 하면서 하나님과 소통되지 못한 채 말씀을 들어도, 찬양을 해도, 기도를 해도 무응답인 분이 있습니까? 기도를 안 하는 성도에게는 응답이 없습니다. 다시 말해, 하나님의 응답이 없어도 자신이 알아서 한다는 것이니, 누군가의 말처럼 가장 교만한 사람은 기도 없는 성도입니다. 기도는 결코 미뤄서는 안 됩니다. 기도가 중단되었다면 다시 시작하십시오. 몇 가지 적용할 수 있는 내용을 살펴보겠습니다.

첫째, 나의 겟세마네를 만드십시오. 예수님의 주 기도 처소는 겟세마네 동산이었습니다. 나에게도 기도 처소가 필요합니다. 새벽 기도든, 저녁 기도든, 하루 중 어느 시간이든, 그리고 사무실이든, 집이든, 교회든 하나님께 집중할 수 있는 시간과 장소를 정해서 기도 시간을 채우십시오. 십의 일조는 헌금만 아니라 시간도 포함합니다. 십의 일조를 드리면 십의 구조를 책임져 주시는 하나님을 신뢰하십시오.

둘째, 기도의 동역자를 만드십시오. 예수님은 홀로 기도의 자리에 가지 않으시고 제자들과 함께 가셨습니다. 자녀들과 함께 기도의 자리에 가기를 추천합니다. 아이들은 부모님이 간절히 기도하는 모습을 보고 느껴야 합니다. 부모님의 기도가 자녀를 바꿉니다. 가족과 함께 예배의 자리로, 은혜의 자리로, 기도의 자리로 나아오십시오. 들어오기까지 영적 전쟁입니다. 승리해야 합니다.

셋째, 하나님을 "아빠 아버지"라 부르짖으십시오. 예수님은 하나님을 아버지라 부르는 놀라운 기도의 특권을 우리에게 주셨습니다. 아버지라 불러야 기도를 아는 것입니다. 아버지는 자녀가 어떤 것이 필요한지 압니다. 그리고 줄 수 있습니다. 생명의 주관자이시며 우주의 창조주이신 하나님께 우리는 구해야 합니다. 나의 필요에서 시작되는 기도가 자라고 성숙해지면 아버지의 필요를 보게 되는 데까지 나아갑니다. 거기까지 우리의 기도가 자라야 합니다.

우리는 기도를 언제까지 해야 할까요? "세 번째 오사 그들에게 이르시되 이제는 자고 쉬라 그만 되었다 때가 왔도다 보라 인자가 죄인의 손에 팔리느니라"(막 14:41). 예수님이 "그만 되었다" 하실 때까지 우리는 깨어 기도해야 합니다. 하나님이 기도하라고 하실 때에는 다 그만한 이유가 있습니다. 하나님이 일하시기 위해서입니다. 그런데 어떤 문제에서는 하나님이 아예 기도조차 시키지 않으십니다. 그것은 하나님의 뜻이 아니기 때문입니다. 또 어떤 경우 기도가 차고 넘쳐서 주님이 그만하라고 하실 때도 있습니다. 축복입니다.

《중독》(누가, 2014)이란 책을 보면 한국 사람 8명당 1명이 중독에 걸렸다고 말합니다. 중독 전문가가 말하는 중독을 이기는 가장 좋은 방법이 바로 고자질이라고 합니다. 하나님께 고자질하십시오. 모세도, 다윗도 하나님께 고자질했습니다. 많은 스트레스와 긴장감과 상처를 매일 하나님 앞에 고자질하니까 하나님이 도와주시고 하나님의 일을 그 사람을 통해 하신 것입니다.

우리는 나보다 더 전능하신 하나님 앞에 엎드려서 그분을 의지해야 합니다. 하나님 앞에 고합시다. 매일 새벽 저는 하나님께 고자질할 것입니다. 지금은 잘 때가 아닙니다. 깨어 기도할 때입니다. 각자의 겟세마네에서 깨어 시험을 이기는 성도가 되기를 기도합니다.

19 거기 계신 아버지 _막 14:53-65, 15:1-15

적대적인 사람들에 둘러싸여 아무런 변호인도 없이 불법적인 재판 한가운데 서신 분이 있습니다. 바로 예수님이십니다. 예수님은 연쇄살인 사건의 범죄자도 아니고, 살인사건의 현장에 유력한 증거를 남긴 범인도 아닙니다. 예수님이 하신 일이라고는 연약하고 지친 자를 품어 주신 것과 창기, 세리와 대화를 나누신 것, 나병환자를 고치시고 맹인과 말 못하는 자를 기적적으로 고치신 것입니다. 하나님 나라와 복음에 대해 말씀하시며 때로는 성전을 성전답게 해야 한다며 올곧은 소리를 발하기도 하셨습니다. 그런 예수님을 대제사장을 비롯한 종교 지도자들이 잡아 와서 재판정에 세운 것입니다.

종교 지도자들은 무장한 무리를 보내 겟세마네에서 기도의 시간을 마치신 예수님을 체포하여 대제사장의 집으로 끌고 갔습니다. 예수님의 체포 소식을 들은 산헤드린 공회의 회원들은 예수님을 심문하기 위해 밤중에 가야바의 집으로 모여들었습니다.

당시 산헤드린은 이스라엘의 최고 법정 기관으로, 모세의 70인 장로 재판 제도를 받아들여 70명의 회원을 두었으며 대제사장이 의장을 맡았습니다. 산헤드린은 정원의 3분의 1(23명)만 모이면 회의를 열 수 있었습니다. 이 회의는 피고인을 공정하게 판결하기 위해서 회의 장소를 시장과 같이 많은 사람이 모이는 곳에 설치했으며, 밤에 은밀하게 재판하는 것을 금했습니다. 특히 사형과 같이 중대한 사안을 다룰 때에는 신중한 판결을 위해 당일에 결정하지 않고 며칠씩 시간을 두고 결정하도록 규정했습니다. 또한 산헤드린 회의는 보통 절기 때에는 열리지 않았습니다.

그러나 예수님의 재판은 이러한 원칙이 지켜지지 않았습니다. 예수님의 재판은 대축제일인 유월절에 행해졌으며, 그것도 사형을 언도하기 위해 밤에, 공개적인 장소가 아닌 대제사장의 집에서 은밀히 행해졌습니다. 그들은 정직하게 재판을 진행하기보다 재빨리 판결을 내리기 위해 밤에 은밀하게 모여서 불법 재판을 하였습니다.

유대 사회에서는 재판을 진행할 때 죄를 짓는 것을 목격한 증인이 두 사람 이상 있어야 했고, 그 증인들의 말이 서로 일치해야만 했습니다. 증인들의 증언이 끝나면 피고인이 나와서 증인의 말에 대해 변명을 해야 했습니다. 서로의 진술이 끝나면 최종적으로 산헤드린 회원들이 판결을 내렸습니다.

그들은 예수님을 잡기 위해 거짓 증인들을 세웠으나 서로 말이 맞지 않았습니다. "대제사장들과 온 공회가 예수를 죽이려고 그를 칠 증거를 찾되 얻지 못하니 이는 예수를 쳐서 거짓 증언하는 자가 많으나 그 증언이 서로 일치하지 못함이라"(막 14:55-56). 증거가 없고 증인의 말도 일치하지 않으니 예수님은 무죄이고 풀려나셔야 함이 마땅합니다. 하지만 그들의 목적은 공정한 재판에 있지 않았습니다. 예수님을 죽음으로 몰고자 불법 재판을 강행합니다.

재판이 원하는 대로 진행되지 않자 대제사장이 직접 일어나 예수님께 물었습니다. "침묵하고 아무 대답도 아니하시거늘 대제사장이 다시 물어 이르되 네가 찬송 받을 이의 아들 그리스도냐"(막 14:61). 대제사장은 하나님의 이름을 부르는 것을 피하기 위해 '찬송 받을 이'라는 표현을 사용했습니다. 재판 과정에서 침묵하시던 예수님은 "내가 그니라"라고 답하셨습니다. "예수께서 이르시되 내가 그니라 인자가 권능자의 우편에 앉은 것과 하늘 구름을 타고 오는 것을 너희가 보리라 하시니"(막 14:62). 예수님의 대답에 대제사장은 옷을 찢으며 신성 모독죄로 사형을 언도했습니다. 사형이 언도되자 사람들은 이때다 싶어 예수님께 침을 뱉으며 얼굴을 때렸습니다. 아무 죄 없으신 예수님이 조롱당하고 정죄당하셨습니다.

이 재판을 어떻게 생각합니까? 이상한 재판을 넘어 불법을 행하는 불의한 재판 아닙니까? 하지만 재판을 진행하는 산헤드린 공회보다 더 이상한 것은 바로 예수님의 태도입니다. 보통 이 정도 되면 죄수의 입장에서 충분한 변명거리를 대거나 변호를 하실 만한데도 예수님은 침묵하셨습니다. 마지막 대제사장의 질문에 메시아임을 드러내셨을 뿐입니다.

예수님이 재판 과정에서 자신을 변호하지 않고 침묵하신 이유가 있습니다. 대부분의 재판에서 재판을 받는 사람들은 자신의 행위 때문에 재판을 받게 됩니다. 하지만 예수님의 재판은 그렇지가 않았습니다. 예수님은 자신의 정체성 때문에 재판을 받으셨습니다. 예수님은 다른 질문에는 침묵하셨지만 예수님의 정체성에 대한 질문에 대해서는 "내가 그니라"라고 분명하게 답하셨습니다. 진리를 드러내셔야 할 때 예수님은 주저 없이 자신을 드러내셨습니다. 그동안 예수님을 따르는 사람들이나 귀신들이 예수님을 그리스도라 인정했지만, 이제는 예수님 자신이 그리스도임을 드러내셨습니다.

혹시 예수님처럼 억울하고 불법이 가득한 상황에 직면한 적이 있었나요? 저의 어머니는 지금도 한이 되어서 치매가 진행되고 있는 와중에도 하소연하시는 일이 있습니다. 과거에 빌려준 돈을 채무자가 파산 신청을 하는 바람에 받지 못한 일을 너무나 속상해하셨습니다. 이제는 많이 좋아졌지만 예전에 제가 그 부분을 놓고 어머니 대신 회개 기도를 한 적이 있습니다. 그때 하나님이 그 기도를 받으셨고 물질의 영역에서 많은 것을 하나님께 맡기는 계기가 되었습니다.

사람과의 관계나 돈의 관계도 이러할진대 예수님이 당하신 이 억울한 광경은 어떠할까요? 이미 제자들은 다 도망가고 없습니다. 베드로만 멀찍이 따라왔지만 두려움에 휩싸여 멀리서 지켜볼 뿐입니다.

||| 결코 혼자가 아니다

여기서 우리가 놓치지 말아야 할 또 한 분의 관점이 있습니다. 그것은 바로 이 모든 상황을 보고 계시는 하나님 아버지의 관점입니다. 사랑하는 아들이 폭도들에게 당하는 모습을 바라만 보셔야 하는 하나님 아버지의 괴로움은 어떤 고통보다 더 클 것입니다. 이 재판에서 침묵하시는 분은 예수님뿐만 아니라 하나님 아버지도 계셨습니다. 이 상황을 참고 견디고 침묵하시는 하나님과 독생자 예수님이 이상하지 않습니까? 참으로 이상한 재판입니다.

예수님을 믿음은 이상한 일입니다. 설명이 잘 안 됩니다. 그래서 은혜입니다. 인간의 지혜와 지식으로 하나님을 설명하기 힘듭니다. 그래서 우리에게는 계시된 성경이 있습니다. '계시'란 '밝힌다'라는 뜻입니다. 우리의 머리로는 하나님을 이해하기 힘들기 때문에 하나님은 성경을 주셔서 자신을 밝히 드러내셨습니다. 그래서 우리의 모든 근거가 성경에 있는 것입니다. 전도를 할 때도 성경 말씀을 근거로, 나의 믿음도 성경을 근거로, 하나님의 살아 계심도 성경을 근거로 말해야 하는 것입니다.

세상 사람들이 보기에 예수 믿는 사람은 이상합니다. 왜냐하면 힘들어도 기뻐하고 감사합니다. 정해진 날, 정해진 장소에서 함께 예배하고 소리 높여 찬양합니다. 말씀을 듣습니다. 사람들이 보기에 이해할 수 없습니다. 하지만 우리는 여기에 진리가 있음을 압니다. 예배에 하나님이 함께하심을 믿고 아는 것입니다.

성경에도 이상한 사람 천지입니다. 대표적으로 한 사람을 추천하면 욥을 들 수 있습니다. 욥은 당대의 의인이었습니다. 그가 얼마나 철저하게 하나님을 경외했던지, 자식들이 하나님께 범죄했을까 봐 자식들의 명수대로 번제를 드렸던 사람입니다. 그런 그를 사탄이 하나님의 허락을 받아 시험했습니다. 사탄이 하나님께 허락을 받았다는 것은 욥에게 임한 고난이 하나님의 통제 아래 있음을 말합니다. 욥은 자신이 가지고 있던 소유물을 하루아침에 잃게 되고, 자녀 10명을 한꺼번에 사고로 잃었습니다.

이 모든 것은 사탄이 한 짓입니다.

하지만 욥은 하나님을 원망하지 않았습니다. 사탄은 욥이 자신이 가진 번영과 재물 때문에 하나님을 경외한 것이라 생각하고 그것들을 거두었지만, 욥은 하나님 앞에 신앙 고백을 합니다. "욥이 일어나 겉옷을 찢고 머리 털을 밀고 땅에 엎드려 예배하며 이르되 내가 모태에서 알몸으로 나왔사 온즉 또한 알몸이 그리로 돌아가올지라 주신 이도 여호와시요 거두신 이도 여호와시오니 여호와의 이름이 찬송을 받으실지니이다 하고"(욥 1:20-21).

이 모든 상황을 지켜보고 계시는 하나님을 보십시오. 하나님의 마음이 느껴집니까? 하나님은 전지전능하시니 욥이 마침내 이런 신앙 고백을 하면서 하나님을 배신하지 않을 것을 이미 아셨을까요? 그래서 하나님은 이런 고난을 허락하신 것일까요? 하나님이 마침내 욥이 시험에서 이길 것을 아셨다 할지라도 이 상황을 마치 게임처럼 즐기실 리가 없습니다. 예수님이 고통당하고 억울하게 재판 받으시는 과정을 보고 계시는 하나님은 '조금만 참아라. 곧 십자가를 이기면 모든 것이 정리된다' 하는 마음으로 눈을 감고 계신 것이 아닙니다. 하나님은 이 모든 과정을 함께 겪고 계십니다. 이 모든 고통 속에 함께 계시며, 함께 아픔을 겪으시며, 함께 아파하십니다.

욥의 상황만 그런 것이 아닙니다. 오늘날 우리의 상황도 그렇습니다. 하나님이 손가락만 까닥하셔도 나를 대적하고 위협하는 세력은 눈 깜짝할 사이에 사라질 수 있습니다. 교회를 대적하고, 어지럽히고, 진리를 거슬러 행하는 모든 것에 대해 하나님이 입김만 발하셔도 그것들은 다 없어질 것입니다. 그런데 하나님은 불법이 난무하는 곳에 마치 아무런 지지자

없이 서 있는 교회와 성도들을 보고 계십니다. 우리가 그리스도인이라는 정체성 때문에 당하는 고난의 자리, 억울함의 자리에 하나님도 함께 서 계시는 것입니다.

제가 예수님을 인격적으로 만나고 신앙생활을 할 때 가장 힘들었던 부분이 바로 '고통의 문제'였습니다. 저뿐만 아니라 신실하게 신앙생활 하는 성도들이 겪는 고난과 고통의 문제를 이해할 수가 없었습니다. 차라리 믿음 없고 신앙생활을 대충 하는 이들이 고난과 고통을 당한다면 "다시 믿음생활을 잘하시고 회복하시면 됩니다"라고 말할 수 있을 것입니다. 그런데 예수님을 믿지 않는 사람들은 잘되고, 신실한 하나님의 자녀들이 어려움을 당하는 상황을 어떻게 해석할 수 있냐는 말입니다.

복음서를 읽으면서 차차 알게 되었습니다. 예수님의 모습을 보면서 말입니다. 예수님은 고통과 불행을 다 해결하기 위해 자신이 이 세상에 왔다고 말씀하시지 않았습니다. 오히려 예수님은 이런 문제들을 가진 사람들과 함께하기 위해서 오셨습니다. 그리고 스스로 극심한 고통을 겪으신 것입니다.

성경의 첫 책인 창세기부터 하나님은 인간을 사랑하사 구원의 계획을 준비하셨습니다. 그 계획은 자신의 사랑하는 아들 독생자 예수를 이 땅에 제물로 보내시는 일입니다. 창세기로부터 시작해서 성경 곳곳에 예수님의 희생제물의 예표가 있습니다. 하나님은 멸망의 길을 가고 있는 인간들을 그저 팔짱만 낀 채 바라보지 않으셨습니다. 우리를 사랑하사 독생자 예수님을 보내셨고, 예수님은 일말의 망설임도 없이 고통과 조롱과 죽음이 기다리고 있는 인간의 삶 한가운데로 뛰어들어 오셨습니다.

불법이 가득한 인간 세상에서 불법의 재판을 받으시는 예수님은 하나님의 구원의 온전한 뜻을 이루기 위해 조롱과 핍박을 참으셨습니다. 그리고 조용히 "내가 그니라" 하며 자신이 그리스도임을 밝히셨습니다. 그 말씀을 하면 십자가형을 선고받아 죽임당할 것을 아시면서도 예수님은 "나는 너희의 죄를 짊어지고 죽어야 할 어린양 예수, 그리스도다"라고 밝히신 것입니다. 인간의 눈으로 보면 이 재판은 불의하고 불법적인 재판이지만, 이 또한 하나님의 구원의 계획을 이루기 위한 단계일 뿐입니다.

이 땅에서 겪는 억울함과 고통의 문제를 일일이 다 이해할 수 없습니다. 하지만 신앙인이 분명하게 알아야 하는 것은 우리가 겪는 고통과 억울함을 통해 우리는 영원이라는 것에 관심을 옮기게 된다는 것입니다. 고통은 미래로 가기 위한 관문일 뿐입니다. "생각하건대 현재의 고난은 장차 우리에게 나타날 영광과 비교할 수 없도다"(롬 8:18).

한 사회가 얼마나 정의로운가를 판별하는 가장 중요한 기준은 재판이 정의를 얼마나 실현하느냐 하는 것입니다. 사법부가 무고한 사람에게 죄를 뒤집어씌워 사법 살인을 자행하고 있다면 그 사회는 악인들이 득세하고 있는 것입니다. 불법이 가득한 재판 현장에서 죄 없으신 예수님이 우리를 구원하기 위해 이 모든 것을 견디셨습니다. 그리고 그 자리에 전능하신 하나님 아버지도 함께 조롱당하며 계셨습니다.

저는 믿습니다. 언젠가 의로우시고 진실하신 하나님이 십자가의 피로 세워진 공의와 진리의 보좌 위에서 반드시 심판하실 날이 올 것임을 말입니다. 그날에는 어린양 예수를 따르지 않는 무리가 자비가 없는 심판대 위에 서서 그리스도의 피를 믿지 않은 죄의 대가를 영원히 치르게 될 것입니다.

||| 무리와 진리의 전쟁

인생은 끊임없는 만남의 연속입니다. 어떤 만남을 가지느냐에 따라 인생의 향방이 달라집니다. 변화는 만남에서 시작되기 때문입니다. 여기 두 번 다시 오지 않을 귀한 만남을 헛되게 한 인물이 있습니다. 빌라도입니다. 그는 유대에 파견된 로마 총독으로 높은 지위에 있었던 사람입니다. 하지만 그가 직접 예수님을 죽인 것도 아닌데 "본디오 빌라도에게 고난을 받아 십자가에 못 박혀 죽으시고"라는 사도신경의 표현을 통해 천 년 이상 그리스도인들의 입에서 그의 이름이 악명으로 고백되고 있습니다. 두고두고 악한 사람으로 언급되는 빌라도는 참으로 안타까운 인생입니다.

대제사장을 비롯한 종교 지도자들은 예수님을 불법적으로 심문한 뒤 새벽에 빌라도 총독에게로 끌고 갔습니다. 유대인들은 로마의 속국이기에 사형집행권이 없었기 때문입니다. 그래서 새벽부터 예수님을 죽이기 위해 빌라도 총독에게 간 것입니다. 빌라도는 예수님을 심문했지만 예수님에게서 죄를 찾을 수 없었습니다. 더군다나 그의 아내가 하인을 시켜 예수님을 놓아 주라고 했습니다. "총독이 재판석에 앉았을 때에 그의 아내가 사람을 보내어 이르되 저 옳은 사람에게 아무 상관도 하지 마옵소서 오늘 꿈에 내가 그 사람으로 인하여 애를 많이 태웠나이다 하더라"(마 27:19). 하지만 빌라도는 그렇게 할 수 없었습니다. 바로 군중 때문입니다.

빌라도는 하나의 묘안을 생각했습니다. 이미 잡혀 있던 흉악범 바라바를 특사로 풀어 주자는 것입니다. 당시 우리나라의 광복절 특사처럼 유대의 큰 절기인 유월절 절기에 죄수 한 사람을 풀어 주는 전례가 있었습니다. 흉악한 바라바와 예수님을 맞붙이면 그래도 저들이 살인자보다는 예수를 풀어 주자고 하지 않을까 생각한 것입니다.

하지만 대제사장을 비롯한 무리는 예수님이 아닌 바라바를 놓아 달라고 했습니다(막 15:11). 그리고 무리는 예수님을 십자가에 못 박게 하라고 소리를 쳤습니다. 그들의 모습을 표현한 성경을 보십시오. "그들이 다시 소리 지르되 그를 십자가에 못 박게 하소서 빌라도가 이르되 어찜이냐 무슨 악한 일을 하였느냐 하니 더욱 소리 지르되 십자가에 못 박게 하소서 하는지라"(막 15:13-14). 예수님을 십자가에 못 박게 하라고 강하게 요구했습니다.

십자가형은 국가전복죄, 민란이나 살인과 같은 중범죄를 저지른 사람만 당하는 형벌이었습니다. 예수님께 전혀 해당되지 않지만 유대인들은 예수님을 정치적인 범죄자로 몰아붙여 십자가로 내몰았습니다. 결국 빌라도는 그들의 요구를 들어주게 됩니다. 사복음서에 다 기록된 이 재판은 마가복음에는 간략하게 기록되었지만, 여러 복음서를 보면 빌라도가 많은 번민을 했음을 알 수 있습니다. 하지만 그는 군중의 요구를 들어주었고 예수님을 십자가형에 처했습니다. "빌라도가 무리에게 만족을 주고자 하여 바라바는 놓아주고 예수는 채찍질하고 십자가에 못 박히게 넘겨 주니라"(막 15:15).

성경의 표현을 보십시오. "무리에게 만족을 주고자 하여"라고 적혀 있습니다. 빌라도는 총독으로서 공의로운 판단과 정의를 실행하지 않았습니다. 오히려 그는 불법이 가득한 무리의 요구를 들어주는 것이 자신의 정치적 입지에 도움이 될 것이라 여겼습니다. 예수님께 죄가 없다는 사실을 잘 알면서도 군중의 요구를 따라 예수님을 십자가형에 처했습니다.

여기서 빌라도에 대해서 알아볼 필요가 있습니다. 빌라도는 로마에서 파견된 유대 땅의 5대 총독이었습니다. 로마의 티베리우스 황제 시대에 10년간 팔레스타인 유대 땅의 총독으로 있었습니다. 유대 역사가 요세푸스에 의하면, 빌라도는 잔인한 총독이었습니다. 지나치게 로마에 아부했고 로마 황제 숭배를 강요했습니다. 그 이유는 자신의 출세 때문이었습니다. 출세를 위해서 무슨 일이든 할 수 있었던 그는 평균 5년 정도의 총독 기간보다 더 오랜, 10년 동안을 머물러 있었습니다. 처세술과 출세욕이 가득한 그는 예수님의 십자가 처형 이후 계속적인 죄책감과 정죄감에 시달렸습니다. 결국 사마리아인 학살 사건으로 로마 정부가 본국으로 소환하자 그는 자신의 정치 생명이 끝났다고 판단하고 자살을 했습니다.

바른 통치보다 군중의 요구에 흔들린 빌라도의 인생은 비참했습니다. 비록 적극적인 의도는 없었더라도 정의와 진실보다 자신의 안위를 우선시해 군중의 압력에 굴복하여 예수님을 십자가형에 내어 준 빌라도의 판결은 역사에 남은 비겁한 재판이고 앞서도 언급했듯이 그를 지금까지 악하게 언급하는 이유입니다.

대제사장을 비롯한 종교 지도자들이 예수님의 재판을 새벽에 급히 은밀하게 진행한 이유는 민심이 동요할까 봐 두려워서이기도 했습니다. 그동안 수많은 사람이 예수님을 따르고 메시아로 생각하며 예루살렘 입성 때 "호산나"를 외치며 노래했습니다. 빌라도의 재판까지 재판을 총 여섯 번이나 치렀기 때문에 그 과정을 사람들이 모를 리가 없었습니다. 소문이 났고, 알게 되었을 것입니다. 하지만 누구 하나 예수님을 죄 없다 하지 않았습니다. 오히려 그들은 예수님이 진짜 메시아라면 지금의 상황을 역전

시키고 어떤 기적을 베풀지 않을까 생각했을 것입니다. 하지만 예수님은 묵묵히 십자가의 길을 가셨습니다. 채찍질과 매질을 당하시며 십자가에 못 박히셨습니다.

복음서에는 '허다한 무리'라는 말이 8회, '큰 무리'라는 말이 20회 등장합니다. 그들은 예수님을 졸졸 따라다니며 좇았지만 그들의 목적은 자신들의 유익이었습니다. 자신에게 유익이 되지 않으면 예수님을 버리기도 하고 십자가에 내몰기도 하는 이들이 무리입니다.

앞으로 교회가 맞이할 전쟁은 바로 이 전쟁, 즉 무리와 진리의 전쟁이라고 생각합니다. 다수결이 진리에 맞선다고 해서 진리가 아닌 것이 아닙니다. 즉 진리는 다수결이 아닙니다. 성도가 분별해야 하는 것은 바로 진리인가, 아닌가 하는 것입니다. 진리로 둔갑한 비진리가 우리의 삶을 혼란스럽게 만듭니다. 사탄의 또 다른 이름은 미혹의 영입니다(요일 4:6).

신약에만 '미혹'이라는 단어가 36회 등장합니다. 미혹의 영으로 들어오는 사탄은 지금 내 주변에서 일어나는 일들로 인해 하나님을 의심하고 떠나게 합니다. 그래서 성도들은 눈과 귀를 지켜야 합니다. 보고 듣는 것이 신앙입니다. 믿음은 들음에서 나기 때문에 온전한 믿음을 가지기 위해서는 몸의 창인 눈과 귀를 지켜야 합니다. 영적으로 좋은 것을 보고 들을 수 있는 곳에 자신의 눈과 귀를 고정해야 합니다.

||| 눈과 귀를 하늘 아버지께 고정하라

신앙인의 싸움은 하나님 앞에서 내가 가야 할 방향을 정하고 내 몸을 그쪽으로 맞춰 가는 싸움입니다. 그러기 위해서는 내 몸을 쳐서 복종해야 합니다. 결국 육이 행하는 것에 영이 가면서 영이 자라는 법입니다. 피할 것은 피하고 집중할 것은 집중해야 합니다. 진리가 아닌 소리를 오랫동안 듣고 눈을 고정하면 자신도 모르게 그쪽으로 믿음이 자랍니다. 환경이 모든 것을 결정 짓는다는 것에는 동의하지 않지만 환경이 주는 영향력을 무시할 수는 없습니다.

눈과 귀를 하나님 앞에 고정하십시오. 주일예배만 아니라 평일 새벽예배도 나가고, 금요성령집회에도 가서 말씀 앞에 서십시오. 목장 모임에서 눈과 귀를 말씀과 영혼들의 탄식에 고정해 보십시오. 그 속에서 주님의 음성을 듣게 될 것입니다. 자동차 안에서 찬양을 하고, 출퇴근 시간에 말씀 앱을 통해 성경을 읽거나 암송하고, 일하는 틈틈이 큐티하고 묵상을 실천해 보십시오. 영이 자랄 것입니다.

무리의 요구 속에 빌라도는 바라바는 놓아주고 예수님은 채찍질하고 십자가에 못 박히게 넘겨 주었습니다. 진짜 죄인인 바라바는 무죄 석방되고 진짜 의인이신 예수님은 사형을 언도받는 모순을 보게 됩니다. 하지만 우리는 바라바가 바로 나 자신임을 깨닫게 됩니다. 예수님이 내 죄를 위해 십자가에 달리셨습니다. 그로 인해 내가 산 것입니다. 죄인 중에 괴수인 내가 살고 예수님은 죽게 되신 것입니다.

빌라도도 예수님의 소문을 들었고 예수님이 죄가 없다는 것을 알았습니다. 하지만 그는 예수님을 구원자로 믿지는 않았습니다. 진리이신 예수님이 자기 앞에 서 계셔도 한 명의 죄수, 말 많은 유대 사회의 골칫거리에 불과할 뿐 빌라도는 예수님을 믿지 않았습니다. 많은 지식과 높은 지위에 있더라도 진리는 가려질 수 있습니다.

마가복음은 예수님이 우리의 구원자, 메시아 되심을 강조합니다. 많은 기적과 이적이 사람을 변화시키는 것이 아니라 그런 기적과 이적을 보고서도 예수님을 부인할 수 있다는 것을 보여 줍니다. 아무리 높은 자리에 있는 자라 할지라도 진리를 보지 못하는 자가 될 수 있음을 말해 줍니다. 그리고 조용히 마가는 십자가를 제시합니다. 그것이 마가복음 15장부터 시작되는 예수님의 행보입니다. 예수님은 말없이 고통을 감내하셨습니다.

우리가 어떻게 예수님을 알고 믿을 수 있게 되었을까요? 우리가 발견한 것이 아니라 하나님이 우리를 발견하셨기에 가능한 일입니다. 십자가 아래에서 우리는 자기 자신을 발견합니다. "주님, 여기 바라바가 서 있습니다. 주님, 여기 죄인이 서 있습니다."

예수님은 구원을 이루시고자 고난의 길로 묵묵히 나아가셨습니다. 무리에게 인기를 얻으려고 공의를 저버린 빌라도의 모습과는 차원이 다른 모습입니다. 빌라도는 잠시 정치적 인기를 누렸을지 모르겠으나 예수님은 영원한 영광을 얻으셨습니다.

혹시 세상의 이해관계가 걸리거나 자신의 유익을 위해 진리를 타협한 적은 없습니까? 말씀을 통해 예수님을 다시 주목하기 바랍니다. 예수님은 우리를 살리시기 위해 채찍질을 당하시고 십자가에 못 박히셨습니다. 이 모든 상황이 억울하고 불공평하고 불법이지만 예수님은 참으셨습니다. 그것은 우리를 사랑하셔서 우리에게 영원한 생명을 주시기 위함입니다. 이제 우리도 묵묵히 십자가를 향해 걸어갑시다.

20 | 십자가를 짊어지고 아버지를 따르라 _ 막 15:16-32, 37-47

　　마가복음 15장부터 예수님의 십자가 수난이 본격적으로 시작됩니다. 예수님은 빌라도에 의해 재판을 받으신 후 채찍질을 당하셨습니다. 이제 예수님은 골고다 언덕을 오르셔서 십자가에 달리십니다. 마가복음의 저자인 마가는 십자가에 달리신 예수님을 다음과 같이 간결하게 표현했습니다. "때가 제삼시가 되어 십자가에 못 박으니라"(막 15:25). 표현은 간결하지만 아버지이신 하나님의 마음은 그렇지 않았습니다. 33절을 보십시오. "제육시가 되매 온 땅에 어둠이 임하여 제구시까지 계속하더니"(막 15:33). 유대식 시간 표현인 '제삼시'는 오늘날 시간으로 따지면 오전 9시, '제육시'는 정오, '제구시'는 오후 3시입니다. 예수님은 6시간 만에 돌아가신 것입니다.

||| 십자가에서 인생이 시작된다

예수님이 십자가에 달리셔서 고통 가운데 계실 때 대낮에 비치던 해가 가려지고 온 땅에 어둠이 임했습니다. 상징적인 의미가 있습니다. 해가 빛을 잃음은 하나님의 심판의 표식입니다. 또한 빛으로 오신 예수님의 고통이 얼마나 큰지를 흑암으로 보여 주신 것이기도 합니다. 한 신학자는 십자가에 달리신 예수님을 보시는 하나님의 마음에 대해 "하나님은 차마 눈 뜨고 그것을 보지 못하셨을 것이다"라고 말합니다. 이것이 하나님의 심정입니다.

예수님은 많은 조롱을 당하셨습니다. 로마 군인들이 예수님께 자색 옷을 입히고, 가시관으로 엮은 면류관을 머리에 씌우고, 갈대로 예수님의 머리를 치며, 침을 뱉고, 꿇어 절하며 희롱했습니다. 자색 옷은 왕이 입는 옷입니다. 면류관도 마찬가지로 왕이 쓰는 관입니다. 로마 군인들은 예수님께 왕의 옷과 면류관을 씌우며 "유대인의 왕이여 평안할지어다" 하고 희롱했습니다. 대제사장을 비롯한 서기관들도 함께 희롱했고 같이 십자가에 못 박힌 자들도 예수님을 욕했습니다.

그 누구 하나 예수님 편에 서 있는 자가 없었습니다. 십자가에 못 박히실 때도 예수님은 옷 하나 걸치실 수 없었습니다. 죄수들의 옷을 나눠 가지는 로마 군인들의 풍습으로 그마저 걸친 옷도 다 벗겨진 상태입니다. 십자가는 너무나 끔찍한 형벌입니다. 고통과 수치, 정죄와 버려짐의 상징입니다. 그런 십자가가 오늘날 기독교의 상징이 되었습니다. 예수님의 십자가 형벌을 통해 우리의 죄가 이처럼 심각하다는 것을 알게 됩니다. 예수님을 믿는다는 것은 바로 십자가의 예수님을 믿는다는 것을 의미합니다.

철학자 쇠렌 키르케고르는 "인생은 20세에 시작하는 것도, 40세에 시작하는 것도 아니라 십자가에서 시작된다"라고 말했습니다. 십자가는 죄 가운데 있는 인생이 하나님 앞에서 새롭게 출발하는 자리입니다. 십자가는 한마디로 사랑입니다. 우리 한 사람, 한 사람을 향한 하나님의 사랑 표현입니다.

예수님은 겟세마네 기도의 동산에서 하나님을 '아버지'라 부르며 깊은 기도의 시간을 가지셨습니다. 바리새인들과 유대 종교 지도자들은 하나님을 향한 예수님의 이 표현을 신성모독으로 여겼지만 예수님은 하나님을 '아버지'라 부르도록 제자들에게 가르치시고 친히 본을 보이셨습니다. 예수님은 하나님을 '아버지'라 부르시고 하나님은 예수님을 '아들'이라 말씀하시는 온전한 연합과 사랑의 관계입니다. 하지만 십자가에서 하나님은 아들의 간절한 부르짖음에 침묵하셨습니다. "제구시에 예수께서 크게 소리 지르시되 엘리 엘리 라마 사박다니 하시니 이를 번역하면 나의 하나님, 나의 하나님 어찌하여 나를 버리셨나이까 하는 뜻이라"(막 15:34).

간청하는 아들의 눈에서 너무나 고통스러운 나머지 혈관이 터져 피눈물이 흐르는데 하나님은 침묵하셨습니다. 왜 그러셨을까요? 아들이 당할 고통과 죽음을 감내하실 만큼 우리를 향한 사랑이 확고하셨기 때문입니다. 이 사랑을 바울은 로마서 5장에서 이렇게 표현합니다. "우리가 아직 연약할 때에 기약대로 그리스도께서 경건하지 않은 자를 위하여 죽으셨도다 의인을 위하여 죽는 자가 쉽지 않고 선인을 위하여 용감히 죽는 자가 혹 있거니와 우리가 아직 죄인 되었을 때에 그리스도께서 우리를 위하여 죽으심으로 하나님께서 우리에 대한 자기의 사랑을 확증하셨느니라"(롬 5:6-8).

하나님은 아들 예수 그리스도를 죽게 하심으로 구원받을 만한 가치와 이유가 전혀 없는 우리를 얼마나 사랑하는지를 확증하셨습니다. 우리는 아버지의 사랑, 십자가의 골고다 언덕에 서 있습니다.

십자가에 헌신하라

마가는 십자가 사건을 기록하면서 구레네 시몬의 이야기를 들려줍니다. 구레네는 지금의 아프리카 리비아의 한 도시인데, 그는 유대인의 명절인 유월절을 맞아 예루살렘에 오게 되었습니다. 많은 사람이 모여 있던 장소에 호기심을 가진 그는 예수님의 모습을 지켜보다가 로마 군인에 의해 억지로 십자가를 지게 되었습니다. "마침 알렉산더와 루포의 아버지인 구레네 사람 시몬이 시골로부터 와서 지나가는데 그들이 그를 억지로 같이 가게 하여 예수의 십자가를 지우고"(막 15:21). 시몬은 영문도 모른 채 억지로 십자가를 짊어지게 된 것입니다.

예수님의 골고다 언덕길은 참으로 고난의 길입니다. 이미 온몸이 채찍질로 난도질당했고 머리에는 가시 면류관이 씌어 있어 얼굴이 피범벅이 되었습니다. 손가락 마디마디가 모진 매질과 채찍질로 부러져 십자가를 짊어지고 가시기에는 역부족이었습니다. 넘어지고 또 넘어지셨습니다. 사람들은 이런 예수님을 더욱 조롱하고, 침 뱉으며, 돌을 던졌습니다. 심지어 어떤 목사님은 당시 로마는 유리 공예가 유명했기 때문에 사람들이 유리 조각을 길에 던져서 예수님의 발이 엉망이 되었을 것이라고 말합니다. 이런 상황에서 로마 군인들은 구레네 시몬에게 십자가를 지고 골고다까지 올라가게 했습니다.

다른 복음서는 구레네 시몬이라는 이름만 언급했지만 마가복음에서는 그를 자세하게 소개합니다. 그는 알렉산더와 루포의 아버지였습니다.

그의 아들들의 이름을 언급한 이유가 있습니다. 후에 루포는 로마서에 한 번 더 언급됩니다. "주 안에서 택하심을 입은 루포와 그의 어머니에게 문안하라 그의 어머니는 곧 내 어머니니라"(롬 16:13). 바울이 로마서 말미에 주의 복음을 위해 자신과 함께 수고한 사람들의 이름을 적고 있는데 놀랍게도 루포와 그의 어머니가 언급된 것입니다. 초대교회에 사도 바울과 함께 충성되게 사역을 감당했던 가정이 바로 루포의 가정입니다.

당시 사회는 아버지가 종교를 가지면 아들도 따라야 했기 때문에 루포와 그의 가정에 복음이 들려진 계기는 바로 아버지 시몬에 의해서임을 알 수 있습니다. 시몬은 억지로 진 십자가였지만 이로 인해 예수님을 믿게 되었고, 그와 그 가정이 축복을 받은 것입니다. 그렇다면 예수님의 십자가를 사랑하며 예수님의 그 길을 자원하여 걷는다면 하나님이 어찌 우리의 수고를 잊으시겠습니까. 우리가 이 땅에서 행한 수고를 몇만 배로 갚아 주실 것입니다.

십자가를 자랑하라

예수님은 십자가의 길 내내 조롱과 비난을 받으셨습니다. 예수님의 제자들은 이전에 서로 앞다투어 예수님의 좌우편에 있겠다고 말했지만 지금 십자가상의 좌우편에는 다른 죄수들만 있을 뿐입니다. 당시 사람들에게 십자가는 저주의 상징이었기 때문입니다. 죄 없으신 예수님은 십자가에서 모든 죄의 저주를 짊어지셨습니다. 그리고 사람들의 조롱과 비난에 한 말씀도 대꾸를 하지 않으시고 묵묵히 그 길을 가셨습니다.

십자가를 자랑해야 하는 이유는 십자가 나무 자체에 의미가 있기 때문이 아니라 십자가에 달리신 예수님의 희생과 사랑 때문입니다. 피 흘림

없이 죄 사함이 없다는 말씀처럼(히 9:22) 예수님의 피 흘리신 희생으로 우리가 생명을 얻게 된 것입니다.

"그러나 내게는 우리 주 예수 그리스도의 십자가 외에 결코 자랑할 것이 없으니 그리스도로 말미암아 세상이 나를 대하여 십자가에 못 박히고 내가 또한 세상을 대하여 그러하니라"(갈 6:14). 바울은 자랑할 것이 많은 사람입니다. 당시 최고의 학벌을 소유했고 힘의 상징인 로마의 시민권까지 가졌습니다. 그런 그가 십자가밖에 자랑할 게 없음을 고백했습니다. 나의 행위와 의로움으로는 죄 문제를 해결할 수도 없고 천국에 갈 수도 없습니다. 오직 그리스도의 십자가의 속죄함의 은혜만이 우리를 의롭게 할 수 있습니다. 성도가 자랑해야 할 것은 오직 예수님의 십자가입니다.

교회는 무엇을 하는 곳인가요? 교회가 십자가에 달려 죽으시고 부활하신 그리스도를 가르칠 때 우리 사회의 도덕은 회복됩니다. 교회는 십자가를 빼면 설명이 불가능합니다. 십자가 없이는 설명이 불가능한 사람이 성도라 부름 받을 수 있습니다. 지울 수 없는 죄의 문제를 십자가의 희생과 사랑으로 용서해 주시는 은혜를 베푸신 하나님을 믿는다면 십자가는 우리의 자랑이 될 수밖에 없습니다.

십자가를 살아 내라

신앙생활이란 고백으로 그치는 것이 아니라 고백이 삶으로 번역되는 과정입니다. 몸의 언어가 진실해지는 것이 신앙입니다. 탁월한 복음주의 지성 달라스 윌라드(Dallas Willard)는 삶이 없는 신앙, 회개가 없는 성도를 가리켜 '뱀파이어 그리스도인'이라고 말합니다. 뱀파이어 그리스도인이란 구원을 위해 필요한 그리스도의 피에만 관심이 있을 뿐, 그리스도인으로서 순종하며 제자가 되어 합당한 삶을 사는 것에는 전혀 관심이 없는 그리스도인을 말합니다.

복음서 이후 신약성경의 화두는 예수님의 십자가 정신을 살아 내느냐, 그렇지 않느냐에 있었습니다. 초대교회에 나타난 각종 문제와 어려움도 결국 십자가로 그 답이 귀결됩니다. 성도들의 삶의 여러 문제들과 어려움도 예수님의 십자가 위에 올려놓으면 풀립니다. 문제는 우리가 그 십자가를 살아 내지 않는 것에 있습니다. "내가 그리스도와 함께 십자가에 못 박혔나니 그런즉 이제는 내가 사는 것이 아니요 오직 내 안에 그리스도께서 사시는 것이라 이제 내가 육체 가운데 사는 것은 나를 사랑하사 나를 위하여 자기 자신을 버리신 하나님의 아들을 믿는 믿음 안에서 사는 것이라"(갈 2:20). 이 성경 한 구절 안에 '산다'라는 동사가 4회나 반복됩니다. 즉 십자가는 살아 내는 것이고 믿음은 삶으로 나타나야 함을 말합니다.

⊥⊥⊥ 하나님의 사랑에서 끊을 수 없다

이제 예수님은 십자가에서 고통 속에 마지막 숨을 거두십니다. "예수께서 큰 소리를 지르시고 숨지시니라 이에 성소 휘장이 위로부터 아래까지 찢어져 둘이 되니라"(막 15:37-38). 예수님이 돌아가실 때 예루살렘 성전의 성소 휘장이 찢어졌습니다. 사람이 밑에서 인위적으로 잡아당겨서 찢어진 것이 아니라 위로부터 아래로 찢어졌습니다. 하나님이 하신 일입니다. 성소의 휘장은 성소와 지성소를 구분하기 위해 만든 것입니다. 예수님의 죽으심으로 이제 하나님 앞으로 나아오는 것을 막을 것은 아무것도 없음을 하나님이 상징적으로 보여 주십니다.

아들이 간절히 원하는 장난감이 있었습니다. 집에 장난감이 많아서 다음에 사 주겠다고 설득했습니다. 아무리 말해도 아빠가 자기가 원하는 대로 해 주지 않자 아들이 제게 절교하자고 말했습니다. 손가락 두 개를 서로 대어 놓고 제게 오면서 이것을 끊으라고 했습니다. 그것이 아이들만의 절교 방식입니다. 아들은 제게 수없이 절교를 요청했지만 저는 하지 않았습니다. 설령 절교를 했더라도 여전히 아버지와 아들의 관계는 끊을 수 없습니다. 예수님의 피로 하나님과 자녀 된 우리는 세상의 그 어떤 것으로도 하나님과 우리의 관계를 끊을 수 없고 절교할 수 없습니다(롬 8:38-39).

사람들은 십자가 사건을 머리로 이해하려고 접근합니다. 십자가는 머리로 이해할 수 없습니다. 성경은 우리의 이해를 구하는 책이 아닙니다. 성경은 믿음으로 대해야 합니다. 하나님은 분석과 이해의 대상이 아니라 믿음의 대상입니다. 십자가를 제시하는 마가복음은 성경이 기록된 목적인 '나의 죄를 위해 십자가에 죽으신 예수님'을 분명하게 보여 줍니다. 나를 위해 지신 예수님의 십자가가 보입니까? 나를 위해 죽으신 예수님의 피 묻은 십자가가 믿어집니까?

||| 끝까지 아버지를 따르라

예수님이 십자가에 달려 돌아가셨습니다. 그 많은 사람이 예수님을 따랐지만 십자가 앞에서 다 사라지고, 믿었던 제자들조차 도망가고 없었습니다. 예수님의 십자가 죽음도 안타까운데 장례조차 치를 수 없는 상황입니다. 그나마 베드로를 기대해 볼 만도 한데 그는 이미 자신의 고향으로 도망간 지 오래입니다. 마가복음의 저자인 마가는 베드로의 동역자입니다. 마가는 예수님의 행적을 베드로를 통해 듣고 적었을 것입니다. 베드로는 아마이 부분에서 마음이 심히 찔렸을 것입니다. 예수님을 따르던 제자들이 아니라 전혀 예상 밖의 사람이 예수님의 장례를 준비하고 있었던 것입니다.

예수님의 장례에 아무도 관심을 가지지 않을 때 아리마대 사람 요셉이 나타났습니다. 성경은 그를 어떻게 소개하고 있나요? "아리마대 사람 요셉이 와서 당돌히 빌라도에게 들어가 예수의 시체를 달라 하니 이 사람은 존경받는 공회원이요 하나님의 나라를 기다리는 자라"(막 15:43).

아리마대는 예루살렘의 서북쪽에 위치한 지역으로 사무엘 선지자의 고향이기도 합니다. 이곳 출신인 요셉은 산헤드린 공회원이고 하나님의 나라를 기다리는 자라고 성경은 소개합니다. 산헤드린 공회는 이스라엘 최고 법정 기구로 종교, 정치의 핵심 기관입니다. 예수님을 정죄하고 사형을 언도한 곳이 산헤드린 공회입니다. 그런 곳에도 아리마대 요셉과 같은 의인이 있었습니다. 누가복음에서는 조금 더 자세하게 그를 소개합니다. "(그들의 결의와 행사에 찬성하지 아니한 자라) 그는 유대인의 동네 아리마대 사람이요 하나님의 나라를 기다리는 자라"(눅 23:51).

아리마대 요셉은 산헤드린 공회의 결정에 불복했지만 악한 대세를 막아 내지 못했습니다. 양심의 가책과 고통을 느꼈던 그가 예수님의 시체라도 자신이 취하여 장례를 치러야겠다고 결심했던 것입니다. 그런데 이것이 단순하게 처리될 장례가 아닙니다. 몇 가지 문제가 걸려 있습니다.

먼저는 그의 지위입니다. 그는 산헤드린 공회원으로서 예수님의 죽음에 개인적으로 반대했어도 여전히 유대인들의 지도자 중 한 명입니다. 그런 그가 대놓고 예수님의 시체를 빌라도에게 달라고 하는 것은 전체의 의견에 반하는 행동이었습니다. 이 일로 자신의 지위가 박탈당하거나 심지어는 예수님의 편에 섰다는 이유로 생명의 위협을 받을 수도 있습니다.

또 다른 문제는 예수님이 돌아가신 날이 안식일 전날이라는 것입니다. 유대인들은 안식일 전날 시체를 만지는 것을 부정하다고 여겼습니다. 예수님의 시체는 단순한 시신이 아니라 율법의 저주인 나무에 달려 죽은 사형수의 시체였습니다. 보통 십자가에 달린 죄수들은 죽으면 죄수들의 공동묘지에 던져 놓거나 그냥 매달아 놓아서 독수리가 와서 뜯어 먹도록 내버려 두었습니다. 그런 예수님의 시신에 손을 댄다는 것은 그에게 있어서 지금껏 이룬 모든 것을 일순간에 잃어버릴 각오를 한 행동이었습니다. 도대체 무엇을 바라보고 그는 이런 위험한 일을 했을까요?

아리마대 요셉은 하나님의 나라를 기다리는 자입니다. 여기에 답이 있습니다. 그는 산헤드린 공회원이라는 직함을 가졌지만 하나님의 나라를 기다리는 진실한 하나님의 사람이었습니다. 여기서 '기다리다'라는 동사는 현재 분사형으로 쓰였습니다. 과거에 기다렸던 자가 아니라 '지금까지 기다리고 있는 자'라는 뜻입니다. 그는 예수님의 죽음으로 모든 것이 끝났다고 생각하지 않고, 오히려 더욱 하나님의 나라를 갈망했을 것입니다. 그의 믿음이 과거로 끝나지 않고, 십자가형을 받으신 예수님의 시신을 가지고 장례를 감당함으로 여전히 하나님의 나라가 진행형으로 이루어질 것임을 믿었던 것입니다.

아리마대 요셉은 하나님의 나라를 기다리고 소망하며 자신의 가장 소중한 것을 기꺼이 내어놓을 수 있었습니다. 하나님 나라를 위해 모든 것을 거는 신앙의 모험을 단행했습니다. 부자이고 사회적 지위도 있었던 그는 땅의 부요가 아니라 하늘의 부요를 찾는 사람이 된 것입니다.

성도는 하늘나라의 소망을 붙잡고 사는 사람입니다. 오늘 당장 세상을 떠나도 하나님 나라에서 눈을 뜰 확신이 있는 사람입니다. 하나님 나라에서 영원토록 예수님과 함께 살 것을 믿는 사람입니다. 그래서 성도는 더 큰 가치를 위해 땅의 것을 포기하고 하나님 나라를 위해 무섭게 헌신합니다. 이 비전이 보이고 확신이 서면 두려움이 사라지고 용기가 생깁니다. 아리마대 요셉이 서슬 퍼런 로마 총독 빌라도에게 찾아가 예수님의 시신을 달라고 할 수 있었던 것도 하나님 나라에 대한 확신과 소망 때문이었습니다.

향하고, 바라보며, 기다리다

십자가의 죽음을 당하신 예수님 곁에 있었던 사람들은 모두 뜻밖의 사람들입니다. 한 사람은 로마 군대의 백부장이고, 한 부류는 여자들입니다.

먼저 백부장은 로마 군대의 지휘관으로 예수님의 십자가형을 감독했던 사람입니다. 그런 그가 예수님을 향하여 서서 "이는 진실로 하나님의 아들이었도다"(마 27:54)라고 고백했습니다. 그리고 여자들도 보십시오. 여자들은 당시 배경에 중요하게 언급되지 않았습니다. 그런데 여자들은 예수님의 죽음의 현장에 끝까지 남아 있었고 아리마대 요셉이 장례를 치르는 과정도 끝까지 지켜보았습니다. 그리고 놀랍게도 여자들은 예수님이 부활하신 현장의 첫 증인이 됩니다.

성경에 기록된 동사들을 보십시오. "예수를 향하여 섰던 백부장이"(마 15:39). "멀리서 바라보는 여자들도 있었는데"(막 15:40). "하나님의 나라를 기다리는 자라"(막 15:43). 백부장은 예수를 향하여 섰고, 여인들은 바라보고 있었으며, 아리마대 요셉은 기다리고 있었습니다. 이들의 시선이 느껴집니까? 십자가에 달리신 예수님을 향하여 서고, 멀리서나마 이 모든 광경을 바라보고 있었으며, 하나님의 나라를 기다리고 소망했습니다.

'향하고, 바라보며, 기다리다.' 오늘날 우리의 신앙을 보여 주는 동사가 되어야 합니다. 백부장처럼 예수님을 죽이고 대적하는 일에 동조했던 내가 예수님을 향하여 서야 하고, 진리보다 세상에 시선을 빼앗긴 우리가 진리이신 예수님께 시선을 고정해야 하고, 십자가로 이루신 하나님의 구원이 이 땅에 이루어질 것을 기다리고 소망하는 자가 되어야 하는 것입니다.

놀라운 것은 아리마대 요셉이 치른 예수님의 장례는 이미 오래전 이사야 선지자에 의해 예언되었다는 것입니다. "그는 강포를 행하지 아니하였고 그의 입에 거짓이 없었으나 그의 무덤이 악인들과 함께 있었으며 그가 죽은 후에 부자와 함께 있었도다"(사 53:9). 하나님은 이미 오래전부터 예수님의 장례를 준비해 놓으셨습니다. 성부 하나님의 뜻을 받들기 위해 죽기까지 복종하신 예수님을 하나님은 최대의 예우를 갖추어 장례하기 위해 마음에 두었던 사람을 준비해 놓으신 것입니다. 하나님 나라를 기다리는 자는 소망하며 견딜 수 있어야 합니다.

'하나님의 나라를 기다리는 자.' 성경이 한 사람을 설명하는 데 이보다 멋진 표현이 어디 있을까요. 우리의 삶을 누군가가 정리해서 한 문장으로 표현한다면, 우리 또한 '하나님의 나라를 기다리는 자'로 설명되고, 그리고 여기에 추가해서 '그 나라에 들어간 자'라고 말할 수 있어야겠습니다.

21 | 아버지와 아들의 영원한 동행 _막 16:1-20

     초등학교 4학년 때 아버지가 돌아가셨습니다. 지금도 기억나는 것은 경남 의령 근교에 위치한 선산에 아버지의 시신을 운구할 때 전날 비가 와서 운구하는 분들이 산에 올라가면서 넘어지기를 반복하며 어려워하셨던 것입니다. 가까스로 매장 예정지에 도착해서 절차를 걸쳐 관을 매장했습니다. 지금도 그렇게 하는지 모르겠지만 아들이라고 마지막으로 아버지의 시신 위에 올라가서 흙을 뿌렸습니다. 어머니는 오열하셨고, 어린 저는 무엇인지도 모른 채 장례를 치렀습니다. 목회자로 지금까지 성도들의 많은 장례를 치렀지만 그때마다 어릴 적 아버지의 장례가 생각나곤 합니다. 어린 나이지만 죽음은 무겁다는 느낌을 받았습니다. 인간이 피할 수 없는 것이 죽음입니다. 이런 의미에서 우리 모두는 시한부 인생을 살아가는 존재입니다.

    원인을 모르면 처방도 모릅니다. 이 세상에 살았던 그 어떤 종교가나

철학자도 죽음의 원인을 명쾌하게 제시한 적이 없습니다. 인류사를 통틀어 유일하게 죽음의 원인과 처방을 일관되게 제시하고 있는 것이 성경입니다. "모든 사람이 죄를 지었으므로 사망이 모든 사람에게 이르렀느니라"(롬 5:12). 모든 사람의 죄를 대신하여 십자가에 달려 죽으신 분이 바로 예수님이십니다.

⦙⦙⦙ 예수 부활, 나의 부활

마가복음의 결론인 16장은 예수님이 십자가에 달려 죽으시고 성경의 약속대로 다시 살아나셨음을 말합니다. 그렇습니다. 기독교는 죽음에 대해 말하지만 죽음 그 자체로 끝나지 않고 부활 영생을 말합니다. 예수님이 부활하셨으니 예수를 믿는 우리도 부활의 영광에 참여할 수 있습니다. 예수님이 부활의 첫 열매가 되셨으니 우리 또한 예수님과 함께 부활할 것입니다.

부활의 증거

예수님이 십자가에 돌아가신 후 아리마대 요셉에 의해 장례가 치러졌습니다. 당시 무덤은 굴을 파서 그 안에 시신을 넣고 굴 입구를 돌로 막아 놓았습니다. 여인들은 예수님의 시신에 향품을 바르기 위해 무덤에 갔으나 입구의 큰 돌을 어떻게 치울지 걱정했습니다. 그런데 막상 도착해 보니 입구의 돌은 굴려져 있었고, 흰옷을 입은 한 청년이 여인들에게 예수님이 살아나셨다고 말해 줍니다(막 16:6). 흰옷을 입은 청년은 천사였고, 예수님의 시신이 놓인 무덤은 비어 있었습니다. 여인들은 빈 무덤을 보고 너무나 놀라 도망을 쳤습니다.

빈 무덤은 부활의 가장 큰 증거입니다. 모든 종교는 예외 없이 창시자의 무덤을 왕릉처럼 거창하게 꾸미고 가꿉니다. 그것으로 그 종교의 권위가 더해진다고 믿는 까닭일 것입니다. 그러나 무덤이란 죽음의 증거일 뿐입니다. 예수님은 무덤이 없습니다. 무덤의 핵심인 죽음, 즉 시신이 없기 때문입니다. 예수님이 부활하지 못하셨다면 오늘날 이스라엘 어디엔가 다른 종교의 창시자들처럼 왕릉 같은 예수님의 무덤이 있을 것입니다. 왜냐하면 제자들이 가만히 있지 않았을 것이기 때문입니다.

무덤 없는 예수 그리스도, 이것이 부활의 확고한 증거입니다. 부활의 예수님을 믿지 못하는 사람들은 제자들이 예수님의 시신을 훔쳐서 숨겨 놓았다고 말하기도 합니다. 그리고 예수님의 부활을 거짓으로 꾸며 냈다고도 합니다. 거짓은 때가 되면 반드시 들통이 나게 되어 있습니다. 거짓은 어떤 힘으로도 지켜지지 않습니다.

예수 부활에 관한 책들을 내고 그를 소재로 한 영화까지 나온 주인공이 있습니다. 미국의 리 스트로벨(Lee Strobel)입니다. 그는 예일대학 법학학위를 받고 일간 신문 〈시카고 트리뷴〉의 법률부 부장을 지냈습니다. 그는 교회에 대한 적대감으로 가득 차 있었고 냉소적인 무신론자였습니다. 그러다 아내가 교회를 다니기 시작했습니다. 점점 아내가 긍정적이고 성실하고 확신에 찬 모습으로 변하자 그는 기자 출신답게 그 원인에 대해 조사하기로 마음먹고 기독교에 대해 연구하기 시작했습니다.

그는 2년 동안 많은 책을 읽고, 전문가들을 만나 인터뷰를 하고, 역사와 고고학, 고대 문학을 공부했습니다. 그렇게 기독교의 핵심 사건과 성경을 풀어 가면서 그는 여러 가지 증거를 접하게 되었고 결국 신실한 그리스도인이 될 수밖에 없었습니다. 그 후 스트로벨은 세계적으로 유명한 윌로우크릭교회의 빌 하이벨스(Bill Bybels) 목사와 함께 복음을 전하는 탁월한 목회자로 사역했습니다. 그는 이러한 과정을 그의 책《예수는 역사다》(두란노, 2021)에서 소개하고 있습니다.

우리가 예수님의 부활을 부인할 수 없는 증거는 바로 사람의 변화입니다. 거짓은 사람을 잠시 변화시킬 수 있을지 모르겠지만 진리는 수천 년에 걸쳐 수많은 사람을 옳은 데로 인도하고 있습니다.

부활의 신앙

쇠렌 키르케고르는 성경을 가리켜 "우리를 향한 하나님의 연애편지"라고 했습니다. 성경을 읽을 때 사랑의 관점에서 보면 이해가 훨씬 쉽습니다. 본문을 보십시오. 예수님을 사랑하는 여인들은 예수님의 시신에 향품을 바르기 위해 무덤에 가면서 무덤의 돌을 굴려 줄 자가 없어 걱정했습니다. 돌이 움직이지 않도록 단단하게 쐐기로 고정해 건장한 남자들도 쉽게 움직일 수 없었습니다. 더군다나 제자들이 시신을 훔쳐 가지 않도록 로마 군인들이 지키고 있었습니다. 이런 상황에서 여인들은 발만 동동 구를 뿐이었습니다.

하지만 예수님은 여인들의 마음을 아시고 로마 군인들과 돌을 치우셨습니다. 그리고 먼저 갈릴리에 가겠다고 하셨던 말씀을 천사를 통해 전하셨습니다. "가서 그의 제자들과 베드로에게 이르기를 예수께서 너희보다 먼저 갈릴리로 가시나니 전에 너희에게 말씀하신 대로 너희가 거기서 뵈오리라 하라 하는지라"(막 16:7). 갈릴리는 제자들의 삶의 터전이었습니다.

특별히 베드로의 고향이기도 한 이곳에 예수님이 부활하셔서 가겠다고 하신 것입니다.

부활하신 예수님이 성전이 있는 예루살렘에 계시는 것이 확실한 부활의 증거일 텐데 특별히 갈릴리에 가실 이유가 무엇인가요? 제자들의 회복 때문입니다. 갈릴리는 외딴곳이며 여기에서는 선한 것이 날 수 없다고 여겨지던 곳입니다. 하지만 예수님은 갈릴리에 있는 제자들을 만나 그들을 회복시키기 위해 가겠다고 하신 것입니다. 특별히 베드로 때문입니다. 요한복음에는 다른 복음서에는 없는, 주님이 베드로를 갈릴리 해변에서 만나시는 장면이 나옵니다. 거기서 예수님은 베드로에게 세 번이나 "네가 나를 사랑하느냐"라고 물으십니다. 베드로는 이 질문에 자신이 예수님을 세 번 부인했던 일이 생각났을 것입니다. 하지만 예수님은 그를 만나고 회복시키심으로 초대교회의 쓰임 받는 부활의 증인으로 살아가게 하셨습니다.

주님은 우리를 사랑하시어 십자가를 지셨고 우리를 사랑하시어 부활하셨습니다. 그 사랑이 자신을 배신하여 떠난 제자까지 품게 한 것입니다. 베드로가 후에 초대교회의 지도자가 되어 순교하기까지 얼마나 많은 심령에게 예수 부활의 증인으로 살았습니까. 부활의 예수님이 베드로를 사랑으로 품어 주지 않으셨다면 그는 아마 평생 상처와 아픔 속에서 어부로 살다가 죽었을 것입니다.

무덤의 돌을 걱정했던 여인들을 위해 예수님은 돌을 치워 주셨습니다. 내 삶에 돌 같은 것들이 아무리 많이 놓여 있다 해도 예수님의 사랑은 돌을 굴려 놓으시는 사랑입니다. 자신을 배신하고 낙담하여 고향으로 내려간 베드로에게는 예수님이 직접 나타나셔서 사랑으로 품어 주셨습니다.

내가 예수님을 떠나 있다 해도 예수님의 사랑은 그곳으로 찾아가는 것입니다. 이 사랑이 얼마나 놀라운지요.

1999년 4월 20일 미국 콜로라도 덴버의 고등학교에서 두 학생이 총기를 난사하는 사건이 벌어졌습니다. 이때 무고한 13명의 학생과 교사가 사망했습니다. 사건을 저지른 이들은 히틀러의 생일을 맞아 이런 광기 어린 학살을 감행했다고 합니다. 해리스와 클리볼드는 학생들을 캠퍼스의 한군데에 모아 놓고 한 사람씩 총구를 갖다 대며 이렇게 물었답니다. "너는 하나님을 믿냐?" 믿는다고 고백하면 죽이고, 안 믿는다고 하면 살려 주는 것입니다.

만약 이런 결정적인 순간에 우리가 서 있다면 무엇이라고 대답하겠습니까? 이 질문에 대부분의 학생들은 살기 위해서 "믿지 않는다"라고 대답했다고 합니다. 그리고 믿음이 좋은 캐시 버넬이라는 학생 차례가 되었습니다. 그녀는 죽음의 총구 앞에서도 담대하게 "그래, 하나님은 지금도 살아 계신다. 그리고 너희도 역시 하나님의 길을 따라야만 한다"라고 말했습니다. 이 말을 들은 해리스와 클리볼드는 "네가 믿는 하나님 곁으로 가라"라고 말하며 총을 쏘았고, 결국 버넬은 그 자리에서 죽었습니다.

그 후 살아남은 학생들은 버넬의 순교 앞에서 자신들의 고백을 한없이 부끄러워했습니다. 학생들 사이에서 자신들도 버넬과 같은 담대한 증인으로 서야 되겠다는 신앙 운동이 일어났습니다. 마치 사탄은 부활의 예수님을 조롱하듯이 이런 사건을 일으켰지만 버넬과 같은 믿음의 증인이 굳건하게 서 있었습니다.

죽음이 두려운 것은 사실입니다. 무섭고 두려운 것을 무섭고 두렵다고 하는 것은 잘못된 것이 아닙니다. 성경은 죽음을 미화하지 않습니다. 그것은 예수님의 죽음도 예외가 아닙니다. 하지만 우리가 분명히 알아야 하는 것은 우리가 언젠가 겪는 죽음 후에 무엇이 있는지를 성경이 보여 주고 있다는 것입니다. 빈 무덤입니다! 예수님이 죽음의 권세를 이기시고 부활하셨습니다. 할렐루야!

||| 우리는 복음의 증인

선교학계의 보고에 의하면 전 세계 2만 4천여 종족 가운데 현재 복음이 들어가지 않은 미전도 종족이 약 7천 종족이 있다고 합니다. 종족이란 개념을 쉽게 이해하기 위해 중국의 예를 들어 보겠습니다. 중국은 한족을 포함한 56개 민족으로 구성되어 있습니다. 티벳족, 위구르족 등 여러 민족이 살고 있습니다. 언어와 문화의 동질성을 가진 집단이라고 생각하면 됩니다. 예수님은 지구상에 있는 모든 민족에게 복음이 증거될 때 그제야 끝이 오리라고 말씀하셨습니다(마 24:14).

교회와 성도의 관심은 당연히 예수님의 다시 오심에 있어야 합니다. 예수님의 재림을 위해 지구상 모든 종족에게 선교 완성이 이루어져야 하는 것입니다. 특별히 한국 교회는 171개국에 2만 7,993명의 선교사를 파송하여 미국에 이어 세계 2위의 선교사 파송 국가로 자리매김했습니다. 우리가 이렇게 선교 사역을 감당해야 하는 이유는 예수님의 명령이기 때문입니다. "또 이르시되 너희는 온 천하에 다니며 만민에게 복음을 전파하라"(막 16:15).

부활하신 예수님은 제자들에게 온 천하에 다니며 만민에게 복음을 전파하라고 하셨습니다. 부활의 증인, 예수의 증인으로 살아갈 것을 명령하신 것입니다. 교회와 성도는 이 일에 부르심을 받았습니다. 선교는 선택의 문제가 아니라 교회의 존재 가치와 직결되는 문제입니다. 유명한 신학자인 칼 바르트(Karl Barth)는 이렇게 말했습니다. "교회가 선교를 하지 않으면 많은 것 중에 한 가지를 하지 않는 것이 아니라 나머지 하는 모든 것이 아무 의미가 없다." 이 땅에 보내심을 받은 복음의 증인으로 살아가기 위해 우리가 가져야 할 태도는 무엇일까요?

믿음을 소유하라

예수님은 부활 승천하시어 막달라 마리아와 엠마오로 가는 두 제자, 그리고 나머지 제자들을 만나셨습니다. 예수님은 부활의 몸으로 여러 사람들에게 나타나셨지만 제자들은 여전히 믿지 않았습니다.

예수님은 제자들에게 나타나셔서 여러 증인들로부터 부활의 소식을 들어도 믿지 않는 이들을 꾸짖으셨습니다. "그 후에 열한 제자가 음식 먹을 때에 예수께서 그들에게 나타나사 그들의 믿음 없는 것과 마음이 완악한 것을 꾸짖으시니 이는 자기가 살아난 것을 본 자들의 말을 믿지 아니함일러라"(막 16:14). '믿음이 없는 것'과 '마음이 완악한 것'이 함께 쓰인 것으로 보아 믿음 없음은 곧 마음이 굳어지고 있다는 것을 의미합니다. 제자들의 마음이 굳어진 이유는 예수님이 그동안 여러 번 말씀하셨던 십자가의 죽음과 부활에 대해서 믿지 않았기 때문입니다. 그러니 예수 부활의 증인들이 계속적으로 예수님이 다시 사셨다고 말해도 믿지 못하는 것입니다. '믿지 아니하다'라는 말이 11절, 13절, 14절에 반복적으로 사용됩니다. 제자들의 믿음 없음을 성경은 강조하고 있습니다.

누구보다 예수님의 부활을 간절히 사모하고 믿어야 할 제자들이 오히려 예수님의 부활의 소식을 듣고도 믿지 못하니 안타까운 일입니다. 제자들의 모습을 보면서 지금의 내 모습을 보아야 합니다. 예수님의 부활의 소식을 가장 먼저 기뻐하고 감사함으로 받아 증거해야 하는 우리가 오히려 부활을 의심하고 증인보다는 방관자로 서 있지는 않은지 돌아보아야 합니다. 지금은 믿음이 필요한 때입니다. '믿음장'으로 불리는 히브리서 11장은 믿음 없이는 하나님을 기쁘시게 할 수 없다고 말합니다.

역사적으로 종교개혁이 500년이 지난 오늘날에도 성도들의 삶에 분명히 새겨져야 할 것들이 있습니다. '오직 성경, 오직 은혜, 오직 믿음, 오직 그리스도, 오직 하나님께 영광'입니다. 종교개혁자들이 세운 가치 위에 세워진 오늘날의 교회는 믿음의 주춧돌을 굳건히 해야 합니다.

우리는 흔히 어떤 성도의 믿음을 이야기할 때 '믿음이 크다', '믿음이 작다', 혹은 '믿음이 뜨겁다', '믿음이 차갑다'라고 표현합니다. 믿음에도 크기가 있고 온도가 있습니다. 어느 분은 말하기를, 감사는 믿음의 온도계라고 했습니다. 감사의 수은주가 높이 올라가는 사람은 그만큼 믿음이 뜨겁다는 것이고, 반대로 감사의 수은주가 자꾸 내려가는 사람은 그만큼 믿음의 온도가 떨어지고 있다는 증거이기도 합니다.

서양 격언에 "제일 가르치기 어려운 수학 문제는 받은 축복을 세어 보는 것"이라는 말이 있습니다. 우리가 감사하지 못하는 것은 감사의 조건이 없어서가 아니라 깨닫지 못해서입니다. 히브리어로 감사는 '토다'(תודה)라고 하는데 이 동사는 사역형 동사로 쓰였습니다. 이 동사의 형태 속에는 감사는 자신의 삶에서 자연스럽게 흘러나오는 것이 아니라 나 자신이 의

지적으로 감사를 하도록 시켜야 나올 수 있다는 의미가 포함되어 있습니다. 인간은 자연적으로 감사할 수 없는 본성을 가지고 있기 때문에 반드시 의지를 들여 감사해야 한다는 뜻입니다. 감사로 믿음의 온도를 끌어 올리십시오. 그러면 하나님이 내 삶을 기적과 축복으로 바꾸어 주실 것입니다.

다니며 전파하라

제자들의 믿음을 꾸짖으신 예수님은 그들에게 중요한 명령을 내리셨습니다. "또 이르시되 너희는 온 천하에 다니며 만민에게 복음을 전파하라"(막 16:15). 복음이란 예수님이 구원자시라는 기쁜 소식입니다. 예수님은 이 복음을 온 천하에 다니며 만민에게 전하라고 하셨습니다. 복음은 전해져야 복음이 되는 것입니다. 전하는 자가 없으면 들을 수도 없기에 다니며 전파해야 합니다.

예수님은 다니며 전파하라고 하셨지 그들로 오게 하라고 하지 않으셨습니다. 왜냐하면 목자를 잃어버린 양과 같은 인생은 목자가 그들을 찾아와야 하기 때문입니다. 잃어버린 양을 향한 목자의 마음으로 가야 하는 것입니다. 우리는 천하를 다니는 것에는 관심을 두었지만 복음을 전파하는 것에는 무관심했습니다. 여행을 가는 것은 좋아하지만 선교는 힘들어합니다. 다니며 전파하라는 것은 선교 여행을 의미합니다. 복음을 위해서 천하를 다니라는 것입니다.

에베소서 6장에는 성도가 입어야 할 하나님의 전신 갑주에 대한 내용이 기록되어 있습니다. 15절은 복음에 관련되어 신을 신으라고 표현합니다. "평안의 복음이 준비한 것으로 신을 신고"(엡 6:15). 복음은 역동적인 것입니다. 예수님을 만난 사람은 예수님을 자랑하고 싶어집니다. 나를 구원하신 예수님을 만난 사람은 이 예수님을 전하지 않을 수 없습니다.

하지만 나를 옭아매고 무겁게 하는 것들이 있습니다. 그것은 죄입니다. 죄는 이타적이지 않습니다. 죄가 유일하게 관계성을 가지고 있다면 전염성입니다. 온몸에 염증이 퍼지는 것처럼 가정을 병들게 하고 사회를 어지럽힙니다. 죄가 들어오면 둔해집니다. 방향성을 상실해 몸은 이곳저곳으로 움직여도 복음이 전파되지 않습니다. 감기 바이러스가 들어오면 사람 몸이 둔해지고 몸이 아프면 만사가 귀찮아지듯이 영적으로도 똑같습니다.

이런 증세를 가진 사람은 차갑지도 않고 뜨겁지도 않은, 요한계시록에 등장하는 라오디게아 교회 성도들과 같습니다. "내가 네 행위를 아노니 네가 차지도 아니하고 뜨겁지도 아니하도다 네가 차든지 뜨겁든지 하기를 원하노라"(계 3:15). 당시 라오디게아 지역에는 온천이 있었습니다. 예수님의 책망을 들은 이들의 마음이 얼마나 놀랐겠습니까. 예수님의 치료책이 무엇입니까? 그것은 회개입니다. "무릇 내가 사랑하는 자를 책망하여 징계하노니 그러므로 네가 열심을 내라 회개하라"(계 3:19).

우리에게는 회개에 이르는 열심이 있어야 합니다. 회개는 하나님께로 돌아간다는 의미입니다. 온 힘을 다해 하나님을 사랑하고 그분의 말씀에 귀를 기울이며 순종하는 일에 전념하라는 뜻입니다. 혹시 몸이 무거워지고 있습니까? 복음의 증인으로 살아가기에 너무 많은 염려와 근심, 세상의 짐이 나를 누르고 있지는 않습니까? 자신을 돌아보는 시간을 가지십시오. 집중적으로 회개하고 이미 들은 말씀에 순종하지 못하는 부분은 없는지 살피십시오.

||| 아버지께서 영원히 함께하신다

예수님은 복음을 전하는 자들에게 다음과 같은 표적들이 함께할 것이라고 말씀하셨습니다. "믿는 자들에게는 이런 표적이 따르리니 곧 그들이 내 이름으로 귀신을 쫓아내며 새 방언을 말하며 뱀을 집어 올리며 무슨 독을 마실지라도 해를 받지 아니하며 병든 사람에게 손을 얹은즉 나으리라 하시더라"(막 16:17-18).

표적은 그 자체에 의미가 있는 것이 아니라 바로 예수님이 전파되는 전도와 선교의 현장 속에서 따라오는 일입니다. 즉 표적은 예수님이 참 구원자시라는 것을 확증하는 역할을 합니다. 놀랍게도 예수님의 이름으로 귀신이 쫓겨 나가고, 병이 치유를 받고, 방언을 말하게 됩니다. 거기다가 뱀을 잡고 독을 마셔도 해를 받지 않게 됩니다. 실제로 사도 바울은 복음 전도 현장에서 뱀에게 물렸지만 아무 이상이 없었습니다. 하지만 이 말씀을 문자적으로 이해해서 뱀을 잡아도 되고 독을 마셔도 된다고 해석해서는 안 됩니다. 이 말씀은 주님이 복음을 전하는 성도들을 보호해 주신다는 뜻입니다. 그리고 실제로 이런 표적들이 기적적으로 나타나기도 합니다. 그곳은 바로 전도와 선교의 현장이라는 문맥임을 알아야 합니다.

전도와 선교 현장에서는 수없이 많은 기적이 일어납니다. 악한 귀신이 들렸던 사람이 온전하게 되고, 병자가 고침 받으며, 하나님을 높이는 방언 기도와 찬양이 일어납니다. 말라리아 모기 유충이 가득한 물을 마셨지만 기적적으로 죽지 않은 선교사님의 일화도 있습니다. 하지만 우리가 주목해야 하는 것은 표적은 따르는 것이지 주 사역이 아니라는 것입니다. 한국 교회는 이런 부분을 가지고 오랫동안 혼란을 겪었습니다. 방언 기도에 대해서, 치유에 관해서, 귀신을 쫓아내는 것에 대해서 관심을 가지고 표적에 초점을 두면서 교회와 성도들이 미혹되어 왔습니다. 하지만 성경은 이런 것들은 따르는 것이라고 분명하게 말합니다.

기차에 기관차가 있다면 객차도 있습니다. 객차는 기관차에 연결되어 따르는 역할을 할 뿐입니다. 객차는 있어도 되고 없어도 되지만 기관차가 없으면 기차가 움직일 수 없습니다. 기관차 역할을 담당한 것이 복음입니다. 예수님이라는 복음이 핵심이 되어야지 표적을 주목해서는 안 됩니다. 교회는 은사 공동체입니다. 하나님께 받은 각종 은사와 영적 재능들이 우리 모두에게 있습니다. 하나님이 은사를 주신 이유는 몸 된 교회를 건강하게 만드시기 위해서입니다. 지체 된 우리가 주어진 자리에서 하나님이 주신 재능과 재주를 잘 발휘하면 결국 몸이 건강해지는 것입니다.

사람들은 은사라고 하면 뭔가 신비한 체험이나 감정적인 부분만을 말할 때가 있습니다. 전도나 선교하는 것도 마찬가지입니다. '특별한 부르심 앞에 서고 특별한 체험을 한 사람만 전도나 선교를 해야 하는 것 아닌가? 나는 그런 체험이 없으니 선교에 동참하기 힘들다'라고 생각할 때가 있습니다.

그렇지 않습니다. 예수님이 승천하신 후 제자들의 행동을 보십시오. "주 예수께서 말씀을 마치신 후에 하늘로 올려지사 하나님 우편에 앉으시니라 제자들이 나가 두루 전파할새 주께서 함께 역사하사 그 따르는 표적으로 말씀을 확실히 증언하시니라"(막 16:19-20). 제자들이 보는 앞에서 예수님이 하늘로 올라가셨으니 이보다 놀랍고 황홀한 기적이 어디 있습니까. 이슬람 신도들은 마호메트가 승천했다고 여겨지는 곳을 신성시해서 그곳에 황금으로 돔을 지어 그 유명한 황금사원을 만들었습니다. 예루살렘 솔로몬 성전 터 위에 지금도 자리하고 있습니다. 제자들은 예수님이 승천하신 곳에 장막을 치고 회당을 세워서 안주하지 않았습니다. 그들은 신비한 체험을 했지만 일상의 삶으로 돌아가 예수님이 말씀하신 복음을 전하는 삶을 살아 냈습니다. "제자들이 나가 두루 전파할새 주께서 함께 역사하사"(막 16:20).

복음을 두루 전파하십시오. 전도와 선교는 삶입니다. 특별한 부르심이나 체험이 있어야만 할 수 있는 것이 아닙니다. 표적이 따라올 수는 있지만 우리가 전해야 하는 것은 말씀입니다. 예수님은 분명히 우리와 함께하겠다고 약속하셨습니다. 예수님이 함께하신다는 약속만큼 평안의 약속이 어디 있겠습니까. 일상의 삶에서 우리는 파송 받은 그리스도의 제자들입니다. 내가 있는 삶의 현장 속에 하나님이 함께하심을 신뢰해야 합니다.

마가복음의 결론입니다. 마가복음 강해서인 《마가복음 산책》(이레서원, 2006)을 펴낸 이석호 교수는 마가복음의 결론을 "마가복음에서 나타난 그리스도인의 삶은 연어의 삶과 같다"라고 지었습니다. 연어든 사람이든 어떤 형태로든 죽게 됩니다. 연어들이 알을 낳고 죽기 위해 세찬 강물을 거슬러 올라가는 것처럼, 이 땅의 성도들도 세상에서의 행복한 삶을 위해서가 아니라 영적인 알인 예수님의 참된 제자를 만들어 내기 위해 세상 강물을 거슬러 올라가야 합니다. 복음을 지닌 자, 성도는 우리를 구원하기 위해 친히 종으로 오신 예수님의 제자입니다. 우리 역시 예수님의 모습을 쫓아 이 땅을 복음으로 섬기며 살아가기를 간절히 바랍니다.